アメリカ社会学の潮流

船津 衛 編

恒星社厚生閣

はしがき

いよいよ二一世紀がスタートした。この新しい世紀は、しかし、希望というよりも混迷の時代といわれる。政治の領域、経済の領域、社会の領域、文化の領域において、そして国際的にも多くの問題が頻発し、急激な変容が生じ、しかも、そのゆくえがあまりはっきりしていない。そこでは、これまでの思考の枠組みや行為の様式が適用不可能となり、その有効性を失い、問題に適切に対処できない事態が生まれてきている。

社会学もまた例外ではない。いなむしろ、社会学は現代社会の急速な変動によって生じた問題を解明するのにあまり役に立たず、社会的要請に何ら応えることができないとさえいわれている。そこから、社会学への期待が次第に薄れ、失望が広がり、それ自体の存在価値も問われてきている。このような状況において社会学は今後どうあるべきなのだろうか。

本書はアメリカ社会学について、最近の動向をフォローし、その最前線の状況を解明しようとするものである。二〇世紀、とりわけその後半においては社会学はなんといってもアメリカ社会学一色であった。しかし、そのアメリカ社会学は、現在、ヨーロッパ社会学に比べて、やや影が薄くなっている感がある。経済のグローバル化は世界を単一の方向に向かわせ、アメリカの世界支配という「アメリカ化」を押し進めるとされているが、社会学に関しては少し事情が異なっているようである。アメリカ社会学はそれまで持っていた影響力を次第に失いつつあるといわれる。

したがって、本書は、アメリカ社会学のこれまで研究の単なる延長・発展を願うのではなく、既存の理論や方法を再検討し、再解釈し、新しい社会学のイメージを定立しようとしている。すべての執筆者が従来のアメリカ社会学のあり方を振り返り、再考し、既存のイメージを修正し、変更し、再構成しようとしている。そして、アメリカ社会学のあり方を究明するなかで、自己のオリジナルな見解を積極的に展開して、二一世紀に向けて新しい社会学の展望を切り開いていこうとしている。

もちろん、アメリカ社会学といっても決して一枚岩ではない。本書においては機能主義社会学、現象学的社会学、シンボリック相互作用（相互行為）論、エスノメソドロジー、合理的選択理論の、それぞれのパースペクティブから検討が行われている。そしてまた、執筆者の間に完全なコンセンサスが存在しているわけではなく、むしろ、スタイルも内容も多様であり、直接的、間接的に相互批判も活発になされている。

けれどもまた、その底流には共通した問題意識を明確に見いだすことができる。なによりも、すべての執筆者が社会学がこれまで取り扱ったきたテーマや概念を内在的に検討し、その限界を指摘し、新たに構成しようとしている。そしてまた、個人と社会、主観と客観、ミクロとマクロという分析枠組み、そして研究者–対象者の関係のあり方を再考して、これからの方策を明示している。

本書に寄稿されたのは、現在、わが国の社会学界において第一線で活躍している中堅ないしは若手の社会学者である。それぞれ分野において、既にリーダー的役割を果たしておられ、その活動が注目されている研究者たちである。したがって、執筆に際しては特に枠や限定を設けず、自由に論じて下さるようにお願いした。それぞれの論考は個性的であり、オリジナリティに富み、各人の顔が見えるものとなっている。全体としてアメリカ社会学、さらには社会学そのものの二一世紀の課題が具体的に提示されている。各論考において新たな見解が積極的に披露され、読むものをわくわくさせるものとなっている。本書によって、多くの議論が巻き起こされるものと確信している。
大学の「改革」による負担増で忙しくなった皆さんが、寸暇を惜しんで、力を込めてご執筆くださったことに厚くお礼申し上げたい。今回もまた、恒星社厚生閣文字情報室の星野明美さんに大変お世話になった。心から感謝申し上げる次第である。

二〇〇一年二月　梅の花が咲く

船　津　衛

アメリカ社会学の潮流

目次

序章　アメリカ社会学の動向

船津　衛

船津　衛（ふなつ・まもる）
1940年　東京都生まれ
1967年　東北大学大学院文学研究科博士課程修了
現　職　東洋大学社会学部教授
著　書　『シンボリック相互作用論』恒星社厚生閣，1976年
『コミュニケーション・入門』有斐閣，1998年
『アメリカ社会学の展開』恒星社厚生閣，1999年，ほか

一　アメリカ社会学の現在

H・ルースが「二〇世紀はアメリカの世紀」と呼んだ第二次世界大戦以降、アメリカ社会学は世界の社会学の中心となり、社会学全体の方向を定める重要な役割を果たしてきた。T・パーソンズの機能主義理論やP・ラザースフェルドらの社会調査は各国の社会学が目指すモデルとなり、それぞれの国の社会学研究のあり方に大きな影響を及ぼしてきた。フランスの社会学者A・トレーヌによると、「アメリカ社会学は今世紀（二〇世紀——筆者）において最も強い影響を与えた知的創造物」（Touraine, 1990:252）であった。二〇世紀はアメリカ社会学の世紀でもあったのである。

しかし、現在のところ、アメリカ社会学はヨーロッパ社会学に比べて、その活躍があまり目立っていない。社会学の中心は、むしろ、ヨーロッパ社会学に移りつつあり、アメリカ社会学の影が次第に薄くなってきている（Delanty, 2000:43）。ドイツの社会学者N・ルーマンによれば、「アメリカ社会学はヨーロッパの知識人に感動を与える力を失なってしまった」（Luhmann, 1990:263）。さらには、アメリカ社会学それ自体がいまや存亡の危機にあるといわれる。

かつては圧倒的な人気を集めていた社会学専攻への希望者が次第に減少し、社会学部・学科の拡大の動きも沈静化し、そこから若手研究者の就職難が生じつつある。また、社会的にも社会学が現代の人間や社会の問題を解決するのにあまり役に立たず、社会学の研究成果に対する期待が薄れ、その魅力が失われてきている（cf. Collins, 1986）。なによりも、社会学自体が目立った研究成果を生み出さず、社会学的見解を世に問うことが少なくなっている。N・ウィリーによると、アメリカ社会学は機能主義のあとには支配的な社会学がなく、七〇年代、八〇年代の「不振」（slump）と「不景気」（stagflation）によって、不安定と衰退の兆しが見え始めており、現在、それは危機あるいは転換期にある（Wiley, 1985）。

アメリカ社会学においては、こんにち、内部のまとまりが欠如している。研究の専門化や分化が進み、パースペクティブの多様化・多元化が生じてきている。理論と調査、量的研究と質的研究、そして哲学的、文学的社会学から数学的、生物学的社会学まで幅広く共存している。とりわけ、一九六〇年代において、それまでメイン・パラダイムとされてきた機能主義社会学が「現実遊離の誇大理論」（C・W・ミルズ）ときびしい批判を浴びてより王座を降り、それに代わって交換理論、コンフリクト・セオリー、シンボリック相互作用論、現象学的社会学、エスノメソドロジー、構造主義などの新しい社会学が続々登場してきた。それらは機能主義を社会中心主義、社会調和主義、社会統合主義と批判して、個人の独自性や主体性、また社会の対立や変動を問題とするものであった。その主張が広く認められ、全体をリードすることになれば、社会学における「パラダイム革新」の時代が到来するといわれたほどであった。

しかし、現在のところ、どのパラダイムも主導権を掌握するに至っておらず、それらが並列して肩を並べるだけの「ミニ・パラダイムの乱立状態」となってしまっている（cf. Wiley, 1985, 1990）。D・マーティンデールの言葉によれば、「アメリカ社会学はもはや単一の言葉では話をせず、声の『バベルの塔』状況を呈している」（Martindale, 1985:48）。アメリカにおける社会学の現状は、いま、一種のアノミー状況にあり、コンセンサスの形成にはほど遠い状態となっている。そこから、アメリカ社会学の影響力の低下がささやかれることとなっている。これに対して、ヨーロッパにおいては社会学の活動が大いに活発化してきている。

ドイツのJ・ハバーマスは「コミュニケーション行為」論を展開し、システムと生活世界との関連を問い、現代における生活世界の「植民地化」を指摘し、その乗り越えを「目的合理性」ではなく、「コミュニケーション合理性」に求めている。同じく、ドイツのルーマンはシステム論の新しい展開を目指し、社会システム自体の再生産のあり方を明らかにする「オートポイエーシス」論や、パーソナルな人間関係を重視する理論を展開している。

また、フランスのP・ブルデューは「構築主義的構造主義」を提唱し、人間を主体的行為者として、構造をダイナミックなものとしてとらえ、構造化された構造であるとともに構造化する構造である「ハビタス」(habitus)の概念を生み出している。そして、イギリスのA・ギデンズは「構造化」(structuration)の理論を展開し、人間を社会構造を能動的に形成する主体的行為者として考え、社会構造は人間行為に強制を加えるものではなく、行為を可能とさせるものであり、社会は人間主体によって形成される構造化の過程であると主張している。このようなヨーロッパ社会学がいまや世界の社会学の趨勢を動かしつつあるといわれる。

けれども、それらを内容的に検討してみると、実は、ヨーロッパ社会学独自の社会学の展開というよりも、アメリカ社会学の延長・発展を目指すものとなっている。それらはいわばヨーロッパ社会学の「アメリカ化」というべきものであり、そこでは、これまでのアメリカ社会学の主要テーマであった意味・主観、人間主体、社会の変化・変動が主として問題とされ、また、ミクロとマクロ、主体と構造、主観と客観、秩序と変動の問題が取り扱われている。現在のヨーロッパ社会学はアメリカ社会学の内容を検討し、批判し、再構成を行ない、多様なものの関連づけと相互摂取を押し進めて、全体の統合を推進しようとしている。

二 アメリカ社会学の発展

アメリカ社会学は南北戦争後の産業化、都市化による社会の混乱を秩序化するためのものとして現れた。第一期のアメリカ社会学者にはA・スモール、L・ウォード、W・G・サムナー、F・H・ギデングス、E・A・ロス、C・H・クーリーなどが存在していた。サムナーは「アメリカの衣装をつけたスペンサー主義者」と呼ばれるほど、H・スペンサーの影響を強く受け、社会学に進化論的視点を導入して、独自の社会ダーウィニズムを展開した。かれの社会学は適者生存を社会の原理とする生物学的社会学であった。他方、ウォードは社会の原理として目的的社会進化を考え、人間の進化と動物の進化とは異質であり、前者は意図的、精神的進化であり、後者は無目的、身体的進化であると規定し、知性の発達による社会改良の必要性を強調する動的社会学を展開した。

ギデングスは他の存在を自己と同類と考える「同類意識」(consciousness of kind)を問題とし、それを社会の本質と規定しており、ロスは暗示や模倣を問題として、社会過程の本質を心的相互作用にあるとした。また、スモールも対立が存在する社会のあり方を人間の知性による社会統制によって解決しうると主張しており、クーリーは社会を人間のマインドの中に存在するものと考えていた。このように、初期のアメリカ社会学は自然科学的社会学から心理学的社会学へと次第に変わっていき、それがアメリカ社会学の特色といわれるようになっていった(船津、一九九九、五三―五七頁)。

第二期のアメリカ社会学はW・I・トーマスやR・E・パークを中心とするシカゴ学派の社会学者によって主として担われた。シカゴ学派社会学はそれまでの社会学とは異なり、アメリカ生まれの、アメリカ色の強い、アメリカ独自の社会学であった。それはプラグマティズム哲学の影響を強く受け、移民や人種などの社会問題に積極的に取り組み、それを解決するために必要な知識や方法を提供しようとする学的営為であった。シカゴ学派は社会学における代表的学派を形成し、一九世紀の末から二〇世紀初めにかけて、アメリカ社会学の生成と発展に大きな貢献をなしている。とりわけ、一九二〇年代から三〇年代の初頭には、社会学といえばシカゴ学派社会学を指すと言われるほど、アメリカ社会学界において圧倒的な力を誇り、社会学界全体を支配するほどの勢いを有していた。スモールによって始められたシカゴ学派社会学はトーマス、パーク、そしてG・H・ミードによって実質的な展開がなされた。

トーマスはF・ズナニエッキとの共著『ヨーロッパとアメリカにおけるポーランド農民』(一九一八－二〇)において日記、手紙、記録などのヒューマン・ドキュメントを用いる独自の研究方法を確立させた。また、「願望」、「態度」、「価値」、「状況規定」の概念によって、個人の意識や心的過程を解明し、人間の主観的・主体的側面を浮き彫りにした。都市社会学の先駆者、人間生態学の創始者であるパークはまた、人種問題、集合行動、コミュニケーションの優れた研究者でもあった。パークにおいて人間は意識的存在として、生物学的レベルを越えた道徳的秩序(**moral order**)を形成し、また社会を構築するという積極的、創造的存在としてとらえられ、社会は「競争」、「闘争」、「アコモディーション」、「同化」の過程として動的に性格づけられていた。かれは都市社会を「共生」(**symbiosis**)に基づく「コミュニティ」と「コミュニケーション」によって作り上げられる「ソサイエティ」からなり、人間社会は「コミュニティ」から「ソサイエティ」へと発展すると主張した。

そして、このシカゴ学派社会学の発展にとって欠かすことのできない存在はミードである。かれは人間が他の動物とは異なり、内的世界を有しており、「意味のあるシンボル」(**significant symbol**)を通じて、他者の態度を取得して自我を形成することを明らかにした。そして、人間は自我をもつことによって、他者や社会に対して積極的に働きかける存在となり、他者や社会は人間によって形成されるダイナミックな過程となると主張した。それがかれ独自の自我論であり、コミュニケーション論であり、行為論であり、また、時間論でもある。ミード自身は哲学科に所属していたが、社会学科の学生やスタッフへの影響力はきわめて大きく、一九二〇年代の社会学科は「ミードの前進基地」と呼ばれるほどであった。

このようなシカゴ学派社会学は一九二〇年代に最盛期を迎え、人間と社会との問題を正面から取り上げ、それを理論的、経験的に究明し、都市、家族、病理、人種、逸脱、コミュニケーション、集合行動などの領域に関して、シカゴをフィールドとして、質的資料を利用した多くのモノグラフをものにして、ユニークな成果をあげた（宝月・中野、一九九七）。かれらは、共通して、個人と社会の間にズレや対立があることを認識し、その問題の解決は他者との関係において社会的に形成される人間の内的世界・主観・知性を通じて行なわれるものと考えた。そこから、社会は固定的、静態的ではなく、動的、過程的なものというイメージが作りあげられていた。

このようなシカゴ学派社会学は、しかし、一九三〇年代半ば以降、きびしい批判の波を浴びるとともに、パーソンズの率いるハーバード学派やラザースフェルドやR・K・マートンらのコロンビア学派によってその座を奪われてしまった。シカゴ学派は体系的理論を有せず、研究対象をシカゴに限定した視野が局地的で狭隘であり、また研究方法も科学性に問題があり、現実を捉えるのに不十分であるときびしく批判された（船津、一九九九、六九頁）。そして、一九三五年以降、とりわけ一九四〇年代と一九五〇年代には、アメリカ社会学はハーバード学派とコロンビア学派が優勢となっていった。

パーソンズによって導かれたハーバード学派はヨーロッパ社会学の摂取・導入を積極的に行ない、行為と価値・規範、相互行為と役割、社会化と社会統制を中心とする機能主義社会学を理論的に展開し、社会学の一般理論の形成に力を注いだ。また、コロンビア学派は数量的、統計的調査研究を大規模に実行し、アメリカ社会の現実を実証的に明らかにすることによって大きな貢献をなした。このハーバード学派とコロンビア学派はアメリカ社会学界、さらには世界の社会学界に長期間にわたって君臨し続けた。

しかし、また、多くの批判もなされ、マートンによって、一般理論の試みは時期尚早であり、いまは、一般理論と調査の中間にあり、一定の範囲の現象に適用される「中範囲の理論」の樹立を目指すべきあると主張された。また、G・C・ホマンズによって、機能主義は社会中心主義で個人を無視しているとされ、個人の行為の交換から社会ができるとする「交換理論」が提唱された。そして、L・コーザーによって、機能主義は調和を偏重し、対立を無視しているとして、「コンフリクト・セオリー」が展開され、また、N・スメルサーによって、パーソンズの社会観が固定的なものとなっているとして、社会変動論や集合行動論が積極的に試みられた。これらはいずれも内部からの批判であったが、さらに、機能主義と正面から対立し、それを越えて新しい社会学を形成しようとする動きが生じてきた。

H・ブルーマーらのシンボリック相互作用論、H・ガーフィンケルのエスノメソドロジー、A・シュッツの現象学的社会学が一九六〇年代において表舞台に登場し、脚光を浴びるようになった。それらは「解釈パラダイム」、あるいは「意味の社会学」と呼ばれ、いずれも機能主義の社会中心主義をきびしく批判し、自らは反秩序志向を有していた。そして、主観・意味・シンボルの世界を重視し、行為者の立場に立って行為者の内面を解明し、そこから人間の主体性と動的社会のあり方を具体的に明らかにしようとした。それによって、社会学において「パラダイム革新」が実現することが期待された。

けれども、そのうちのどれか一つが全体のヘゲモニーを握ったり、あるいは、またその間の統合が積極的に推進されたわけではない。それらは相互に結びつくというよりも、むしろ、それぞれが別個に、独自な形で自己の研究を推し進める傾向が強かった（cf. Wiley, 1990:396）。ここから、ポスト・パーソンズのアメリカ社会学はミニ・パラダイムの乱立状態であるといわれた。そして、八〇年以降もその状態は変わることなく続き、他方に、パーソンズ理論の批判的継承として、限定理論としての文化社会学の構築を目指すネオ機能主義、また、人間の行為をコスト=リオードの観点から解明しようとする合理的選択理論も新たに展開された。

さらには、ポスト・モダン、ポスト構造主義、ポスト・フェミニズム、ポスト・ブルーマー・シンボリック相互作用論など「ポスト」の時代であるといわれるほど、多くの理論やアプローチが続々と出現してきた（Fine, 1990）。現在のアメリカ社会学においてはマクロ重視‐ミクロ重視、主観重視‐客観重視、意味重視‐機能重視の社会学が錯綜して存在している状態となっている。そして、多様化・多元化の傾向はいっそう拡大・深化され、「多様性の制度化」（Wiley, 1985）とも呼ばれる事態になってきている。(1)

三　アメリカ社会学の課題

N・キャンベルらによると、アメリカは異なるアイデンティティが混在し、衝突する場所であり、ひとつの集合体、ひとつの複合体であり、そこでは絶えず新しい自己の生産、再生産が繰り返され、古くなったものを変容させてきている。そして、アメリカにおいてアイデンティティとは「常に変化しつづける領域であり、固定性や均衡性ではなく、差異や多様性を認識する中で、再生をひとつの重要な要素としてきた」（Campbell and Kean, 1997, 訳二三頁）。アメリカの文化的アイデンティティは意見の一致や対話の終結よりは、むしろ、多様性の見地から導き出されるものとなっている（Campbell and Kean, 1997, 訳二五四頁）。

アメリカ社会学においてもさまざまな社会学の理論やアプローチが存在し、その多様性と多元性は逆に議論の活性化を生み出し、新たなものを創造する可能性が存在しているといえる。ウィリーによれば、それが社会理論の健全な状態である（Wiley, 1990:392）。つまり、支配的理論の欠如は柔軟性を提供するものであり、多様化し、多元化する専門領域は最も創造的に仕事することの始まりである（Wiley, 1985:207）。そして、J・L・アブ＝ルゴッドによれば、「社会学の第二世代は挑戦で満ちているが、変容する世界の理解に新しい可能性を提示している」（Abu-Lughod, 1999:21）。しかし、現実は必ずしもそうなっておらず、アメリカ社会学の将来を楽観的に語るわけにはいかないようである。

これまで、アメリカ社会学においてはミクロ社会学とマクロ社会の分離、ズレ、さらに対立が存在していた。マクロ社会学は構造・拘束・規範を問題とし、ミクロ社会学は人間の主体性、自由、意味、解釈を解明するという区別がなされてきた。そして、機能主義社会学は構造・拘束・規範を問題とするマクロ社会学であり、「意味の社会学」は人間の主体性、自由、意味、解釈を解明するミクロ社会学であるとされてきた。しかし、このような思考は個人を社会と分離し、両者は対立すると考えるものとなっている。

けれども、個人は社会と離れて存在しうるのではなく、個人は社会の中に生まれ、そこにおいて生きていくものである。また、社会は個人を形成すると同時に、個人によって形成されるものである。そして、人間の主体性や自由、意味、解釈の問題はミクロ領域に限られた事柄ではなく、マクロ領域における人間の主体性、自由、意味、解釈としても存在しうるものである。それらをミクロ領域の事柄として限定することは狭い理解であり、それらを構造・拘束・規範の枠の内部で理解してしまうおそれがある。他方に、ミクロ領域における構造・拘束・規範も明らかにすべきであろう。したがって、人間主体性の問題をミクロ・マクロの両方で扱う必要があり、構造・拘束の問題もミクロ・マクロの両方で解明すべきことになる。ここから、ミクロ・マクロの区別は無意味なものとなり、ミクロ・マクロの二元論はいまや乗り越えられるべきものとなる。そして、これからは人間の主体性、自由、意味、解釈の問題をミクロからマクロへと展開していき、さらに、固定した「構造」から変化・変容する「過程」へと研究関心を移行していくことが必要であろう(2)。

他方、アメリカ社会学はこれまで自然科学的方法を用いる「実証主義」社会学の展開を意図してきた(Gans, 1989:11-12. 船津、一九九九、四四頁)。そのために、人間を物体と同じものとして取り扱い、人間の内的側面、その積極的、創造的あり方を見ないものとなってしまっていた。しかし、こんにち、自然科学的方法を用いる「実証主義」社会学のあり方に関して多くの疑問が出されてきている。現象学的社会学者のシュッツによると、実証主義的方法は人間の主観を排除してしまうものである。自然科学の対象である自然的事実はそれ自体によって解釈も選択もなされていないが、社会科学の対象である社会的事実は、そこに生きる人びとによってあらかじめ解釈や選択がなされている。したがって、その解釈や選択を知らない限り、社会的事実は理解されないことになる。

そこで、自然科学的方法を停止して、現実をそのまま見ることが必要である。シュッツによると、そうすれば、そこに「日常世界」を見ることができる。「日常世界」とは日常生活者の主観的な、意味の世界を指し、それは科学者が構成する以前に存在する世界である。したがって、それを重視し、解明することは「社会的現実の世界が、科学的観察者の構成した、実在していない、虚構の世界に置き換えられることを防ぐ唯一の、そして十分な保証なのである」(Schutz, 1964:8, 訳二六頁)。この「日常世界」は人間が他の人間とともに行為している世界であり、個人的な主観的世界ではなく、社会的に共有された意味の世界である。従来、主観イコール個人的、客観イコール社会的とされてきたが、主観イコール個人的ではなく、主観も社会的であるといえる。この主観の社会性を明らかにすることによって、主観・客観の区別を越えうることになる。そして、このために、人間行為者の見地を重視し、行為者の立場に立って、その内面に立ち入り、人間の内省や意味・解釈のプロセスを明らかにする必要がある。[3]

二〇世紀のヨーロッパ社会学においても、実は、このような人間の内省や意味が重視されていた。形式社会学者G・ジンメルは近代社会において意味と機能のズレが生じていることを明らかにし、D・ライアンによれば、「近代の産業社会において明白となった意味の喪失」（Lyon, 1994, 訳一〇頁）を問題とした。そして、形式社会学が排除したとされる文化を哲学的に考察したことにおいて、ジンメルの思考は主観・意味の社会学を展開する可能性を有していた。他方、実証主義社会学の確立者といわれるE・デュルケムも人間の主観的側面を重視し、社会のダイナミックなあり方を明らかにしている。デュルケムにおいて、宗教はまさしく根源的現象であるから、宗教に具現化された集合表象は人間社会の自己創造の表現である。そして、集合的沸騰は単に高揚した集合的感情であるばかりではなく、能動的で創造的な思考でもある。C・ブーグレによれば、デュルケムは、「社会学が単に物質的形態のみならず、心的状態にも注意を払わなければならないと説いている」（Bougle, 1924, 訳四頁）のである。

そして、M・ウェーバーの主要関心は宗教などの人間の内的側面に置かれていた。ウェーバーが主として問題としたのは観念の領域に由来する合理性、つまり宗教の合理化であった。かれは合理的生活態度がキリスト教的禁欲の精神から生まれたことを解明し、そこから、近代人の主観的特質を浮き彫りにして、それが非人格化し、物象化し、断片化するという合理化過程を明らかにした。W・ヘニスによると、ウェーバーの社会学は「個人の意識の内側に入り込み、この内面的な領域を積極的に取り上げようとするもの」（Hennis, 1987, 訳九頁）であった。

このような主観・意味・意識・内省の解明はアメリカ社会学において必要不可欠なものである。これまでの社会学は自然科学的、実証主義的科学として展開され、因果分析や外的行動の解明を主として行なってきた。[4]そのため、人間の内的世界を見ないものとなってしまっていた。しかし、いまや、自然科学的方法を批判し、それを越えていかなければならない。社会学は第三者という客観的立場ではなく、行為者の見地をとっていく必要がある。社会学は人間による自然支配という自然科学主義に基づく近代科学の方法を検討し、実証主義的方法の限界を明らかにして、人間の内的世界を解明する人文主義的方法の確立を目指し、それによって、主観・客観の対立を克服することが課題となろう。

近代はモノの時代であったが、いまや意味の時代となっている。人間をモノとしてではなく、意味世界を持つ存在として捉える必要がある。人間は意味に基づいて行為し、その意味は他者との関係において社会的に形成される。そして、意味はルールにしたがい、「規範」に基づくものであるとともに、人間によって解釈され、変容されるものである。解釈によって既存の意味が修正・変更・再構成され、新しいものが現れてくるようになる。

アメリカ社会学はこのような意味を正面から問題し、その意味の社会性を明らかにし、意味の規範性や規則性だけではなく、意味の解釈も解明し、意味の新たな形成を問題とすべきである。そこから、人間を自己の行為を主体的に形成し、他者や社会に対して積極的に働きかけ、新たなものを創出する存在として、また、社会を変化・変容するダイナミックな過程として理解しうるようになる。

現在のアメリカ社会学においては、社会の変化・変容がきわめて著しいにもかかわらず、従来の枠組みを無理に現実にあてはめようとする傾向が存在している。これまで当然と思われてきた事柄の崩壊が進行していることに十分に気が付かず、古い枠組み、とりわけに近代の論理に基づく分析枠組みに固執し、それに取って代わる新しい枠組みを生み出そうとしていない。すなわち、アメリカ社会学は孤立した自我をもつ「近代人」のイメージに強くとらわれてきた。しかし、人間は他者とともに生きる存在であり、その自我は他者との関わりにおいて社会的に形成される社会性をもっている。こんにち、社会のグローバル化、多様化、変化・変動の進行によって、自我にかかわる他者は複数となり、しかも、他者の期待の間に一致が存在しなくなっている。そこから、人びとの自我は自立的な「個体的自我」から、相互依存的な「関係的自我」に変わり、また、単一的・一元的なものから複数のアイデンティティからなる多面的・多元的なものとなり、また、固定したものから流動的なものになっている（Thomson, 2000. 船津、二〇〇〇）。

したがって、アメリカ社会学は近代人の独我性を克服し、他者の無視・利用ではなく、他者との共生を考え、他者とのコミュニケーション的つながりを重視する人間のあり方を解明すべきことになる。(5) そしてまた、近代社会の構成論理である近代合理性のあり方を再検討して、目的合理性ではなく、コミュニケーション合理性をクローズアップしていく必要がある。コミュニケーション合理性とは、J・ハバーマスによれば、共通の状況規定のもとで相互の諒解と合意が形づくられ、行為の調整がなされるものである（Habermas, 1981）。このような近代合理性を越える新しい社会の論理、人間の論理が必要となる。

近代合理性は人間の自然支配を目指す「目的合理性」であり、産業や生産中心の経済効率の合理性を表わしている。このような合理性が科学技術による危険の生産の社会である「リスク社会」を生み出している。「リスク社会」とは、U・ベックによると、原発事故、自然破壊、環境汚染、生態系の危機などが顕著になる社会である（Beck, 1986）。そして、ギデンズによれば、そこではリスクが「ジャガーノート」（巨大エンジンを装着して疾走する超大型長距離トラック）状態となっており、「自己破壊」の社会を招来している（Giddens, 1990）。その社会は妨害や障害などによって、これまでの行動がそのままでは進行が困難となる「問題的状況」（problematic situation）となっている。

けれども、「問題的状況」において、人間は自己を内省し、内的世界の活性化を通じて新たな世界を生み出すことができる。内省を通じて「問題的状況」の克服が図られ、新しい状況が生み出される。「問題的状況」の乗り越えが内省を通じて可能とされる時代が「自己内省的モダン」の時代である。そこでは産業社会の延長としての近代化が終わり、産業社会の前提そのものを変化させる近代化が押し進められるようになる（Beck, *et al.*, 1994）。

「リスク社会」は自己批判社会であり、そこでは内省的活動が展開して、「リスク」が乗り越えられることになる。内省によって、自己が新しく生まれ変わると同時に、その行為を通じて他者や社会も変わるようになる。人間はただ単に社会によって決定される存在ではなく、社会の現実を認識し、それに意味を付与し、自らの位置や行為の方向に照らして「解釈」し、それを変更し、再構成することができる。つまり、人間は自己を内省し、内的世界の活性化によって新たなものを創発することができる。そのことによって、人間は社会構造の拘束から解放され、主体的な自我を形成しうるようになる。

現代に生きる人間は内省によって、「近代合理性」を越え、人間同士のヨコのつながりからなる「コミュニケーション合理性」を生み出すことができる。アメリカ社会学はこのような人間の内省のあり方をより詳しく解明し、それによる社会の自己組織化の過程を明らかにすることが当面の課題となる。そのためにも、個人－集団、主観－客観、マクロ－ミクロを越える枠組をもつ必要がある。人間を内省に基づき、新たなものを創出する主体的存在として、そして、社会を人間の主体的行為によって形成され、変化・変容するダイナミックな過程として理解すべきことになる。

（1）政治学、人類学、歴史学でも事情は変わらないようである（Wiley, 1985）。
（2）ギデンズもこのような問題に関して、それはミクロとマクロを越えた問題であるとしている（Giddens, 1993, 訳五二頁）。
（3）そこに「二重の解釈学」（ギデンズ）が展開されることになる。

（4） R・N・ベラーらによれば、ヨーロッパでは「人間の学」という概念が社会科学と人文学を密接に結びつけたが、アメリカの社会科学は科学になることを自らの課題として、人文学からの独立を宣言し、その結果、実証主義、還元主義、相対主義、決定論を採用することになった（Bellah, *et al.*,1991, 訳一六八頁）。

（5） ベラーらによると、アメリカ社会は利己的個人主義から、共同性を重視する「善き社会」が目指されてきている（Bellah, *et al.*, 1991）。また、L・T・トムソンによれば、人びとの間ではコンフリクトから「社会性」へ関心が強まりつつある（Thomson, 2000）。

参考文献

Alexander, J.C., 1987, *Twenty Lectures*, Columbia University Press.

Abu-Lughod, J.L., 1999, The Heritage and Future of Sociology in North America, in Abu-Lughod J.L.（ed.）, *Sociology for the Twenty-first Century*, The University of Chicago Press, pp.3-25.

新 睦人・三沢謙一編、一九八八、『現代アメリカの社会学理論』恒星社厚生閣。

Beck, U., 1986, *Risikogesellshaft*, Suhrkamp Verlag. 東 廉ほか訳『危険社会』法政大学出版局、一九九八。

Beck, W., *et al.*, 1994, *Reflexive Modernization*, Polity Press. 松尾精文ほか訳『再帰的近代化』而立書房、一九九七。

Bellah, R.N., *et al.*, 1991, *The Good Society*, Alfred A. Knoph Inc. 中村圭志訳『善き社会』みすず書房、二〇〇〇。

Belok, M. and D. Martindale（eds.）, 1985, *American Sociology in 1980's*, Anu Books.

Bougle, C., 1924, Preface to Durkheim, E., *Sociologie et Philosophie*, Felix Alcan. 佐々木交賢訳「序文」『社会学と哲学』恒星社厚生閣、一九八五、一－一〇頁。

Campbell, N. and A. Kean, 1997, *American Cultural Studies*, Routledge. 徳永由紀子ほか訳『アメリカン・カルチュラル・スタディーズ』醍醐書房、二〇〇〇。

Collins, R., 1986, Is 1980s Sociology in the Doldrums?, *A.J.S.*, 91:1336-1355.

Coser, L.A., 1976, Sociological Theory from the Chicago Dominance to 1965, *Annual Review of Sociology*, 2:145-160.

———, 1978, American Trend, in Bottomore, T. and R.A. Nisbet（eds.）, *A History of Sociological Analysis*, Basic Books, pp.287-320. 磯部卓三訳『アメリカ社会学の形成』アカデミア出版会、一九七八。

Delanty, G., 2000, The Foundations of Social Theory, in Turner, B.S.（ed.）, *The Blackwell Companion to Social Theory*, 2nd ed., The Blackwell, pp.21-46.

Fine, G.A., 1990, Symbolic Interactionism in the Post-Blumerian, in Ritzer, G.（ed.）, *Frontiers of Social Theory*, Columbia University Press, pp.117-157.

船津　衛、一九九九、『アメリカ社会学の展開』恒星社厚生閣。
———、二〇〇〇、「社会的自我論の展開」『東洋大学社会学部紀要』三八－一、三七－五四頁。
Gans, H.J., 1989, Sociology in America, *A.S.R.*, 54:1-16.
Gans, H.J.（ed.）, 1990, *Sociology in America*, Sage.
Giddens, A., 1990, *The Consequences of Modernity*, Polity Press. 松尾精文ほか訳『近代とはいかなる時代か?』而立書房、一九九三。
———, 1993, *New Rules of Sociological Method*, 2nd ed., Polity Press. 松尾精文ほか訳『社会学の新しい方法基準』第二版、而立書房、二〇〇〇。
Hennis, W., 1987, *Max Webers Fragestellung*. 雀部幸隆ほか訳『マックス・ウェーバーの問題設定』恒星社厚生閣、一九九一。
Habermas, J., 1981, *Theorie des Kommunikativen Handelns*, Suhrkamp. 河上倫逸ほか訳『コミュニケイション的行為の理論』上中下、未来社、一九八五－八七。
宝月　誠・中野正大、一九九七、『シカゴ社会学の研究』恒星社厚生閣。
Luhmann, N., 1990, General Theory and American Sociology, in Gans, H.J.（ed.）, *Sociology in America*, Sage, pp.253-264.
Lyon, D., 1994, *Postmodernity*, Open University Press. 合庭　惇訳『ポストモダニティ』せりか書房、一九九六。
Martindale, D., 1960, *The Nature and Types of Sociological Theory*, Houghton Mifflin. 新　睦人ほか訳『現代社会学の系譜』未来社、一九七四。
———, 1976, American Sociology before World War II, *Annual Review of Sociology*, 2:121-143.
———, 1985, Major Trends in American Sociology, in Belok, M. and D. Martindale（eds.）, *American Sociology in 1980's*, Anu Books, pp.27-50.
Ritzer, G.（ed.）, 1990a, *Frontiers of Social Theory*, The Columbia University Press.
———, 1990b, The Current States of Sociological Theory, in Ritzer, G.（ed.）, *Frontiers of Social Theory*, The Columbia University Press, pp.1-30.
Schutz, A., 1964, *Collected Papers, vol.2, Studies in Social Theory*, Martinus Nijhoff. 渡部　光ほか訳『社会理論の研究』（シュッツ著作集第三巻）マルジュ社、一九九一。
Thomson, I.T., 2000, *In Conflict No Longer*, Rowman & Littlefield Publishers Inc.
Touraine, A., 1990, American Sociology viewed from Abroad, in Gans, H.J.（ed.）, *Sociology in America*, Sage, pp.239-252.
Turner, J.H., 1978, *The Structure of Sociological Theory*, Dorsey.
———, 1990, The Post, Present and Future of Theory in American Sociology, in Ritzer, G.（ed.）, *Frontiers of Social Theory*, The Columbia University Press, pp.371-391.
Wiley, N., 1979, The Rise and Fall of Dominating Theories in American Sociology, in Snizek, W., *et al.*（eds.）, *Contemporary Issues in Theory and Research*, Greenwood Press, pp.71-75.

———, 1985, The Current Interregnum in American Sociology, *Social Research*, 52:179-207.
———, 1990, The History and Politics of Recent Sociological Theory, in Ritzer, G.（ed.）, *Frontiers of Social Theory*, The Columbia University Press, pp.392-415.

第一章　ナショナリズムとホロコースト

——もう一人のパーソンズをもとめて

油井清光

油井清光（ゆい・きよみつ）

1953年　兵庫県生まれ

1986年　神戸大学大学院文化学研究科博士課程単位取得退学

現　職　神戸大学文学部教授

著　書　『主意主義的行為理論』恒星社厚生閣，1995年，ほか

一　パーソンズの多面性と機能主義の最前線

いかにして、機能主義の「最前線」とのかかわりでパーソンズを語りえるのか。たとえば、かれ自身のつぎのような言葉からはじめることができる。これはT・クラークの「構造‐機能主義、交換理論、そして新たな政治経済学」と題された論文に対するかれのコメントであるが、クラークはその論文で「構造‐機能主義」を代表する者としてパーソンズを論じていた。

おそらく私はある穏当な二重の異議申し立てからはじめてよいであろう。クラークは、他の多くの論者たちと同じく、「構造‐機能主義」という用語を繰り返し、またそう見なされる論者を「構造‐機能主義者」と呼びつづける傾向がある。その一方、かれは（自らの論文の）タイトルでは「交換理論」といっており、「交換主義」とはいっておらず、また「新たな政治経済学」といっており、「新たな政治経済学主義」とはいっていない。なぜ、私やマートン、また他の論者がこの「主義」というラベルに同定され、その一方、その他の論者はこれを免れるのか、私には理解困難である。……私はなぜ自分がこれまで交換理論［家］と見なされたことがないのか、しばしば不可解に思う。『行為の一般理論をめざして』にさかのぼれば、そこで提示された相互行為の分析はたしかに、もっともはっきりと交換を扱っていたし、ニール・スメルサーと共著の『経済と社会』ではじめられた別の局面でいえば、交換は分析図のまさに中心をなしている。それでもなお、ホマンズとブラウは交換理論家であり、スメルサーと私は明らかにそうではない。これは少々、非論理的に思える（Parsons,

1972:299)。

ここでパーソンズは、「主義」としての「構造‐機能主義」に自らが同定される事態にほとんど困惑を示しており、自分のやってきた仕事内容からいうならば、それは時には「交換理論」的であったといわれてもおかしくないという。これは一九七二年の書評からの言葉であるが、さらには一九七八年(死の一年前)のシカゴ大学における講演草稿においても、つぎのような表現がみられる。

ついに、(ハーヴァード大学における)社会関係学部プログラムの結晶化がその頂点に近づくにつれて、われわれは、より計量的なシカゴ社会学のもっとも重要な成果の一つ、つまりサミュエル・ストーファーを取り込むことのできる絶好の機会を得た。思うにこのコンビネーションこそは、……社会学における「構造‐機能学派」として今後つねに知られることになってしまうのではないかと思われるもの(**what I'm afraid will always be known as the "structural-functional school"**)の発展への、基本的な起動力をあたえたのである。ちなみに、私はすでにこのタイトル[構造‐機能学派]への異議を公式にとなえたことがあり、ここでもう一度立ち入る必要はない。私は、この[構造‐機能学派と呼ばれる]特定の見解が、当時のアメリカ社会学の知的構造における重要な真空地帯を埋めたのだと考えている(Parsons, 1978:10)。

自己の全業績が「構造‐機能主義(学派)」と同定されることへの、少なくとも晩年における持続的な異議と、そのことに対するつねに皮肉な距離をおいた姿勢は、ここでも明らかである。たしかに、それはかれの全業績をあらためて見わたし、そのあまりに豊穣な多面性にかんがみるとき、無理からぬ反応であると私には思われる。では、パーソンズは「構造‐機能主義」者ではないのか？　これについて私はいまつぎのように考えたい。構造‐機能主義（あるいはこれを構造‐機能「学派」「分析」といおうと何といおうとかまわないが）はかれの全業績のうち、その理論的な formalization の試みのある部分（核心的な部分にちがいないのだが）のように見える。この formalization は、理論としての体系化の試みといってもよい。この理論的「形式化」への企てという言い方は、かれ自身もしている。かれがその最晩年の決定的な収穫であるとしていた「人間の条件パラダイム」論文にこの表現がある。

以上のような入念な探求の基礎のうえに、われわれはいまや、人間の条件というわれわれのパラダイムの分析的な必須要素の形式化（formalization）というわれわれのプログラムにおける、つぎのステップを提示する準備ができたと思われる（Parsons, 1978:381)。

つまり、この論文は、晩年における諸大学での集中講義や講演、討論等（特にこの論文についてはペンシルベニア大学における）の機会に、かれが精力的に取り組み発展させていた理論的諸問題の成果を「形式化」して収穫しておこうとする企てだったのである。この意味で、こうした「形式化」は、かれの渾身の努力がつねにそこに向かっており、かれ自身そうあるべきだと信じていた、そのような「ゴール」でもあった。しかし、この渾身の試みはまた、そのすべての信じがたい能力と努力の傾注にもかかわらず、完全に成就したわけではないのである。だから、ここには、まず、①この体系化＝formalization の試みを、すべて「構造‐機能主義」としてのそれと同定できるかという疑問があり、さらには、②その成就された部分自体でさえ、かれの全業績から振り返ってみれば、「氷山の一角」でしかないであろうという事態がある。

いま機能主義の「最前線」ということで、その前線という名にふさわしく、境界を越えた向こう側の「他者」との激しいつばぜりあいが戦われている現場を考えるなら、本論はそのような場につぎの観点から参加したい。パーソンズには上述の意味での「氷山の一角」を越えた巨大な「余剰」ないし「過剰」がある。それは最近の鈴木健之の巧みな表現を敷衍していえば、パーソンズにおいて体系へと「抑制」しえなかった過剰性である（鈴木、二〇〇〇）。つまり、体系化＝構造－機能「主義」に回収しきれない多面性。しかし、いいかえれば、それは豊かさであり、可能性である。この機能主義への「過剰」と、最前線＝越境した向こう側とのつばぜりあいとが、互いに参照しえる何かをもつと想定しつつ、私はこの「パーソンズの豊かさ」の側からアプローチしたい。つまり、過剰性を、むしろ可能性の中心（機能主義の最前線とのかかわりにおいても）として捉える方向から接近したい。パーソンズ理論の動態化は、半面、いったんその流動化を免れないであろう。

では、体系化＝形式化の方向でパーソンズ「理論」をとらえないなら、他にどのような方法があるのか。最近の佐藤成基や鈴木のように、その「主要概念」「キーワード」からアプローチするのも有効な方法であろう(1)。本論では私は理論的なテーマ性から接近したい。といっても、ここでの「テーマ」性とは必ずしも表面には現れていないようなそれである。むしろ、それはしばしば決して表面には出ていない。そのもの自体としては語られないことの方が多いのである。たとえば、大衆社会論（ないし大衆社会状況そのもの）。かれは大衆社会論をそのものとして展開しなかった。むしろ、よく知られているように、そのネガティブな現代社会への診断に激しい批判を加えていた。しかし、かれがそうした現代社会の「ネガティブな」状況を知らなかったわけではない。むしろ逆であり、そのような「状況」こそはかれの理論家としてのターゲットだったというべきなのである。かれが大衆社会論に「がまんがならない」のは、後述のように、ナチズムに「がまんがならない」のと、原理的には同じ理由による。つまりどちらも、あるべきモダンの諸価値とその制度化としての近代社会構造の諸特徴への脅威という点で共通のものにふれているからである。かれにとって、大衆社会論は、それらの諸価値や制度的構造がすでに崩れていることを「前提」とした議論に見え、ナチズムははっきりとそれへの敵対的運動であった。これらはまさにモダンの諸価値がそのもっともタフな試練にかけられ、のるかそるかのギリギリの賭けにさらされているクリティカルな場であった。(2)この「がまんがならないもの」＝ターゲットに対して、しかし、かれは第一義的には理論家として対する。というのは、かれ自身が自らの本務を、評論家として語る＝問題に対処するのではなく、理論構築に置いていたからである。もとより、かれはさまざまな機会に時事評論をおこなった。われわれにとって幸運なことに、そこにはかれ自身の「ターゲット」が何であったのかが顕わになっている。しかし、かれ自身、自らの「本務」がそこにあるとは考えていなかった。ここに、かれがそこから激しく動機づけられ、理論構築へと駆りたてられた「ターゲット」と、構築された理論自体との間のある種のギャップがあり、深淵がある。この深淵にパーソンズの秘密があるように私には思われる。

こうして、かれは大衆社会をそれ自体として語るより、「社会的共同体（societal community）」論として、また教育革命と表出革命の関連の問題として語る。このようなテーマ（しばしば表面的には語られず、潜在的であるという意味で「裏テーマ」といってもよいかもしれない）は、いくつかある。U・ゲルハルトは、「リベラルな教養と普遍的な宗教」という二つのテーマが、一九三〇年代初頭の学部生時代（アムハースト大学）から第二次大戦直前にいたるまでの、パーソンズの「隠されたアジェンダ」を要約するものであるといっている（Gerhardt, 1993:3）。

この表現を敷衍して、パーソンズにはその生涯にわたる「隠されたアジェンダ」、いわば裏テーマがあったといってもよいのではないか。それは、たとえば、ナショナリズムとゲマインシャフト–ゲゼルシャフト関係、グローバリゼーション、ユートピアと逸脱、学生運動以降の現代社会状況（これは大衆社会論とポスト・モダンの議論ともかかわる）、エスニシティ、文化と社会と自然の「関係様式」、死（西欧文明論、生の不安定性、その限界、医療）などである。(3)

こうして、かれの業績としてわれわれの前に残されたものは、理論「体系」というより、むしろ、こうした（裏）テーマとの闘争の最前線からそのつど送られてくる、いわば戦況報告書のようなものではなかったのだろうか。これらの戦況報告書の膨大な束が未整理のまま残されたというわけである。

二　反ユダヤ主義とナチズム

この十二、三年の間に、高城和義の努力によって、人としてのパーソンズ像はずいぶん変わった。今日の若い世代が当たり前のように知っているが、しかし、じつは高城によってはじめて知らしめられたという事実は多い。その一つに、時事問題に積極的に発言しコミットする実践家パーソンズという像がある。ナチズム批判というテーマもその一つである。その一連の発言については、幸いにも一九九三年にU・ゲルハルトが一冊の書物に編んで公刊した。問題は、今後これら公刊されつつある新資料やあるいは未公刊資料をも使って、どこまでかれの理論像を脱／再構築できるか、という点にあると私には思われる。

ゲルハルトの上記の文献にはパーソンズの一九三八年から一九四七年までの諸論考（講演・公開放送用草稿等を

含む）が集められている。これは第二次大戦期のドイツのナチズム（ナショナル・ソーシャリズム）に直接触れた発言とそれに何らかの形で関連したもの、およびそこから派生した理論的な論考を集めた構成となっている。しかし、筆者の最近の調査で、ハーヴァード・アーカイブズには、これらとは別に、'Postscript to article entitled "The Sociology of Modern Anti-Semitism"'と題されたタイプ草稿があることが判明した。さらにその後、V・リッズ（V. Lidz）にこのタイプ原稿について問い合わせたところ（同草稿の表紙にかれがこれを出版のためクラウスナー（S.Z. Klausner）に送るとメモされていたからである）、これは一九八〇年になってクラウスナーによって*Contemporary Jewry*誌に発表されていたことが分かった。[4] これはまさに、一九四二年（執筆は四一年）の自らの論考（'The Sociology of Modern Anti-Semitism'）に対する、パーソンズのポストスクリプト（後記）であり、一九七九年二月一九日（つまり死の年の二月、死亡は五月）という日付が草稿冒頭に手書きで書き込まれていた。その間、三八年の歳月が経過しており、パーソンズは死の年にもう一度この問題に向き合い、その総括を図ったかのようなのである。じつをいうと、私はこの「後記」草稿を読むうち、その刺激的な内容に触発され、四〇年近く前の一連の論考とこれをつきわせて読み解くことによって、そこにパーソンズ理論像の新しい可能性を提示できないかと考えはじめた。じっさい、発表されたとはいえ、その雑誌は必ずしもメジャーなものとはいえず、じじつ、ゲルハルトは、上記のパーソンズによる一九三八年から四七年までのナチズム関連論考を集めた文献において、彼女自身の序言の締めくくりの言葉として、つぎのように書いているのである。「パーソンズはその後二度と、ドイツまたは国家社会主義という話題について論文を書いたり講演を行うことはなかった」（Gerhardt, 1993:60）。じつはそうではなく、ここで扱っている「後記」を書いていたわけだが、このことは、むしろ、いかにパーソンズのこの「後記」文献が埋もれてしまっていたかを物語るものであろう。

「現代の反ユダヤ主義の社会学」というかつての自らの論考に対する、この「後記」草稿において、かれはその出発点に二つのきわめて重要な論点を新たに加える。ホロコーストとイスラエル国家（「パレスチナにおけるシオニストの国家」、Parsons, 1979:1）の建設という二つである。一九四一年という時点で書かれた（出版は四二年）、以前の論考では、この二つの論点はじつは未だ「問題」として浮上していなかった。現実としてのホロコーストはまさにその最悪の事態が「進行中」であったが、その詳細な実態が明らかになり、広く知られたのは戦後であり、イスラエル国家の樹立が現実化したのもまた戦後であった。だから、かれは以前の論考においては主題化しえなかったこの二つの論点から出発する。そしてこの二つはいずれも、私には近・現代社会を考えるさいの、ある決定的な領域をなすように思われる。またこの二つはいずれもナショナリズムにかかわり、またそれが何でありえるかということにもかかわるのである。

そもそもナチズムについて語るとき、人はナショナリズムについて語らないわけにはいかない。四一年の論考およびゲルハルト編の一巻に収録されたその他の諸論文においても、パーソンズはナショナリズムについて繰り返し言及している。ナショナリズムへのこれほどまとまった言及は、じつはパーソンズとしては珍しいのである。これら若書きの（といっても四〇歳前後であり、『社会的行為の構造』以後なのだが）時事的評論において、かれは、後にはあまり表だって現れなくなる「隠されたアジェンダ」を顕わに語っているといえるだろう。

そこで、三八年後（死の年）の「後記」に踏み込むまえに、これら「若書き」のナチズム論の要点を見ておこう。かれはここでまず、ユダヤ性とは何かという問題の要点を、ウェーバーのそれを思わせる論調で素描する。ここではその一部のみを拾い上げておく。ユダヤの神ヤハウェは個々人としてのユダヤ人の神ではなく、「全体としての」民族の神であった。このことは、ただ一人の普遍的な支配者としての神という観念をもたらし、また、後にはホスト国において自らを「宗教的なセクト」の一つと自己認識するのではなく、「一個の国民＝民族」として自己認識させつづけることになった。この事態は、ユダヤ人たちがホスト国での自己のコミュニティ内に局限された感情的な愛着をもつかぎりは「緊張」として表面化しないが、いわゆる「解放」によってより広いコミュニティへと参加するにともない、そのバランスを失い、二つの世界へと引き裂かれ、時に深刻な情緒的な困難をかかえる要因となる、という。

ところで、近・現代の西欧社会においてはナショナリズムの感情は高度に進展している、とかれはつづける。しかし、その感情は広義の「連帯」によるものであって（例えばアメリカ合衆国における「リベラル・デモクラシー」の伝統という社会的価値へのコミットメントによる連帯）、必ずしも「出自（血）の同質性」によるものではなくなってきている。古きゲマインシャフトによる結合は別の種類の連帯へと少なくとも移行しつつあるし、またそうあるべきである。そのなかで、ユダヤ人をその他の一般社会から分かつ分断線はますます現実的ではなくなっていく。しかし、と続けてかれはいう。「たとえそうなったとしても、ユダヤ人は、依然として一般社会の完全な成員であることからはほど遠く、かれの地位はアンビバレンスなそれのままである。いわゆる同化ユダヤ人でさえも、一般社会の完全な成員ではなく、それはたとえかれがユダヤ人コミュニティとの関係を絶っていたとしてもそうなのである」（Parsons, 1942［1993］:138-9）。ここで問題は、ゲマインシャフトから新たな質の連帯への移行が、むしろ苦痛に満ちたものであり、「緊張・軋轢」と「社会解体」への危機の連続である点にある。つまり、じつはこのような「緊張」と社会解体への不断の危機こそは近・現代社会の本質的契機なのだというのである。そしてこの古いゲマインシャフトの解体という事実的過程とそれにともなう軋轢を、新たな連帯の方向へと水路づけることに失敗するとき（それは起こりうるし、またじっさいしばしば起こっているのだが）、ナショナリズムはパラノイアの域に達することがある。ナチズム下のドイツで起こっていることも基本的にはこれである。そして、まさにこのような緊張とパラノイアの場こそは、上の引用に見たようなユダヤ人の独特の「地位」を格好の標的とする。

かくて、ナショナリスティックな感情は反ユダヤ主義への特別に肥沃な源泉でありつづけている。異邦人と見なされつづけてきたユダヤ人は、かれを「受け入れた」国に対する純粋な愛着に欠けていると指弾される。したがって、かれは、かれを「親切にもてなした」国に対する本物の愛国主義をもてない国際主義者とみなされる。ナショナルなストレスと不安定性の時代において、この「我らのただなかにおける異邦人」よりも格好のスケープゴートが他に見いだせるだろうか？（Parsons, 1942［1993］:147）。

ここでパーソンズは、ユダヤ人の「地位」問題を近・現代社会の基本構造＝基本的「軋轢」からとらえており、したがって、その「本質的」問題の焦点として、つまり、近・現代社会そのものの問題が顕在化する露頭を成すものとしてとらえている。

このような分析がきわめて興味深く思われるのは、第一にここではかれは例の近代社会の諸価値の楽観的な信奉者という相貌を必ずしも見せておらず、また第二にユダヤ人問題への分析がその近代への苦い診断の焦点にあることから、ある深みを得ているからである。また、ここから逆に知られることは、パーソンズが近・現代社会の成立基盤そのものに本質的危機を見ることから出発していることである。だからこそ、かれはユダヤ人問題に社会科学者として徹底的にコミットしなければならないと感じ、またこの本質的緊張、いわばどちらに転ぶか（水路づけられるか）分からない不断の脅威のなかで、つねに新たな「連帯」の側を選択し、人びとをそちらへとうながしつづけねばならないと感じたのである。それがかれの戦闘の場であったとすれば、かれが「大衆社会論」に《がまんがならなった》のは、おそらくそれがこの戦闘の場であるべきところで、最初からあっさりと「社会解体」の側を前提しているように見えたからではないだろうか。

むしろ、かれはこの近代の本質的危機という苦い診断から出発し、それに対する「戦闘」ないしこれをターゲットとすることから出発しているからこそ、現象としてあらわれる「語り方」としては、つねに新たな連帯の側、近代の理念的諸価値を称揚する側から語るようにみえる。語られていることの表層はつねに頑なにこの近代の諸価値であるということになっていく。出発点であった近代への苦い診断そのものは見えなくなり（表面では語られず）、むしろ近代への「楽観的な信奉者」という像さえ定着する。たとえば、ウェーバーのペシミズムに対するパーソンズのオプティミズムといった像。しかし、考えてみれば、ウェーバーの時代には知識人は現実に対してペシミスティックな姿勢、ないしペシミスティックな予想を、いわば未だたててみせることができた。だが、パーソンズの時代にはすでに現実そのものが充分すぎるほど決定的にペシミスティックだった（ホロコースト！）のであり、そのなかで、知識人はいったいいかにして、いわば現実そのままを丸呑みにするようにして自らもペシミスティックでありつづけられるのだろうか。現実の恐るべき危機への対抗こそは、この人の「隠されたアジェンダ」、（裏）テーマであり、それこそはこの人を駆りたてていたのである。

そのことの一端は、アメリカ合衆国の現状（当時）についてのつぎのような診断にもあらわれている。「しかしながら、じっさいには、この原理［人種、信条、肌の色にかかわりなく万人が平等］を信奉するこの社会［アメリカ合衆国］は、相当程度に閉鎖社会であり続けており、現実生活においてこの信条を進んで適用しようとしたことなどけっしてない」（Parsons, 1942［1993］:140）。「或る意味で、われわれの社会的成層のシステムは、近来の移民への寄生状態であるという点で、不完全なものであり続けてきた。一九世紀をとおして、この国では大多数の人びとが経済的また社会的にほとんど無限の機会に恵まれてきた。これは、なによりも、職業体系の最下層が近来の移民によって占められたという事実によって可能となってきた。……フロンティアの終焉と経済成長の終わりの帰結として、また移民の事実上の停止によって、この状況は急速に消滅し、その後にわれわれは経済的かつ社会的な諸問題に直面せざるをえないことになる」(Parsons, 1942［1993］:141)。

直接にユダヤ人への差別についても、かれはこういう。「ユダヤ人への差別、とくに普遍的な基準が明確に適用可能な領域でのそれは、まったくひどいものである……。じっさいに存在するこの差別の程度は、私自身の個人的な理想に耐えうるものからは、はるかに遠い」(Parsons, 1942［1993］:149)。

しかしまた一方で、アメリカ合衆国においては、ドイツと同じ程度にパラノイアックなナショナリズムが急速に展開するだろうとはかれは考えない。ここにはその限りでのアメリカへの希望がある。しかし、同時につぎのように付け加えることもかれは忘れない。「これは、ナショナル・ソーシャリズムに内在するほとんどの基本的諸要素は、この国にも現存するという事実はあるにしても、そう予測されるのである」(Parsons, 1942［1993］:149)。

つまり、かれはここで反ユダヤ主義とナチズムの問題を、けっしてドイツという一国家における一時期の特殊事態とはみない。近・現代社会の基本構造にかかわる普遍的な問題・危機が露呈された状況とみているのである。

三　ナショナリズムとホロコースト

三八年後、死の年に、かれはこの論文への「後記」を書く。この三八年間の激動の歴史は、かれにどのような認識の変化をもたらし、またもたらさなかったのか。冒頭に、ホロコーストとイスラエル国家の建設という、三八年前には主題化しえなかった論点が指摘されていることはすでにふれた。もしも、ここからかれが、たとえば「構造–機能分析」の図式を駆使するといった形で、「ホロコースト」という「表象の限界」に位置する領域を語っていたとしたら、われわれは（少なくとも私は）むしろ鼻白む思いにとらわれたかもしれない。しかし、かれはそうしていない。むしろ分析枠組は、かれにとって、「ホロコースト」といった限界的表象をそれとして直接に語らないための装置だったといった方がよいのである。しかし、ここではかれは、むしろ三八年前の若い時事評論家のように、分析枠組という武装なしで、徒手空拳でしかありえない時事評論の読み手（聞き手）と同じように、いわば素手で、ナショナリズム–ナチズム–反ユダヤ主義という一連の主題について再考するのである。

アメリカの現状についての三八年前の認識は、時にきわめて苦いものであった。それは「後記」ではどうであろうか。かれはまず、A・シーグフリードを引いて、「二つのアメリカ（dual America）」の問題からはじめる。つまり、「ワスプ」のアメリカと移民のアメリカ（南部からの大量移動民としての黒人を含む）との矛盾・緊張という問題である。そのなかでユダヤ人はたしかに目をひく要素であった。かれらに対する差別があり、先に見た意味でのスケープゴート化があった。しかしながら、とかれはつづける。「一九七〇年代までに、真に重大な変化がおこった」（Parsons, 1979:3）。非ワスプの「包摂」はすすみ、優越するワスプとそうでないエスニック・グループといった単純な図式は成り立ちがたくなっている、と。しかしこの「包摂」のプロセスは、いまや必ずしも「同化」を、つまりエスニック・アイデンティティの喪失を意味しない。かつては、ユダヤ人はキリスト教に改宗することによってはじめてさまざまな障害を突破できたのだが、今日ではこのようなアイデンティティの喪失を伴わない「包摂」がすすんでいる。かくて「今日のアメリカ社会に存在するのはかなり低いレベルの反ユダヤ主義である」（Parsons,

1979:4)。さらに今日では、黒人のいわばさらにつぎの問題として、ラテン系のグループ、東部ではとくにプエルト・リカン、西部ではおもにメキシコ出身であるいわゆるチカノと呼ばれる人々がいる。このような状況下では、もはやユダヤ人は「エスニックに同質的な社会的共同体のなかでの、異国風の性格をおびた『唯一の(the)侵入者』としてそれだけを取り出すことはできないような存在になっている」(Parsons, 1979:6)。

では、ナショナリズムの問題はどうか。三八年前には、この病理的なナショナリズムの問題はほぼもっぱらドイツ(ナチズム)のそれであって、アメリカのナショナリズムについてはかれは相対的に楽観的な見通しを述べていたのだった。そのことからすれば意外なことに、かれはこの「後記」ではアメリカのナショナリズムについて踏みこんだ分析と批判をおこなっている。私の知る限り、かれのこのようなアメリカのナショナリズムへのまとまった批判は、他の場所にはない。まずかれはつぎの点を指摘する。「第二次世界大戦後、世界システムにおけるアメリカの位置の変化は巨大であったが、このことは、象徴的にいって、特別の形態のナショナリズムに好都合なものでありつづけている」(Parsons, 1979:7)。この「特別の形態のナショナリズムは「伝統的な」それではなく、マルティ・エスニックなアメリカの「社会的共同体」のそれであり、ワスプの「共同体」ではない。しかし、そこにもたしかに深いものであると感じられる。もとより、ここでいうナショナリズムは」という議論は、私には非常に鋭く、「ナショナリスティックな構成要素」がある点をかれはここで問題にしていく。まず第二次大戦後のヨーロッパと日本での、アメリカの戦勝国としての「世界」への重い「責任」の問題と、それに重なってきた「冷戦」構造という独特の状況は、アメリカ国内に「奇妙な種類のナショナル・ユニティ」(Parsons, 1979:9)を出みだした。要約すれば、それは「リベラルな国際主義的な責任とでもいってよいものと、右翼のナショナリスティックな好戦的愛国主義の攻勢との間の、不安定な組み合わせであった」(Parsons, 1979:10)。つまり、ここではアメリカが戦後の「世界システム（world system）」（Parsons, 1979:7）に独特の形で巻きこまれていったことから、リベラルな理念とナショナリスティックな愛国主義とがそこで分かちがたく輻輳することになった点が浮き彫りにされている。つまりそれはアメリカが「世界システム」という場にいわばより直接に露出したことから、かえってあおられた「ナショナリスティックな構成要素」の逸脱的な突出を意味する。そして「このナショナリスティックな、好戦的愛国主義とさえいえる政治的右派は、いまなお十分にわれわれのもとに存続している」（Parsons, 1979:10）。

戦後アメリカのこの基本的な「不安定な組みあわせ」のうえに、ベトナム戦争以後の経済不振の時期がやってくる。そこに、経済領域における「ネオ保守主義」と国際政治の領域における「ネオ・ナショナリズム」との同盟が台頭してくる。「私が示唆してきたのは、この［戦後からの］内在的な緊張（tensions）の完全な解決をともなわないエスニック［な要素］の包摂は、現在ときに『新保守主義』と呼ばれるものの、イデオロギー的な焦点を受け入れるのに好都合なものになっていくということである」（Parsons, 1979:13）。

したがって、この「後記」においても、三八年前のそれと同じく、真の問題、本質的な問題は、この内在的（本来的 inherent）な緊張、この場合には「リベラルな国際主義」と「ナショナリスティックな好戦的愛国主義」との不安定な組み合わせという、アメリカ社会の基本的な緊張・軋轢にある。この真の問題を解決しないまま、エスニック・グループを「包摂」しようとしても、そこにはむしろひずみが生ずるだけだというのである。このようなアメリカ社会診断は、パーソンズの発言のなかでももっとも深いものの一つであろうと私には思われる。

さらに、以上のような指摘は、アメリカ社会診断をこえて、一般に現代社会そのものの基本的軋轢の問題にふたたびふれている。つまり、「世界システム」への露出、いわばグローバルな舞台に巻きこまれていくプロセスそのものが、かえって個々のナショナリズムをあおることにつながる場合のあることを言い当てている。この意味で、

「国際主義」とナショナリズムとの間には「内在的な緊張」があり、それは現代社会の基本的軋轢の焦点となることを指摘しているのである。

こうして、かれはアメリカ社会診断としてはつぎの二つを結論する。まず第一、かつての四〇年代の状況に比して、非ワスプのエスニック集団の、アメリカの社会的共同体へのより完全な「包摂」が進み、その結果、移民や黒人問題との相対性においてユダヤ人集団のそれは目立たなくなった（Parsons, 1979:13）。しかし第二に、かれはつぎのように付け加えることも忘れない。「かくて、『マイノリティ集団問題』の最近のもっとも目立った相（phase）は、ユダヤ人や『外国人たち』に集中するのではなく、むしろ、いまなお部分的にしか解決されていない人種差別（racial discrimination）にあるようになっている」（Parsons, 1979:13）。

ここでの「人種差別（racial discrimination）」が正確に何を意味するのか、これ以上何も書かれていない。黒人問題をいうのか、一般に「相（phase）」としての、人種としてのユダヤ系、黒人、プエルト・リコ系、……といったことを指すのか。おそらく後者だとすれば、パーソンズにとって、この意味での「人種問題」は「未だ部分的にしか解決されていない」という認識があり、またそれはエスニック集団の「包摂」とは別物だという認識があったことになる。

このように見てくると、ここでのかれのナショナリズムと反ユダヤ主義への診断はけっして楽観的なものではない。四〇年代の諸論考においてもはっきりといわれていたように、人種差別としての反ユダヤ主義（またその他の人種としてのエスニック集団への差別）は解消などされておらず、またナショナリズム――アメリカのナショナリズム！――は、《健全な》ものからはほど遠いという認識があるからである。かつての四〇年代の論考においては、その分析対象はナチズムであり、第一義的にドイツの当時のナショナリズムであった。それとの対比において、アメリカのそれは相対的に「楽観的」な見通しにおいて語られていた。「後記」においては、診断は直接にアメリカのナショナリズムに対してなされている。そして、その結論はけっして暢気なものではない。かつてかれはドイツのナショナリズムを、近・現代社会そのものの基本的軋轢の露頭としてとらえていた。いまアメリカのナショナリズム分析においてもかれは同じようにそれをやはり現代社会の基本的軋轢の焦点ととらえ、その本質的矛盾を提示している。死の数ケ月前に書かれたこの草稿での、かれのアメリカのナショナリズム分析には、かつてのドイツへのそれと同じような苦さがまじっている。おそらく、それは現代社会そのものの本質的軋轢の問題に再び直面した憂慮なのである。

こうして、かれはこの「後記」の冒頭でホロコーストにふれ、その後もう一度だけ直接にふれるが、しかしこの論点のなかへそれとしてはいりこみ、縷々語るかわりに、ナショナリズム－反ユダヤ主義－ナチズム、そしてアメリカのナショナリズムという一連の議論をむしろ展開する。これは見事な戦略である。ホロコーストという限界的な表象は、ここではもったいぶった饒舌の対象とはならない。しかし、この論考の「構造」自体があきらかにその位置を指し示すという仕組みになっているのである。つまり、ホロコーストとは「表徴」、近・現代社会に内在的なその本質的軋轢が臨界点にたっした露頭であり、かれの「がまんがならないもの」の究極的な（限界的な）「表徴」なのである。四〇年代のナチズムに関する諸論考とこの「後記」を読むとき、それはあきらかであろう。

四　モラリティとユートピア

Z・バウマンは、「ヨーロッパ・アマルフィ賞」を受賞した『近代とホロコースト』の記念講演において、これまでのホロコーストに関する文献が、歴史家のそれも社会学者のそれもふくめて（その膨大な量にもかかわらず）、ホロコースト（アウシュビッツ）を近・現代社会に普遍内在的な（ほとんど必然的な）問題として、つまり「われわれ自身」の問題として提示してこなかったことを論難している。それは「ユダヤ人の問題」だったり、ドイツにおける特定の時代の特殊な問題だとされ、われわれ自身にレリバントな、その自己意識の原理的な再検討を迫るようなものとして提示されてはこなかった、と。

しかし、一連のパーソンズのナチズム論は、その基本姿勢、ホロコーストこそは近・現代社会が普遍的に有する本質的軋轢の「表徴」であるという認識において、このバウマンの論難を免れるものである。もとより、ホロコーストの具体的要因分析の内容や、また一般に、現代のテクノロジーによる道徳の非人間化、「人間行為の無道徳化 adiaphorization」（Bauman, 1991:217）、といったバウマンの主張（これは近代合理主義そのものへの原理的批判をともなう）は、パーソンズの場合とは異なる。それでもなお、この主題への基本的取り組みのありかたにおいて、パーソンズのそれはバウマンの提起する問題意識と軌を一にしている。さらに、この「道徳」の問題についても、パーソンズはじつは独自の方法によってこれに応えようとしていた。

まず、バウマンは、「グーラーグ（旧ソ連の矯正労働収容所管理本部）、アウシュビッツ、ヒロシマを可能にし、おそらくは避けがたいたものにさえしたものは、人工的で、計画された秩序に後押しされた、増大する手段の潜在能力とその使用の無制限な決定との組み合わせ」（Bauman, 1991:219）であったという。この点については、若干の留保をつければ、パーソンズの認識ともそれほどかわらない。しかし、ついでバウマンは、いまやテクノロジーが「それ自身の再生産と強大化以外の目的を欠いた、手段の普遍的宇宙と化している」（Bauman, 1991:219）という。今日、テクノロジーが発展するのはそれが「発展する」からだというのである（Bauman, 1991:220）。こうして自己運動するテクノロジーは、レヴィナス的な人間の顔としての「他者」を消去する。ところが、バウマンによれば、これはリアリティの一方の側であり、「生活世界」の側には別のそれがあるという。「生活世界」では、テクノロジーの潜在能力の発展は、「『危機的＝批判的な大衆』状況（"critical mass" situation）」へと容易に導く「道具」となり、そこでは世界はテクノロジーによって生み出されるかもしれないが、しかし、もはやテクノロジカルに支配されはしなくなるというのである。かくて、バウマンは「われらの時代に論理的に必要とされている」ものは「距離の倫理」（遠く隔たった時空における帰結をも見通せる倫理）であるとする。それだけがポストモダン状況における、薄気味悪いほど拡大した空間的・時間的範囲と両立しうる倫理だからだ、と。

このようなバウマンの主張で私に理解できないのは、一方でこれほど全面的に、その存在そのものが悪であるかのように糾弾されているテクノロジーが、「生活世界」においては、それが「生活世界」であるというだけで、なぜ突如として「危機的＝批判的大衆」の「道具（tool）」となりうるのかという、その論理的道すじである。じっさい、バウマンにおいては、現代の（あるいはポスト・モダンの）テクノロジーは、その「外部」をいっさいもたない（許さない）ほどにすべてを覆い尽くすものと見られているのであって、そこでは従来のいかなるディシプリンの発想もその「外部」には立てないほどなのである。

このような主張のもう一つの重要な系は、「社会組織」をめぐるものである。かれにとって、あらゆる「社会組織」は、人間のすべての道徳的行為を無効化する装置であるとされている。「社会組織」はそれが社会組織であるというそれだけの理由で、すでにあらゆる道徳的行動を無関係化する装置であり、そこから、すべての「社会的行為」が近代においては「合理的行為」でしかありえなくなっている、とかれはいう。たしかに、テクノロジーの発展は、近代合理性と深く結合しているのだが、しかし、私はまた、このような意味でのテクノロジーへの全面的否定こそは、じつはナチズムを用意した要素の一つではなかったのだろうかと考える。たとえば、アイヒマン裁判におけるその証言が示しているように、合理的官僚制、その極限としてのナチスにおける軍事的組織の官僚主義が、「人間行為の無道徳化」をもたらし、凡庸な人間（H・アレントによるアイヒマン評）をしてホロコーストのエージェントとしたことはたしかであった。だからこそ、それは「われわれの」問題でもあることになる。

しかし、この「合理主義」の要素と、なおそれだけではなく、「非合理主義」の要素、いわば近代合理的なものへの根深い否定を含んだ「郷愁のパラダイム」とでもいうべき要素との結合こそは、ナチズムを用意したのではなかっただろうか。つまり、合理性と非合理性とのこの特定の「組み合わせ」こそは、「ナチズム」であり、また「われわれの」近代社会そのものがつねにそこに晒されがちな宿命的条件ではなかったか。テクノロジーが悪でも善でもない（無関係、adiaphoric）のは、むしろはじめから当然で、その社会的影響の質も、したがって、その他のあらゆる社会的技術と同じように、悪でも善でもありえるだろう。だから、ここでの「課題」は、むしろ、合理性のなかでどのような合理性を、また非合理性のなかでどのような非合理性を、「距離の倫理」なり、新たな「連帯の倫理」なりへと水路づけていくのかという、その「組み合わせ」の問いでなければならないはずなのである。

パーソンズは、ホロコーストを本質的・普遍的な意味で「われわれのこの社会」の問題であるとする点でバウマンと出発点を同じくする。しかし、そこから右のような、合理性と非合理性の両側からの組み合わせと水路づけの論理を展開する点で異なるのである。これはほとんど知られていないことだが、パーソンズはこの非合理性や、「逸脱」と理念との関係、またその水路づけの論理という問いを、「ユートピア」的運動の分析図式として展開したことがある。ここで非合理性や理念、価値、規範といった問題は、いわばあまりに《抽象的な》行為図式の概念的要素といったこととしてではなく、歴史的なそれから現在にいたるまでの「ユートピア運動」というその具体相を分析するための説明図式として彫琢されていたのである。ホロコーストの可能性の徹底的な分析＝解体の射程が、ユートピア分析にまでいたらねばならないのは、考えてみれば論理的な必然性をもっている。

では、イスラエル国家の建設という主題はどうなったのか。この「後記」草稿の最終節になってようやくかれはつぎのように書く。「［先に見た二つの結論にあらわれているような］この状況にとってのテストにあたるのは以下のことである。つまり、イスラエル国家とその中東のとくにアラブ近隣諸国との間の、長期にわたる、またけっして根本的に解決しているとはいえない緊張が、以前よりもより強い国内的な軋轢をアメリカ国内において生み出しているわけではない、ということである。これはもちろん依然としてアメリカの外交政策にとって高度に論争的な領域である。しかし、イスラエルの地位の安定性にむけて引き続きコミットすることに対して、「アメリカ」国内では大きな反対の波はこれまでなかったといってもよいであろう。もちろんまだ結末はきていないのであり、この状況には多くの不安定性が存在する」（Parsons, 1979:14）。

この一節はあまりに短く舌足らずで、真意をくみとりがたい。しかし、ここでは私はとりあえずつぎのように解釈しておきたい。シオニズムは、ホスト国のなかでの一つのエスニシティではなく、潜在的に「一個の国民」として存在しつづけていたユダヤ人の特性を背景とした、一種のナショナリズム運動であり、それが二〇世紀も半ばちかくにいたって、ついに一個の現実の国家を成立させた。したがって、それはその他の旧植民地の独立による国家建設＝ナショナリズムとは、その道すじを異にする。一方で、二〇世紀前半までにヨーロッパのユダヤ人たちの「同化」は相当にすすんでいたのであり、この同化の歴史はすでに何百年かになろうとしていたことからすれば、或る意味で多くの人びとにとって、新たなイスラエル国家の建設といったことは非現実的であった。これをいわば強引に現実化したのは、じつはナチズムという超国家主義とホロコーストという出来事そのものであったともいえ、極端にいえば、シオニズムはナチズムの副産物（意図せざる結果）だったのかもしれないのである。この意味で、パーソンズのいう「パレスチナにおけるシオニストの国家」（Parsons, 1979:1）は、季節はずれのナショナリズムの鬼子ともいえる。さて、こうした問題を前提にして考えれば、パーソンズはここで、特に戦後アメリカの対外政策、世界システムへの露出が、つねに国内における「特別の形態のナショナリズム」（Parsons, 1979:7）を刺激してきたといっていた。そこからすれば、イスラエル国家の問題への介入は、この独特のアメリカのナショナリズム、「ナショナリスティックな、好戦的愛国主義」（Parsons, 1979:10）を刺激する危険性がある。この危険性の観点からみるならば、いまのところ（幸いにも）アメリカではこの危険性は高まっていないようにみえる、と。

このような解釈の当否は別にして、シオニズムの問題はじつはパーソンズにおいて「ユートピア」運動（シオニズムはユートピア運動の一形態ともいえよう）の図式とも関連させて検討されねばならない素材であることは、ここからも知られることになる。しかしすでに、この問題についての考察は本論の範囲をこえる。パーソンズのユートピア論については、稿を改めて考えることにしたい。

（1）佐藤成基（二〇〇一、刊行予定）、鈴木健之（二〇〇〇）。

（2）この問題は私に一つのエピソードを想起させる。というのか、このエピソードから多いにインスパイアされた結果、私は本論を書くことができた。というのは、パーソンズが晩年に来日した時、講演の後の質問の際に新　睦人が大衆社会論について問うたところ、パーソンズは拳を振り上げ、机をたたく勢いで興奮しながら応答した、というのである（このことを私は新氏自身から教示された）。

（3）市民社会論との関連でパーソンズを読み解くという観点をも鈴木健之（二〇〇〇）と佐藤成基（二〇〇一）は提起しているが、この点は本論での「テーマ性」からのアプローチという発想に通じるかもしれない。

（4）この点をめぐる私の問い合わせに対し、V・リッズには誠実をきわめた対応をいただいた。かれのご教示がなければ私は未だにこの草稿が出版されていたことを知らなかったであろう。

参考文献

Bauman, Z., 1989 [1991 paperback ed. including the Appendix], *Modernity and the Holocaust,* Polity Press.

Clark, T.N., 1972a, Structural-Functionalism, Exchange Theory, and the New Political Economy: Institutionalization As a Theoretical Linkage, *Sociological Inquiry,* 42 (3-4) : 275-298.

———, 1972b, Institutions and an Exchange with Professor Parsons, *Sociological Inquiry,* 42 (3-4) :309-311.

Gerhardt, U., 1993, Introduction: Talcott Parsons's Sociology of National Socialism, in *Talcott Parsons on National Socialism,* edited and with an introduction by Uta Gerhardt, Aldine de Gruyter.

Parsons, T., 1979, Postscript to Article entitled 'The Sociology of Modern Anti-Semitism', Parsons Papers, Harvard Archives, and in *Contemporary Jewry,* 1980, Winter/Spring: 31-38.

———, 1978a, A Paradigm of the Human Condition, in *Action Theory and the Human Condition,* Free Press.

———, 1978b, Outline Notes for Talk to Spring, Institute of Social Research, University of Chicago, May 27, unpublished, Parsons Papers, Harvard Archives.

———, 1972, Commentary on Clark, *Sociological Inquiry,* 42 (3-4) :299-308.

———, 1942 [1993], The Sociology of Modern Anti-Semitism, in *Talcott Parsons on National Socialism,* edited and with an introduction by Uta Gerhardt.

佐藤成基、二〇〇一、「タルコット・パーソンズの市民社会像——『社会的共同体』概念の考察——」『茨城大学政経学会雑誌』第七〇号。

鈴木健之、二〇〇〇、「パーソンズ再考——主意主義・パターン変数・ＡＧＩＬ図式——」『社会学史研究』日本社会学史学会、第二二号。

ハーヴァード・アーカイブズの未公刊資料については、同アーカイブズより使用許可を頂いた。ここに記して感謝します。

第二章　進化論的視座とパーソンズ社会学の展開

松岡雅裕

松岡雅裕（まつおか・もとひろ）
1954年　滋賀県生まれ
1986年　日本大学大学院文学研究科博士後期課程満期退学
現　職　日本大学文理学部助教授
著　書　『島と山村の開発と生活史』（共著）いなほ書房，1993年
『現代社会の理論と視角』（共著）学文社，1995年
『パーソンズの社会進化論』恒星社厚生閣，1998年，ほか

一　はじめに

現在、アメリカを中心としてパーソンズ社会学に対する根底的な再読・再解釈の気運がたかまっている。ここで私が「根底的な」と書いたのは、それがたんなる原理論や方法論の領域を超え、その社会学が包含する時代認識、世界観、そして宗教観までをも考察の対象としているからである。それは、けっして一九六〇年代に全盛を極めたパーソンズ社会学に対するイデオロギー批判の復活を意味しているのではない。むしろ、パーソンズが残しえた社会学的遺産を詳細に洗い出し、彼の思想的源流を訪ね、そこから継承し学びうるものを発掘しようとする息の長い知的営為をさしている。その成果の一部は、すでに邦訳もなされ、また埋もれがちな単独ペーパー類は、編集作業が施されて論文集として公刊され続けている。

このような、パーソンズ・ルネッサンスともいうべき時代のなかで、私たちがその成果に基づき彼の社会学に接する時、あらためて留意しなければならない点をここで考察したいと思う。それは、ある意味で、パーソンズが残しえた社会学的遺産のなかでも、いまだ一般化していない（むしろ、さほど知られていないといったほうが正確だろうか）彼の近代化論・社会進化論と、すでにわが国においても深く緻密な理解に到達している機能主義社会学、あるいは構造＝機能分析との接点を探る考察とご理解いただきたい。

さて、いまパーソンズ社会学を考える場合、まず私たちがもっとも留意しなければならない点は、彼の社会学が、前近代的な失われたものに対する回顧的価値から相対的に自由な地点にあったということである。ロバートソンとターナー（Robertson & Turner, 1989）は、その考察のなかで、パーソンズの仕事が、多くの古典的社会学の特徴にみられるような、共同体と社会変動の問題を懐古的なロマンティズムによっては特徴づけられていないことについて論じている。これは、じつに重要な指摘である。パーソンズは、生涯にわたる社会学研究の多くの部分を近代世界を生み出しえた諸条件の探究に費やした。そして確かに、彼の近代化論そして社会進化論の中核には、文化・価値システムについての多くの論及がある。だがそれは、失われいく前近代的な共同体や価値についての回顧ではなく、近代の成熟した文明の姿を示すアメリカの価値システムのありようのなかに近代のエッセンスを見出す分析者の視点としてやがて収斂していくのである。この点が、また、パーソンズのアメリカ優位主義という誤解と非難の種になっていくのだが、彼は、けっして短絡的にアメリカ社会の正当化を行なったわけではなく、その文明と価値がもつ複雑性とトラウマをはっきり見極めていたことも銘記されてしかるべきだろう。

第二の留意点は、パーソンズの社会学思想がひとつの大きな物語として把握可能なことである。近代化を語ることは、それ自体特定の価値に基づいたシナリオ・物語を構築することに近い。パーソンズの社会学思想に内包されている物語をイデオロギー批判的な視点から読み解いた初期の代表的論者がグールドナーであったことに異論はなかろう。先述したロバートソンやターナーにも、この物語を読み解くといった視点に近いものが存在する。わが国でも、近年、厚東（一九九七）が、パーソンズの処女作『社会的行為の構造』に内包された物語を、ハバーマスの『コミュニケイション的行為の理論』との対比のなかで明解に分析しているが、この物語を読み解くといった視点の重要性は今後益々指摘されていくだろう。ここから私たちは、研究者が抱く時代認識、世界観、そして宗教観にまでたどり着くことができるのである。こういった観点から、たとえばパーソンズの近代化論・社会進化論を読み解いていくと、なるほどひとつの明確な物語・ストーリーが浮かびあがってくる。それは、人類社会史の初期から展開してきた、後述するユニバーサリズムとアソシエーショナリズムの形成プロセスである（松岡、一九九八）。

以上二つの留意点を考慮するだけでも、再読・再解釈されつつある今日の新たなパーソンズの姿が、私たちの眼前に浮かびあがってくる。それは、前近代の失われたものへの回顧から相対的に自由な地点にたち、近代を形成してきた価値の悠々たる展開プロセスを物語るパーソンズの姿である。このような視点に立ち、パーソンズの残しえた社会学的遺産をふりかえると、今後も考察され続けなくてはならないいくつかの重要なトピックスが抽出されてくる。

まず、近代化あるいは社会進化という大きな物語を語る際、彼の視点は主として宗教に注がれていたという点である。その歴史的な成果がアメリカにおいて開化し、独自の近代的価値システムを形成しているという、彼の世界観の根底をなす議論が展開されている。同時に、その価値システムに歴史的な親和性を示す諸社会間の相互性のなかで、国際社会のありようも考察されている点を見逃してはならない。

つぎに、この世界システムに関わる議論のなかで、彼の近代化論・社会進化論が、前近代に対する回顧からの自由性を保持しているためであろうか、意外と、近代を（否定ではないが）相対化する地平に接近していたことが見出される。このような観点から、彼の機能主義社会学を再考すると、近代主義の理論家とみなされてきたパーソンズ理解を超える、その難解さからは想像しえないような彼の柔軟な歴史的発想に気づかされるのである。

同時に、これらトピックスの総合から明らかになることは、彼がけっしてたんなる「癒しがたい理論家」ではなく、現代を生きる私たちにじつに具体性に富んだメッセージを発しつづけていたことである。とくに、社会的諸資源の配分と統合間の矛盾と軋轢、個人の主意主義的な生き方と社会的共同体との調和、それらを背後から強力にサポートする文化的価値システムの構築まで、まさしく、今日の私たちが懸命に模索している議論に、理論的な裏づけをともなったパイオニア的な足跡を残しているのである。

以下、これら重要なトピックスを、近代化と宗教的価値の問題、パーソンズ機能主義社会学理論の再考、そして今日の社会的共同体への提言としてとりまとめ、考察を加えていきたい。

二　アメリカ文明の宗教的主導性

近代社会の文化・価値システムの中核を形成するアソシエーショナリズムとユニバーサリズムの進化論的な展開を語るとき、パーソンズの視点はキリスト教の変遷へと導かれていく。ヘレニズムとヘブライズムという、つまりは古代ギリシヤとイスラエルに代表される「苗床社会」で育まれた民主主義と契約といった近代的価値の萌芽形態は、やがてユダヤ的民族的カテゴリーから解放されたキリスト教の宗教的個人主義と、信者たちに公平に開放された教会のアソシエーショナルな協同主義として展開していく。

しかし、パーソンズの持論は、文化システムは特定の社会的環境と結合されずして、それを維持することは不可能というものである。キリスト教の宗教的個人主義とキリスト教会の協同主義は、ローマ帝国という制度的、そして空間的にも西欧社会に絶大な影響力をもつ社会的環境と結合することによって維持され、よりいっそうの普遍性を獲得していくのである。進藤（一九九九）は、パーソンズがキリスト教の変遷を初期教会期、中世期、宗教改革期、そしてデノミネーション期の四つの局面に区分しているとして、各区分ごとに明解なとりまとめを行なっているが、その際、進藤はパーソンズの史観の最大の特質を「西洋の全歴史的過程を世俗社会のキリスト教化の過程であると把握する点」に求めている。ローマ帝国、ならびにその制度的遺産といったユニバーサルな社会的環境との結合により、キリスト教は普遍性と同時に世俗社会への接近契機を獲得したといってよいだろう。シャルルマーニュの戴冠式、アウグスティヌスの「神の国」概念、そしてベネディクト修道院の改革運動等は、それら象徴的な出来事である。さらに、キリスト教会が欧州の自由都市共同体の世俗的でアソシエーショナルな社会構造と連繋することにより、キリスト教の世俗的なポテンシャリティの獲得は決定的となる。

この進化的な潜勢力は、やがてルネッサンス、宗教改革といった一連の歴史的契機により、教会という限定された枠組みから広く世俗社会一般に拡散されていく。しかし、この世俗化という現象の解釈には多少の注意が必要である。進藤も述べているように、パーソンズの世俗化解釈は異彩を放っているのである。一般的に世俗化といえば、宗教性の衰退をイメージしやすい。ヴェーバーの合理化に関する議論にもそのようなニュアンスが漂っていた。

しかし、パーソンズが世俗化といった場合、それはむしろ、世俗社会の宗教化（キリスト教化）を、つまり、世俗社会を神の国に押し上げ近づけていく積極性（地上における神の王国という概念）を意味しているのである。このようにキリスト教という文化システムのなかで育まれ、世俗社会の構造に解き放たれたアソシエーショナリズムとユニバーサリズムは、民主革命、産業革命を経ることにより、政治経済的な世俗構造とさらに強固に連繋されつつ、やがてその展開の舞台をアメリカに移し、文化的そして宗教的な価値システムの中核を担っていくのである。

と同時に、民主革命・産業革命を経るなかで、世俗社会の宗教化の途は、異なる二つの「市民宗教」に変異的に分化したとも考えられている。一方は、マルクス主義であり、他方は、これに対する主要な近代的代替物、つまり社会的共同体を統制している信頼の妥当性と基礎づけを与えるアメリカのデノミネーション的多元主義である。

ロバートソン（Robertson, 1991）は、この市民宗教という点に関し、「パーソンズはある意味でキリスト教的価値が文化システムから社会システムへ制度化されていると語っていることになる」と述べている。パーソンズがこれほどまでに世俗化または世俗社会の宗教化、そして市民宗教という文化的価値の社会システムへの制度化という問題を繰り返し語る背景には、宗教的理念のもつ基底性と、それが時代を超えていつまでも世俗社会のなかに生きつづけることを強調せんがためである。宗教社会学者のベラーが、アメリカの契約は、ベトナム戦争とウォーター・ゲート事件によって破棄されたと宣言したとき（Bellah, 1975）、パーソンズが深い失望感を表明したというエピソードは、この信念の裏返しであろう。

アメリカの主流的市民宗教としてのデノミネーション的多元主義、そしてこの価値システムの中核をなす自由主義的プロテスタンティズム、つまりパーソンズ自身が好んだ表現では道具的活動主義の基底性をパーソンズは終生疑うことはなかった。彼は、「アメリカの価値についての試論」において、この道具的活動主義はアメリカにおいて揺るぎなく、これを変化させるものはカリスマの社会運動であろうが、これはアメリカには存在しないと主張した。いずれにせよ、パーソンズが強調する近代におけるアメリカの主導性は、物質文明や国際社会における政治的勢力に基づくものではなく、近代を形成してきた宗教的理念が世俗社会に確実に根を下ろし、社会構造の進化的方向性を指し示すアソシエーショナリズムとユニバーサリズムが市民宗教の合意事項としてますます多くの市民に共有されている、この歴史的達成感により支えられているのである。

さて、近代化をキリスト教という軸に沿って解読するパーソンズの近代化論・社会進化論は、その当然の論理的な帰結として、他のキリスト教社会とのシステム的な相互性を論じる段階に到達していく。つまり、キリスト教という共通の文化をもつ地域（共通文化地域）が、進化的な共鳴作用により、一丸となって西洋に適応力に富み明確な目的をもつ近代を誕生させたという論理である。この発想は、じつはパーソンズにオリジナルな発想ではなく、自身述べているように、マルク・ブロックの『封建社会』（一九六四）に接し、ブロックが中世封建制の全盛期、イタリア、フランス、英国、そしてドイツの間で、その封建制の度合いや特徴が相違していることをうまく描いているのを知ったことから、諸社会の諸変異を自己の四機能範式に適合させ、「近代諸社会の体系」という近代システムの発想を獲得したのであった。

つまり、機能分化した近代諸社会がキリスト教という「共通文化」によって育まれてきた事実に対する指摘である。パーソンズは、米ソ冷戦下の国際的なイデオロギー対立を例にとり、その一方が禁欲主義から転化した自由主義的プロテスタンティズムの世俗版、一方のマルクス主義は、神政主義的カルヴィニズム、ルター主義、カトリック教、ギリシア正教、初期キリスト教の終末論に依拠しながら、フランス革命の世俗的、反教会的、反君主政的思考のなかから成長してきたものだと考えた。いずれにせよ、ともにキリスト教文化の変異形態であることに変わりない。ロバートソンは先述の論考のなかで、「この意味において、(パーソンズにとって・筆者注)冷戦は『宗教改革に続く宗教戦争と無関係とはいえない一連の戦争』であった」と述べている。

このようにとらえていくと、パーソンズの近代化論・社会進化論は、そこに国際社会論とでもよべる世界的な規模でのシステム分析を視野に納めていたことが明かとなってくる。油井(一九九九)は、パーソンズの最晩年の労作である未公刊の『アメリカの社会的共同体』を検討しながら、この共通文化地域のシステマティックな問題を「近代の収斂」問題として論じている。油井は、パーソンズが文化的な基礎の同質性から冷戦下の国際社会に秩序は誕生しうるととらえていたと述べ、近代社会の共産主義バージョンと資本主義バージョンとの収斂理論の可能性を考察したわけである。

ここで、パーソンズが両体制の収斂という希望的観測を安易に打ち出しているとみなしてはならない。その前に、彼は両体制の軋轢発生の主要因を丹念に分析しているのである(Parsons, 1964)。つまり、西欧を「親-文明」ととらえ、まず体制の主要な相違点を経済ではなく政治システムのありように求めて、権力の多元的な分散化とその中央的な集権化の相違に言及するのだが、このパーソンズの考察は、明らかにマルクスとヴェーバーの近代社会論とデュルケムのそれとの比較検討から導出されたものと思われる。たとえば、マルクスとヴェーバーは、ともに産業革命以後の資本主義のありように関心を示していたわけだが、その政治的評価と分析の段になって、マルクスは階級闘争に焦点をおき、ヴェーバーは官僚制化の過程に焦点をおいて、ともに民主革命の成果を産業革命のそれに対して二次的な位置におく傾向があったとパーソンズは考えた。しかし、この異なる両焦点が拠って立つ「共通基盤」にこそパーソンズは注意をうながす。つまり、それは階級問題、官僚制問題の根底に共通して横たわる「権力関係」への注目である。

ここで、彼はデュルケム社会理論の貢献を指摘する。つまり、社会構造の階統的な官僚制型とすぐれて結社的な型、いいかえれば、構造の集中的一元化か多元化かという、民主革命の故郷フランスのデュルケム理論こそが導きえたアソシエーショナルな協同連帯分析の重要性である。この権力関係による分析から、権力の巨大な一枚岩的共産主義体制が、やがて過去の厳格なカルヴィニズムやジャコビニズムが短命であったというのと同様の意味で、短命ならざるをえないであろうと判断していた。ただ、油井が分析しているように、パーソンズの国際社会論の重要性は、(共産主義体制の凋落という) その予測の的中性だけではなく、将来の世界システムを主導する価値および規範に言及している点であろう。

価値の点では、親-文明としての西欧がキリスト教に主導された共通文化地域にあり、体制の相違を超えてその根底にアソシエーショナリズムとユニバーサリズムの進化的な展開の潮流が、また、その内容としては「人間の自由と福祉」の増進を求める収斂があるという点が重要である。しかし、価値の基本的な共通性とは裏腹に、その規範化の側面においては、権力構造の相違から、また伝統的文化との接合という点からも軋轢と対立が予想されるという指摘は、パーソンズの国際社会論に近代の収斂に関する希望的観測以上の現実的な深みを与えている。

近代的価値に対する世界システムの基本的な合意を前提としながらも、さまざまな権力構造、組織形態、規範化、そして伝統的文化が錯綜する現実を直視しつつ、パーソンズの近代化論・社会進化論は、リニアで単一的な近代の進化イメージを排し、近代の相対化に接近していたのではなかろうか。事実、彼は、米ソ両体制の比較だけではなく、進化論的には近代欧州諸社会のシステマティックな相互性、さらに近代の変異形態としてのドイツ・ナチズムや日本、そして第三世界の近代化にも言及している（Parsons, 1971）。このように近代化の多様性を認め、結果としてその相対化に接近していくような議論のなかで、近代化が全面的に開化したと彼が指摘するアメリカ文明の宗教的主導性の強調には、どのような意味があるのだろうか。両者の議論に矛盾はないのだろうか。だが、おそらくそこには、アメリカの絶対的な優位性を誇示する短絡的な姿勢ではないパーソンズの明確な狙いがあると思われる。一言でいうならば、それは相対性が陥る陥穽ともいうべき懐疑主義からの脱却を意図していたのではなかったろうか。社会の進化が獲得しえたユニバーサリズムとアソシエーショナリズムの、そしてその源流ともいうべきキリスト教の文化的な基底性を、過度の相対化が見失わせないために、彼は世俗社会の宗教化という近代化の進化基準・評価尺度の理念型をアメリカ社会に求めたと思われるのである。

三　機能主義社会学の進化論的転回

近代の相対化に接近していたパーソンズの近代化論・社会進化論のあり方からも想像がつくが、彼の社会学理論は、けっして徹底した近代主義をベースに形成されたものではなかった。とくに、彼の機能主義社会学とよばれる方法論的な側面、そしてその論理展開上の帰結としての彼の概念図式が、社会の近代化を進化論的なパースペクティブで語っていくなかで、大きく変貌を遂げていった点は注目に値する。

彼の『社会的行為の構造』に代表される主意主義行為理論、また行為の文化的選択の基準を指し示したパターン変数の範式。これらはパーソンズの社会学理論のなかで、社会化のメカニズムを通して、相互作用システムにおけるより自律的な個人の誕生を表現していた。その意味では、パーソンズが描いた社会学的な人間像は、近代社会に適合的なそれであったといえるだろう。しかし、彼が社会における文化および価値の中核性を論じる根拠を考えるとき、一概に近代主義に立脚しただけの平板な理論構造を前提としていたわけではないこともうかがわれる。

パーソンズの社会進化論の論理構造を分析していくと、彼が人類社会の原初的な構造（原始社会類型およびすすんだ原始社会類型）を論じる場合、努めて「性と経済」の問題に注意を払っていたことがわかる（Parsons, 1966）。彼は原始社会類型の基本的な構成要素として、親族体系、構成的象徴主義の体系、そしてコミュニケーション上のコード体系の三つをあげているが、この段階でのもっとも基本的な人間の歴史的課題を、この三つの構成要素が強固に連繋しつつ、「準人間的レベル」への退行を回避することにあったと論じた。彼は、準人間的レベルへの退行の最大の危機を、フロイト的解釈に準拠しつつ、パーソナリティの動機づけの段階で通過する近親相姦願望にあるとし、ここに、血統と婚姻の規制にみられる厳格な慣習が誕生した契機を見出した。このように、構造化された神聖なものの秩序は、慣習による支配を受けた親族体系に反映されていくというのである。

さらに、「すすんだ原始社会類型」の段階にいたると、今度は経済的要因への着目がなされていく。まず、農耕・牧畜を中心とする産業活動と経済的進歩、さらにその帰結としての人口増加がリンクされていくなかで、土地占有のための所有権保持が叫ばれ始めると、領土的統制に関する親族の利害関係は当然増大していく。つまり、土地所有による差異の発生により、家系分化が発生し、各家系は利益という焦点に沿って選好的に連合していくのである。ここで親族集団の厳格なる地位上の平等性は破れ、原始社会は成層化および職業的専門分化の萌芽段階を迎えるにいたるというのである。このような社会の領土的境界化と土地配分に関しては、社会に対する統制手段の所有とそれを正当化する宗教的な指導性が要請されてこよう。パーソンズはここから、分化した共同体を正当化する、より普遍的な定義の必要性から、宗教的伝統自体にも分化の必要性が生じてくると考えた。いずれにせよ、このように原始社会類型、およびすすんだ原始社会類型の進化論的分析から、パーソンズは社会システムとは境界によって明確に区別される文化システムの分析的独立性、およびそれら相互間の相互依存・相互浸透性という発想の重要性を強調していくのである。

一方で、パーソンズは終始一貫して主意主義の立場に立っていた。パーソンズ理解のなかには、初期の主意主義行為理論の立場が、社会システム論以後希薄化された、いやまったく見失われてしまったというものがある。鈴木（二〇〇〇）はこれに反論し、主意主義行為理論が「人間の問題と同義であり、絶えず究極的な目的に向かって、努力する人間」を描き出していたという。パーソンズは、このような究極的な価値を実現しうる社会を創造する人びとを高揚しているとし、その核心には、絶えず自己の行為の妥当性を文化・価値規範に問いかけこれを実現せんとする主体的・自律的な人間が存在していたという。つまり、究極的な手段の体系との連鎖を断ち切らずに、究極的な目的にたどり着かんとする、手段の体系から目的の体系への上向運動に主意主義の核心を見出している。

この初期パーソンズの主意主義的な立場は、『社会体系論』のパターン変数の提示においても引き継がれ、その「対極的な価値規範の間で迷い、悩み、引き裂かれそうになりながらも、究極的な目的に志向すべく努力する行為者を描き出しているのである」と。以後のパーソンズ社会学の展開にみられるＡＧＩＬ図式、相互交換モデルも最終的には「人間の条件」にまで展開されていき、そこでも主意主義的行為の究極的な条件が探究された（Parsons, 1978）。パーソンズが、その生涯をかけて取り組んだ体系の三つの水準、つまり人間の条件、行為体系、社会体系には、一貫して主意主義の立場が保持されていたといえよう。

以上のように、人間社会が準人間的レベルに退行しないための必須としての文化システムの分析的独立性の強調。他方で、人間が相互作用システムにおいて自律的たらんがための行為者の文化・価値規範へのたゆまぬ問いかけ。このようなパーソンズ社会学の基本的な構造から、私たちは、社会を形成する諸行為（者）が絶えずなんらかの文化的な「選択」に直面し、思考を繰り返していく姿をかいまみる。この自省的ともいうべき、絶えず学習過程を繰り返しゆく行為者の社会的歴史的プロセスは、彼の社会進化論で前面に押し出されてくる。

つまり、前節で述べたように、近代化の途上で宗教的理念に導かれつつ、世俗社会の宗教化、地上における神の王国の建設を意図する社会進化を担う行為者たちの主意主義的な姿である（Parsons, 1961）。パーソンズは、行為体系の「学習された」要素を重視し、これを社会進化研究の分析的焦点と定めた。つまり社会の進化は、環境から課された緊急事態の解消のために利用可能な文化と組織を支える可塑的能力（つまり学ぶための能力、そして学ばれた素材とパターンを利用し組織化する能力）に基礎づけられ支えられているというのである。この自省的で学習的ともいえる社会学の枠組みが、近代化を語る彼の社会進化研究でその姿をより明確にしたことは強調されてよい。

この点に関して、AGIL相互交換モデルへのサイバネティクス原理の取り込みがこの時期になされている点も重要であろう。これ以前の直線因果モデルとしての主−客二元論的行為論では、行為は主体から対象に向かうだけのリニアなものであり、そこに自省過程を見出すことは困難であり、精神の物象化はまぬがれがたく学習的（成長的）な進化プロセスの把握は難しかった。しかし、相互因果モデルとしてのサイバネティクス行為論として改良されることにより、体系自身が自己を修正する進化論的自省的な自己言及体系をも対象化することが可能となったのである。近代主義に立脚した社会学理論として理解されてきたパーソンズ理論が、進化論的な転回のなかで本格的な自省的（学習的）な社会学としての全貌を現わし始めたのである。

同様に重要な点として、社会進化論の形成とともに、彼の社会学理論がシステムの「自己増殖的」および「自己組織化的」な機能を説明しうるまでに展開したこともあげておきたい。それは彼の社会進化論のなかで展開された「社会進化の四位相範式」に関わることである。分化、適応力の上昇、包摂、価値普遍化の四つの進化的位相を論じるこの範式が、自己の近代化論を明確にその理論体系のなかに位置づけるための所作であったことは確実だが、同時に、進化の最終局面ともいえる位相、つまり価値普遍化に関する考察が、社会システムの自己増殖的で自己組織化的な過程を私たちに暗示しているのである。社会構造の分化により適応力の上昇をみた社会は、分化後の新しい単位と古い単位を包括的に統合しなければならない。もちろん、この包摂は強引なまでの強制的な同化を意味するものではなく、単一の道徳的共同体に複数の宗教集団を積極的に包摂するような意味での多元的なものであるのだが、このような包摂過程の最大の危機的局面が、旧構造を成り立たせていた価値とそこから分化した新しい構造を主導する価値との間の対立・葛藤である。この危機回避のために、新旧両価値をその内に包み込むような普遍性の高い価値の設定が要請されてくる(1)。

かりに、この価値普遍化が達成されたとすると、それが次の新しい進化サイクルのスタート、つまり新たな社会的分化を当該システムに要請してくるという点が重要である。すなわち、制度化と内面化を通じて新たな価値がシステムに根づいていった場合、今度は、その価値基準から導かれる理想や目標と現実の不一致はある種の緊張の源泉となり、この緊張解消のために当該システムは新たなる適応力の上昇を求めて、再び分化のプロセスを始動させるのである。パーソンズは価値圧力という概念でもって、「分化は、ある程度までは価値圧力の帰結なのである」と、進化の範式の循環性を説明している（Parsons, 1977）。つまり、社会進化の四位相範式は、社会システムの自己増殖化および自己組織化の問題を暗示していたといえよう。

パーソンズの機能主義社会学が、社会の進化的局面を論じるようになって変貌をみせ始めた最後のトピックスとして、パーソンズによる機能主義と進化主義の連繋性の開拓について論じたい。機能主義社会学の確立者として認識されているパーソンズではあるが、彼の社会学的方法論の立場は、何よりもまず機能主義者というよりもシステム論者であったと認識したほうがよい。だからこそ、彼は文化と社会の、そして人間パーソナリティの分析的独立性とその相互連帯による主意主義の立場を確立できたのである。しかし、システム論者であることは、部分的にではあるにせよ機能主義者たらざるをえない側面を生じさせる。システムとは、構成諸要因の相互依存・相互浸透性をその発想の核にしており、これはまさしくファンクション、つまり関数（函数）以外の何者でもない。主意主義論者たらんとして、彼の発想はシステム論に親和性を示した。しかし、それら行為者たちが形成する相互作用システムを維持するメカニズムを考慮するとき、彼の発想は社会的諸資源の相互交換システムが要請する「機能的要件」を中心概念にすえた機能主義へと展開していく。ここで、彼の発想は大きな困難に遭遇したといえよう。根底に、目的に向かってひたすら努力をなす主意主義的な人間像をすえることには成功した。しかし、近代化を達成するにあたって貢献のあった宗教的価値の歴史的な紆余曲折を、そしてそれが新国家アメリカで、ちょうどトクヴィルが論じたように全面的に開化した経緯を論じる段になって、システム構成諸要因が相互一丸的となってシステム「維持」に貢献するという機能主義では、説明上、不都合を生じてきたのである。

本来、機能主義は、進化主義批判のなかで生み出されてきた方法論的イズムであった。西洋近代を進歩の頂点として、その歴史を単系的に把握する古典的進化主義とは異なり、機能主義は進歩史観を排し、異文化の文化諸要素との間に進歩的優劣の差異を認めないことで、その客観的な科学性を保持してきた。しかし、パーソンズとしては、近代化の源流を訪ね、その文化的構成要素の今日に続く変遷をたどる必要性があった。すでに彼には、ヴェーバーの歴史社会学に対する確たる認識と現代生物進化論に関する豊富な知識があった。そこで彼は、誤解を受けかねないような大胆な発言を行なう。それは、歴史的発展の構造的パターンニングについての一般的な主張をするために、社会変動の主要過程に関する一般分析を発展させる必要はないという、変動分析に対する構造分析の優先性の主張である。

彼は、現代生物進化論の動向、つまり「比較解剖学」を含む形態学が生物進化論の支柱であること、また、ダーウィンが種から種へと変化するプロセスや変異の生成過程を明確にせず、ただ生物の構造形態分析に終始したことなどをあげ、「しかし、このことは、ダーウィンが発展させた有機体の進化理論の科学的地位全体を危うくするものではなかった」と述べた。さらにパーソンズはヴェーバーの理念型による比較分類方法を踏襲しつつ、社会構造の形態的パターンによる分類・類型化と、それら相互の比較分析から歴史的進化の諸段階を考察しようと意図したのである。

構造形態学の比較のパターンとしては、共時的タイプの比較と通時的・発生学的タイプの比較が考えられるが、後者の知識は現代の社会科学の水準ではどうにもならないほど断片的であり、前者の知識にしても、どちらがよりプリミティヴでどちらがより新しい類型かという進化の時間的な序列決定に際しては、どうしても独断的な判断に陥りやすい。そこでパーソンズは、自己のシステム論と機能主義に適合性をもつ「機能分化した下位システムの比較」による歴史的進化段階の考察を提唱するのである。(2) 奇しくも、このアイデアにいう社会システム維持のためにさまざまに機能分化した下位システムの分類と比較という手法は、ダーウィン的な「構造形態学から進化研究へ」という現代生物進化論の常道にも沿っていた。機能主義社会学は比較社会構造論を媒介に進化論的な転回を遂げたのである。いいかえれば、相異なる機能主義と進化主義が、比較類型論を媒介に、じつは一つのサイクルをなしていたということにパーソンズの独創的な発想はたどり着いたのであった。

四　包摂および価値普遍化問題を止揚する「制度化された個人主義」

ところで、パーソンズは社会システムの統合機能からの抽象形態を「社会的共同体」と呼んでいるが、彼にとって、現代の火急の問題がこの社会的共同体、とくに近代的諸要因の全般的な開化をみたアメリカの社会的共同体に集約的に出現していると考えていたことは疑えない。これは、パーソンズが何よりも母国にのみ主要関心を抱いていたということではなく、近代化の成熟したモデルをアメリカに見出し、ゆえに近代社会の避けることができない主要な問題もまたアメリカに集約的に見出せるという立場であろう。油井（二〇〇〇）の表現を借りれば、アメリカ至上主義ではなく、アメリカ縮図主義の立場である。

パーソンズが社会の近代化・進化の潮流にアソシエーショナリズムとユニバーサリズムの展開を見出し、これを重要視していたことは、繰り返し述べてきた。ならば、アメリカの社会的共同体に集約的に見出せる主要問題も、進化の四位相範式にいうアソシエーショナリズムに対応する包摂の局面と、ユニバーサリズムに対応する価値普遍化の局面にこそ存在していると考えられる。

まず、包摂の局面に関していえば、アソシエーショナリズムの近代的展開は、民主革命と産業革命、そして何よりもアメリカにおいて本格的に着手された教育革命によってなされてきた。その協同協力主義のエッセンスは、官僚主義的な階統原理から、大衆教育および高等教育から生み出されてきた人材による専門職の社会的重要性の拡張へと近代社会をシフトさせてきた。しかし、自己の専門的能力を基礎に、相互対等的な立場でアソシエーショナル（協同協力的）に社会に参画していく途と考えられた教育革命の成果が、弁証法的ともいえる陥穽に遭遇したのである。その重要な論点のひとつとして、高等教育を受けた成員の抱く「相対的権利剥奪感」、つまり自己の知性でもって十分に社会に参画しえていない、場合によっては社会から疎外されていると感じるような剥奪感の問題がある。

パーソンズは、今日においては、貧困、疾患等の絶対的な剥奪よりも、社会的共同体に主体的に参画することから自己は排除されている、受け入れられていないという相対的な意味での剥奪感のほうがより人間を傷つけると確信していた。元来、初等・中等教育では、教育による社会的適応の推進という社会化過程に関わる課題を問題としているが、高等教育の段階においては、場合によっては伝統的な価値基準をも否定し突破する文化的革新の達成が要請されることもある。パーソンズは、とくに六〇年代の大学紛争の現状を鑑み、教育革命は、文化的革新の成果をも身につけたインテリゲンチャを、いかにこの近代社会に包摂していくかという明確な制度的達成をなしてこなかったのではないかと判断した。つまり、教育革命によって生み出された多数のインテリゲンチャが、彼らが不当な統制機関と想定するものに「やむなく依存している」というような疎外された意識においてではなく、「正当な根拠と納得のもとに参画する」というような主意主義的でアソシエーショナルな意識でもって包摂されていく方途を、近代社会は十分な形で形成してこなかったのではないかという問題提起である。

つぎに、近代化におけるユニバーサリズムの展開と直接的な関連をもつ価値普遍化の局面に関してである。価値普遍化とは、多元的な包摂過程と密接に関連しているが、けっして相異なる対立的な諸価値の折衷的両立から形成されるものではなく、普遍性水準の高い本質的に新しい価値の創造を意味している。パーソンズによると、価値普遍化には、三段階があるという（Parsons, 1977）。第一段階は、「諸価値が特殊な宗教上の委託ないし宗教的定位に直接的に帰属している」状態、すなわち、伝統や既成宗教の教義等を認めることが社会的共同体の道徳的要請に合致している状態である。第二段階は、「宗教上の多元主義が多少とも十分に制度化」され、「宗教上の特定主義が超越された」状態をさしている。彼は、今日の社会的共同体が、これら両段階を踏まえたうえで、つぎなる段階の前で混乱に見舞われていると指摘する。それは、少なくとも志向性の点で認知的で合理主義的であった教育革命と相補的であるかのような、美学的でロマン主義的な「表現革命」の兆候とも重なり合っている。つまり、第二段階の特徴である宗教的道徳的権威の至上命令からの解放と、第三段階にいたるまでの移行期にみられる「社会の義務から自由への要求を声高に叫んでいる」状態に対するパーソンズなりの理解である。

教育革命のもとで生み出された相対的権利剥奪感という、多元的な包摂過程の前に立ちはだかる困難。そして表現革命の兆候に象徴される普遍的な価値形成上の困難。成熟した近代化の帰結としてのアメリカの社会的共同体が抱えるこれら止揚されるべき諸問題にパーソンズはひとつの社会学的な問題提起を行なう。それが「制度化された個人主義」の創出に関する議論である。

パーソンズは、この制度化された個人主義という理念が、特定の制度化された構造類型というコンテキストのなかでのみ実現されるとして、今日の社会成層に関する持論を展開する。社会成層を語るときの焦点のひとつとしての「平等」という究極的価値は、メンバーシップに関わるパティキュラな基準をユニバーサルな基準に置き換えた進化の結果であった。パーソンズは、今日展開しているラディカルな平等性の要求は、階統的なすべての地位上の差異を完全廃止することを要求しているとしてこれには賛同せず、むしろ社会の機能性に見合った新たな正当化の基礎を提示しようとした。そもそも近代には、人間の絶対的な平等を求める正当な価値的要請がある反面、競争理念に基づく教育課程から育てられてきた能力あるメンバーが、機能的差異に基づき出来うるかぎり高い生産性や効率でもって役割遂行をなすことへの要請も存在している。しかも、ここからは役割遂行能力の差異に応じて報酬にも区別があってしかるべきだという主張すら生まれてくる。つまり、絶対的な平等という正当性と能力に応じた差異的評価の正当性という二重の意味での正当性のせめぎあいである。

パーソンズは、これら二つの正当性を止揚することが、先述したアメリカの社会的共同体に集約的に見出される問題の解決につながると考え、新たな制度的様式を提起した。それが「責任の制度化」と呼ばれるものである。社会的共同体は、ある一定の社会的機能を果たす地位に一定の能力ありと認めたメンバーを選び出し配置する。いったん信託されたメンバーは、信託者からの要請を遂行する責任をもっており、もし信託通りに自己の役割機能を遂行しえなかった場合は、当然なんらかの責任を負わされる。この方式は、確かに能力的差異に基づく機能上の要請と、信託という理念に象徴されるように、万人が平等に納得したうえでの役割遂行という二つの正当性をうまく調整した公共的な制度である。しかも、それは信託を受けた行為者が自己の役割を明確に自覚し、信託した者からの期待に応え、期待を達成せざるときには自らその責任を負うという、見事なまでの個人主義も体現している。パーソンズのいう「制度化された個人主義」は、この制度の基盤の上に構築される。彼は、新しい社会成層が、責任あるひとつの信託された役割の体系として構築されることを提起しているのである。そしてまた、その社会成層が社会的共同体メンバーの完全な包摂を実現し正当化するためには、個々人によって異なる権利や義務、そして機能的な役割遂行とその差異的な報酬までもが、すべて「社会の共同利益を帰結する」という市民のコンセンサスの存在

が大きな条件になると主張する。(3)

パーソンズは、価値普遍化の第三段階として、制度化された個人主義の誕生を強調したが、それは、社会における共同利益に貢献する範囲内での、個人の自律的で責任ある選択と決定による価値設定をさしている。ここには、功利的な発想を排した、すべては共同利益に帰属するという道具的活動主義の実現をうたうパーソンズの姿がかいまみられ、また、それは個人の自律的で責任ある選択と決定という主意主義的な発想に収斂を示している。まさしく、社会的共同体におけるユニバーサリズムとアソシエーショナリズムの全面的な進化的展開の姿であろう。彼自身は、この段階への現在の状態が、まだ不完全で手探りのものでしかないととらえていたが、パーソンズ理論をさらに掘り起こしていくなかで、その残された課題の達成は、私たちの手に委ねられているといえよう。

(1) 価値普遍化に関わるパーソンズの強調点は、新旧両価値の折衷ではない本質的に新しい価値の創造を意味している。彼は、低い水準の価値普遍化はむしろ包摂を妨げ、問題に関する両極化を促進してしまうと述べている（Parsons, 1977）。つまり、本来両立しえない諸価値間の許容的な折衷を排したのである。

(2) 本論では、議論の展開上、彼の「社会進化の四位相範式」のうち包摂と価値普遍化にその分析の焦点を定めているが、本来、パーソンズの機能主義社会学のキー・ワードが「機能的要件」にあるように、彼の社会進化論のそれは適応力の上昇をもたらす「(社会的) 分化」にこそあるといえるだろう。とくにシステムの複雑性を増してゆく分化の方向性としての二分裂原理、これに支えられた比較の視点、進化的普遍体の分化による差異発生とその正当化の問題等、今後考察されるべき問題は山積している。

(3) この点に関して、パーソンズはデュルケムが『社会的分業論』で示した有機的連帯の理念、つまり、近代における異質なもの相互の多元的な連帯のなかでこそ、より普遍的な道徳は形成されていくという発想に関心を示していた。

参考文献

Bellah, R.N., 1975, *Broken Covenant*, Seabury Press. 松本　滋・中川徹子訳『破られた契約』未来社、一九八三。
厚東洋輔、一九九七、「社会学史と理論的構想力」『現代社会学の理論と方法』岩波講座現代社会学別巻、岩波書店。

松岡雅裕、一九九八、『パーソンズの社会進化論』恒星社厚生閣。

Parsons, T. (ed.), 1961, *Theories of Society*, Free Press.

———, 1964, Communism and the West: the Sociology of Conflict, A. Etzioni and E. Etzioni (eds.), *Social Change*, Basic Books.

———, 1971, *The System of Modern Societies*, Prentice Hall. 井門富二夫訳『近代社会の体系』至誠堂、一九七七。

———, 1977, *Social Systems and the Evolution of Action Theory*, Free Press. 田野崎昭夫監訳『社会体系と行為理論の展開』誠信書房、一九九二。

———, 1978, *Action Theory and the Human Condition*, Free Press.

———, 1991, A Tentative Outline of American Values, R. Robertson and B.S. Turner (eds.), *Talcott Parsons: Theorist of Modernity*, Sage. 進藤雄三訳「アメリカの価値についての試論」中　久郎・清野正義・進藤雄三訳『近代性の理論』恒星社厚生閣、一九九五。

Robertson, R., 1991, The Central Significance of Religion in Social Theory, R. Robertson and B.S. Turner (eds.), *Talcott Parsons: Theorist of Modernity*, Sage. 進藤雄三訳「社会理論における宗教の枢要性」中　久郎・清野正義・進藤雄三訳『近代性の理論』恒星社厚生閣、一九九五。

Robertson, R. and Turner, B.S., 1989, Talcott Parsons and Modern Social Theory an Appreciation, *Theory, Culture & Society*, 6 (4).

進藤雄三、一九九九、「パーソンズにおける世俗化の問題」『社会学史研究』第二一号、日本社会学史学会。

鈴木健之、二〇〇〇、「パーソンズ再考（主意主義・パターン変数・ＡＧＩＬ図式）」『社会学史研究』第二二号、日本社会学史学会。

油井清光、一九九九、「パーソンズ──収斂理論と近代の収斂」『社会学史研究』第二一号、日本社会学史学会。

———、二〇〇〇、「パーソンズにおける社会的共同体と公共性」『社会学評論』第二〇〇号、日本社会学会。

第三章　ネオ機能主義以後：アレクサンダーからパーソンズへ

鈴木健之

鈴木健之（すずき・たけし）
1961年　宮城県生まれ
1995年　法政大学大学院社会学専攻博士課程修了
現　職　明の星女子短期大学助教授
著訳書　J.C. アレクサンダー『ネオ機能主義と市民社会』恒星社厚生閣，1996年
『社会学者のアメリカ』恒星社厚生閣，1997年，ほか

はじめに

本論は、「ネオ機能主義」以後、タルコット・パーソンズを読むことの意義を提出しようとするものである。第一に、「ネオ機能主義」の意義と曖昧さを指摘することから議論を始める。ネオ機能主義はパーソンズ社会学の応用に志向するという点できわめて生産的なムーブメントではあったが、その名が示すとおりの「機能主義」ではなかった。ここでは、ネオ機能主義が機能主義的でなかったことの問題点を提出する。第二に、ネオ機能主義、そして遡ってパーソンズにおいて機能主義がいかなる意味を持っていたかを議論する。機能主義は、①すべての現象をシステムとして見ようとするものであり、②そのシステム要件を経験的に説明しようとするものである。パーソンズ＝アレクサンダーは、二重の意味において機能主義的であろうとしたが、両者とも最終的には機能主義を放棄し、行為システム理論に議論を旋回させた。ここでは、こうしてパーソンズ＝アレクサンダーから機能主義が欠落していったことの意味を問う。第三に、ネオ機能主義（アレクサンダー）がパーソンズの行為システム理論をどれほど前進させたか、どれほど再構成できたかを議論する。ここでは、オリジナルなパーソンズの行為システム理論と比較して、アレクサンダーの行為システム理論にはオリジナリティが欠如している点を指摘する。最後に、パーソンズの行為システム理論の現代的意義を提出する。パーソンズ社会学を特徴づける「行為理論」、「システム理論」、「機能主義」、「主意主義」は、パーソンズ自身の説明不足も災いして多様な解釈を許し、これまで錯綜した議論が繰り広げられてきた。しかし、「行為システム理論」としてパーソンズ社会学を理解することにより、こうした解釈上の問題が解決され、パーソンズ社会学の根本問題である「主意主義」の問題が前面に押し出されることを指摘し、結論としたい。

一　「ネオ機能主義」の終焉

まずはジェフリー・C・アレクサンダーが唱道した「ネオ機能主義」のパーソンズ解釈の特徴を指摘することから議論を始めたい。ネオ機能主義社会学の構想は、アレクサンダーの最初の論文「パーソンズの業績における形式的主意主義と実質的主意主義」（一九七八）にまで溯ることができるが、それが明確に打ち出されるのはアレクサンダーが編集したその名も『ネオ機能主義』（一九八五）においてである。ネオ機能主義は、パーソンズ社会学に準拠しつつも、その理論前提、モデル、イデオロギー、方法論などを批判的に検討すると同時に再構成し、さまざまな経験的フィールドへの応用にも志向しようとするものであった（Alexander, 1988, 鈴木、一九九七）。具体的には、ネオ機能主義者は、第一に「行為システム」に関心を寄せており、行為システムの分化という観点から、近代化過程を多次元的に描きだそうとしてきた（『分化理論と社会変動』（Alexander & Colomy, 1990）、『社会システムのダイナミックス』（Colomy, 1992））。第二に「共通価値システム」に関心を寄せており、普遍主義と業績本位というアメリカ社会を特徴づける価値を擁護すると同時に、その具体化（制度化と内面化）の様相を「アメリカ市民社会（American Civil Society）」論というかたちで展開してきた（Alexander, 1998）。

興味深いことに、こうしたネオ機能主義者たちの議論は、社会システム論者としてのパーソンズの側面よりはむしろ、行為（システム）論者としてのパーソンズの側面を強調したものであった。ネオ機能主義者は、理論モデルとしてはパーソンズの行為システムの下位システム三分割（パーソナリティ－社会－文化）を用いており、とくに文化（共通価値システム）のパーソナリティにおける内面化と社会における制度化、なかでも後者の過程に多くの関心を注いでいた。パーソンズの行為システム論は、とくにパーソナリティと社会システムの接合においては見事な成功を収めており、社会化やライフサイクルの問題として、生と死、まさに人の一生の問題をクリティカルに議論していた。しかし、パーソンズは共通価値の制度化について十分な説明を行ないえなかった。というのもパーソンズの主たる関心は共通価値の一般化の方に置かれていたからである。例えば、共通価値の制度化の失敗例について具体的な事例研究はパーソンズによっては十分に展開されなかった。

こうした課題がネオ機能主義者たちによって引き継がれた。ネオ機能主義者はシステム三分割モデルを再構成し、文化の制度化、さらには内面化が困難な事例や失敗した事例に敏感であろうとする。例えば、アレクサンダーの論文「社会と文化の関係の三つのモデル」（一九八八＝一九九六）は、アメリカの共有価値である普遍主義の危機、そして普遍主義の一般化過程を「ウォーターゲート事件」を例にとり、共有価値、すなわち文化の不完全な制度化を議論している。あるいはポール・コロミーは同様のモデルをバージニアの歴史変動の分析に応用し、分化過程における共有価値の不完全な制度化、制度化の失敗などを議論している（Alexander & Colomy, 1990）。

こうして見てくると、ネオ機能主義は、パーソンズ社会学を応用しようとする点ではきわめて健全なムーブメントであったことが理解される。けれども、それはその名が示すとおりに「機能主義的」ではなかったし、「システム論的」でもなかった。第一に、ネオ機能主義がまさに「ネオ」機能主義であるならば、理論的な意味では、「構造－機能理論」についてなにがしか新しい論理を提出しえていなければならない。ところが、ネオ機能主義は、パーソンズが目指したような意味で分析的な一般理論の構築に志向してこなかったし、マートンが目指したような意味で経験的な命題化に志向してもこなかった。あるいは、日本において展開されたように、「理論社会学」としてパーソンズ理論を読み直すこともなかった。アレクサンダーとポール・コロミーを除いて、社会学原理に関心を寄せたネオ機能主義者はおらず、当のアレクサンダーも、『社会学の理論論法』（Alexander, 1982-3）以後、原理論の追究をやめてしまっている。第二に、ネオ機能主義がかりに「機能主義的」であるならば、システム理論についてもなにがしかの言及があってしかるべきである。ところが、ネオ機能主義者は、パーソンズが関心を寄せていたジェネラル・システムズ・セオリーや、ルーマンが精力的に展開した社会システム理論にはほとんど関心を示すことはなかった。あるいはパーソンズが晩年に披露したシステム的世界観（「人間の条件」のパラダイム）にもまったく関心を示さなかった。

われわれは、こうした事情を考慮して、ネオ機能主義は機能主義的ではなく、一貫して行為システム論であり、規範理論であった点、機能主義の全面的展開はネオ機能主義者（例えばその代表者であるアレクサンダー）によってなされていない点を指摘した（鈴木、一九九七）。機能主義の全面的展開のためには、パーソンズ社会学のもうひとつの側面である「システム論（systems theory）」を再構成し、行為理論とシステム理論の接合がはかられねばならないと暫定的な結論を下した（鈴木、一九九七）。アレクサンダーの言う「多次元的」社会学理論はこの時初めて成就されると考えたからである。パーソンズ社会学をネオ機能主義的に、多次元的に再構成するためには、アレクサンダーとルーマンの「対話」がはかられねばならないだろう。けれども、アレクサンダーらネオ機能主義者たちはルーマンとの対話を回避し、機能主義それ自体を再構成することもなかった。

行為理論とシステム理論を機能主義的に接合するということがパーソンズの終生不変の目標であり、この実現をもって「多次元的（われわれはこれを「螺旋的」と表現した）」な理論化が可能となり、真の「ネオ機能主義」が登場する。とすれば、狭義のネオ機能主義にいつまでも付き合ってはいられない。われわれは、ネオ機能主義を離れ、再びパーソンズに立ち戻った。だが、『社会的行為の構造』から『行為理論と人間の条件』に至るまで、彼の刊行された著作を読み返してみると、予想は外された。何よりも、パーソンズ社会学は一貫して行為理論であった。確かに、パーソンズ社会学は初期=行為理論から中期=システム理論へと「変化」するかに見えるのであるが、パーソンズ中期のシステム論は、いわゆる「ジェネラル・システムズ・セオリー」と同義ではないし、ルーマンの「システム理論」の源流にもなっていない。それは、行為の組織化の過程と行為の下位システムの相互浸透を分析しようとする行為システム理論であったからだ。また、パーソンズが用いた「機能主義」というコンセプトはひじょうに多義的であるがために、多様な解釈を許容してしまった。確かに、パーソンズは社会学の有望な理論化として方法としての「構造－機能主義」を提唱し、マートンの努力ともあいまって、それはアメリカ社会学のスタンダード（方法的規準）になっていった。しかし、純粋なシステム・モデルはエコロジカルなシステム論を展開する理論家にのみ引き継がれただけであった。パーソンズ自身は、確かに機能主義的方法を採用したが、システム論の全面展開には志向せず、行為の下位システムという限定された範囲内で議論を展開したにすぎなかった。

問題点を整理しておこう。①パーソンズ社会学は、行為理論に始まり行為理論に終わっているが、途中に構造－機能主義（構造－機能理論）なるものが介入していることの問題。②機能主義というコンセプトがきわめて多義的であることの問題。③行為理論とシステム理論の接合に成功したのか失敗したのかという問題。これらの問題に対する本論の主張はこうである。①パーソンズ社会学は行為理論と見なされねばならない。②機能主義は、一方でマートン流の社会学の方法の規準という側面と、他方でパーソンズ流の構造－機能主義としてのシステム論という側面の二側面を持っている。③パーソンズのシステム理論は、ジェネラル・システムズ・セオリーやルーマン型のシステム理論とは根本的に異質のものであり、行為システム理論と呼ぶのが妥当である。④パーソンズが展開した行為システム理論において、「行為」と「システム」の接合に成功しており、この点では「多次元的」である。

二 「機能主義」の現実

本節では、機能主義とは何か。パーソンズ＝アレクサンダーはどのような意味で機能主義的でなかったのか。逆に言えば、どのような意味で機能主義的であったのかを明らかにしたい。言うまでもなく、機能主義は社会学のスタンダードである。コントやスペンサーに始まる「社会有機体説」を源流とする機能主義は、デュルケムと彼に影響を受けた機能主義人類学を経由し、マートンとパーソンズによって体系化された。基本的なロジックはこうである。全体のシステムに対して各部分（下位システム）が貢献する。したがって部分のうち、どれか一つでもうまく働かなければ、全体もうまく働かなくなる。例えば、社会の部分のうち、経済がよくなければ、社会全体は悪い方向に行くといった具合である。こうした「システム要件」機能主義を洗練していったのがパーソンズであった。パーソンズは、行為理論から出発したが、途中この種の機能主義にコミットし、システム論的な方向に旋回した。他方、パーソンズ型の機能主義に異議を唱え、システム要件機能主義の問題を見抜いていたのがマートンであった。マートンはパーソンズとは対称的に、全体よりは部分の方、言い換えれば、システム要件の経験的妥当性に限定して機能主義の議論を展開した。つまり、全体のシステムに対して各部分が貢献する場合もあれば、貢献しない場合もあること。あるいは、ある一部分がうまく働かなくとも、システム全体としては機能しうる場合もあることを指摘した。彼は部分と全体との関係を正機能（順機能）・逆機能といった言葉で表現すると同時に、部分を部分として放置することなく、部分と全体との関係を経験的に確定していくような理論的態度をとった。

パーソンズやマートンの理論化は「機能主義的」である。「システム要件」は言うに及ばず「機能主義」にもほとんど言及することがなかったアレクサンダーの理論化も、行為システム理論の展開においてパーソンズ型の機能主義的モデルを採用しているという意味において「機能主義的」であり、またモデルの応用においてマートン型の機能主義的説明を採用しているという意味においても「機能主義的」である。それでは、ここでの議論の対象であるパーソンズ＝アレクサンダーの社会学において、どのあたりで機能主義の意味が変質していくのだろうか。機能主義的であるということは、①すべての現象を「システム」として見るということであり、②すべてのシステム要件に「経験的なステータス」を与えるということにほかならない。したがって、理想的な機能主義は二つの要件を充足せねばならない。パーソンズの場合、初期の著作『社会的行為の構造』において確定された行為理論のレンジからすれば、①のミッションを立てることは十分に可能である。パーソンズは究極的条件から究極的目的までを「手段‐目的連鎖」として捉えていたが、これはまさしく第一の意味で「機能主義的」であった。じじつ、大戦後一九四〇年代後半以降のパーソンズは、行動科学の発展と並行して野心的となり、アメリカ社会学会会長就任演説では「機能主義」がきわめて有望な理論であることを強調していた。しかし、パーソンズに強い理論的禁欲が入るのはその後間もなくである。パーソンズはすべての行為の世界を描き出す「科学」は不可能であることを認識し、自覚的に②のミッションに忠実であろうとした。じじつ、一九五〇年代に上梓された業績の数かずは純粋に機能主義的ではなかった。例えば、『社会体系論』は文化とパーソナリティとの関係において社会システムを位置づけようとするものであり、すべての現象をシステムとして見るということはすでに放棄されていた。また、その著作のなかで採用されている方法は経験的というよりはむしろ分析的なものであり、実際に行なわれている説明は、一部は一般的、一部は経験的といった具合に折衷的なものであった。パーソンズの行為理論は機能主義的に特定化されたものの、行為システム理論として再編された。

一方、アレクサンダーの場合、まず①のミッションは当初から放棄されている。彼の議論は行為システムの次元に限定されていた。この意味においてアレクサンダー社会学は「機能主義的」ではなかった。だが、②のミッションについては、その完遂に向けて努力がなされてきた。アレクサンダーは『社会学の理論論法』において社会学における理論構築の問題に多くの紙幅を費やし、理論モデルに経験的なステータスを与える努力を惜しまなかった。しかし、アレクサンダーの議論は、社会学の理論構築全般に関するものであり、機能主義的な理論構成に関するものではなかった。またパーソンズと同様に、アレクサンダーの関心は一般的・分析的な次元に限定されており、システム要件の経験的ステータスそれ自体にはなかった。じじつ、アレクサンダーは、マートンに対してきわめて批判的な態度を取り続けていた。

こうして回顧すれば、パーソンズとアレクサンダーはともに「機能主義的ジレンマ」に陥ったと言ってもよいだろう。機能主義的ジレンマとは、①のミッションに忠実であろうとすればするほど経験的でなくなり、②のミッションに忠実であればあるほど分析的でなくなるというジレンマである。これはかつてコント＝スペンサーが陥ったのと同様のジレンマである。すべての現象を有機体とのアナロジーで見ようとすればするほど経験的でなくなり、経験的に説明しようとすればするほど綜合的ではなくなるというジレンマである。パーソンズの野心は①と②のミッションを完遂することにあった。パーソンズはそのミッションの放棄を晩年に至るまで公言することは決してなかった。しかし、実際の議論は明らかに「放棄」を物語っていた。実際のパーソンズは、行為システムの次元に限定することで「機能主義」を放棄し、再び行為理論に戻り、「行為の体系的な含意」を明らかにすることに専心したからである。アレクサンダーの場合、機能主義の刷新をはかることがネオ機能主義を旗揚げした当初の目標であった。とすれば、①と②のミッションを完遂する努力が払われねばならない。しかし、アレクサンダーのシステムへの関心は、行為システムの次元に限定されており、システムよりも行為が彼の重大な関心事であった。パーソンズがその生涯を通じて「機能主義的ジレンマ」に悩まされ続けたのに対して、アレクサンダーは、「ネオ機能主義」を唱道していたその一方で、機能主義を放棄していたのである。(1)

三　「ネオ機能主義」の現実

アレクサンダーの「ネオ機能主義」のプロジェクトの終結宣言が出されたのは一九九八年に刊行された『ネオ機能主義以後』においてである。アレクサンダーは「パーソンズを読む」ことから始めたが、それを読み終わり、「機能主義」にかわって「ネオ機能主義」を打ち上げたが、それも終わらせた。「ネオ機能主義」は行為システム理論の再構成に志向したという点がそのムーブメントの最大の特色であった。再構成の先陣を切ったのもアレクサンダーであった。彼は一九七八年の論文においてパーソンズ社会学の応用的議論を網羅し、「行為システム理論」の応用可能性を例証した。同時に、パーソンズ社会学それ自体にも深く入り込み、パーソンズにおける行為システム理論の成立と展開を『社会学の理論論法』の第四巻で詳細に議論した。併せてその問題点を指摘することも怠らなかった。アレクサンダー自身の行為システム理論の一連の応用的議論は『行為と行為環境』(Alexander, 1988)という標題の下に集成され一九八八年に刊行された。それと同時並行的に、かつてUCLAの大学院生であったポール・コロミーと「ネオ機能主義」学派の制度化に尽力し、共同研究の成果を刊行していった。「ネオ機能主義」の下、「行為システム理論」の更なる応用研究が提出された。アレクサンダー編集の『ネオ機能主義』(一九八五)、コロミー編集の『機能主義社会学』（一九九〇）と『ネオ機能主義社会学』（一九九〇）、アレクサンダーとコロミー編集の『分化理論と社会変動』（一九九〇）、コロミー編集の『社会システムのダイナミックス』（一九九二）は「ネオ機能主義」の成果であった。

しかし、ネオ機能主義、正確に言えば、パーソンズ行為システム理論を再構成する試みは、どれほど成功したものであっただろうか。結論は否定的なものにならざるをえない。

第一に、上述したように「ネオ機能主義」は機能主義的ではなかった。機能主義を看板として掲げていたわけであるから、ネオ機能主義がいう機能主義の定義を明示化する必要があったであろう。さらにパーソンズ社会学が行為理論→構造-機能主義→行為理論（行為システム理論）へと移行せざるをえなかった「必然性」は議論されてしかるべきではなかったか。あるいはネオ機能主義の理論的基礎づけに関する議論を精力的に行なったのはコロミーであった。しかし、彼の議論においても行為理論と機能主義・システム理論との関連はまったく言及されていない。

第二に、「ネオ機能主義」はパーソンズ以上の「行為システム理論」を展開できなかった。言い換えれば、アレクサンダー社会学においてパーソンズ社会学をこえる新しい理論的知見はなかったということである。アレクサンダーは、繰り返し、パーソンズの行為システムに言及し、とくに行為システムの下位システムであるパーソナリティ、社会、文化の相互浸透の重大な理論的意義を強調していた。文化はパーソナリティにおいて内面化され、社会において制度化される。パーソンズの言う文化とは共有された価値・規範を意味する。アメリカ社会は普遍主義と業績本位という価値が優位となる社会である。こうした普遍主義的価値の制度化と内面化を前提にして、より具体的なかたちでパーソンズのアメリカ社会論が展開された。その議論には、普遍主義的価値を内面化しつつ、究極的な価値・規範に志向する「主意主義的な」行為者が前提とされていた（鈴木、二〇〇〇）。アレクサンダーは、パーソンズの理論的関心と実質的関心を共有すると同時に、行為システムの理論モデルもそのまま継承し、アメリカ社会を論じるときのスタンスもパーソンズ同様である。確かに、アレクサンダーは、パーソンズの理論的実質的関心を共有し、パーソンズの行為システム理論の「汎用性」を高めることには成功した。しかし、パーソンズ行為システム理論それ自体の再構成について、アレクサンダーは何もなしえていない。例えば、『社会学の理論論法』以後提出されたアレクサンダーの唯一の理論的論文、「行為と行為環境」では、パーソンズの行為システム理論では、システム相互の関係（アレクサンダーはこれを「行為環境」と呼ぶ）しか論じられておらず、創造的な行為者が介在していないとして、アレクサンダーはパーソンズを批判している。アレクサンダーによれば、パーソンズの議論では、行為環境の議論こそあれ、行為についての議論は不十分であるとする。しかし、事実はそうだろうか。パーソンズは、一九五〇年以降、行為理論、正確に言えば、行為システム理論の全面的展開を試みており、行為者が「文化を共有（内面化）する」と同時に「文化を一般化する」こと、言い換えれば「主意主義的な行為者」をつとめて強調していたからである。『行為の総合理論（一般理論）をめざして』において概説された行為システム理論は、『家族』（一九五六）と『社会構造とパーソナリティ』（一九六四）においてより具体的なかたちが与えられ、誕生から死に至るまで、より高次の価値規範に志向するパーソナリティ（人）のライフ（一生）が発生論的に描かれていた。確かに、パーソンズは社会システムの下位システムの分化と相互浸透にも関心を寄せ、経済、政治、宗教にも多く言及した。しかし、パーソンズ社会学の真骨頂は、理論的にも経験的にも、そして制度的にも、洗練された「行為システム理論」の展開にこそあったのであり、より具体的には、人の一生（誕生から死まで）におけるさまざまな社会的相互作用、家族における母と子の相互作用（「母－子」社会システム）に始まり、家族あるいは病院における死に行く人と看取る人との相互作用に至るまで、さまざまな相互作用を社会システムとして、より大きな社会システムの下位システムとして描き出すことにあった。パーソンズの行為システム理論の一般性はこうした多層的なシステムの相互浸透を保証するために確保されねばならないものであった。付言すれば、最晩年に提出された「人間の条件」というパラダイムは、人の一生（life）の「条件」（condition）を図式化したものであった。この点をさして、アレクサンダーは「きわめて観念論的」としてパーソンズを批判したが、この批判は的を外れている。パーソンズの行為システム理論において、人が成長する際に乗り越えねばならない難局、従わねばならない条件には十分な配慮がなされており、適切な議論がなされていたからである。

第三に、「ネオ機能主義」はパーソンズ以上の「規範理論」を展開できなかった。ネオ機能主義者はパーソンズの主意主義の正統な継承者である。アメリカの場合、主意主義は普遍主義と業績本位という価値の制度化と内面化として具体化される。パーソンズが一貫してこのアメリカ的価値を擁護したのと同様に、ネオ機能主義者もこれを擁護しようとしてきた。パーソンズがこうした価値の十全な制度化と内面化という理想を議論したのに対して、ネオ機能主義者はその現実を議論した。上述したとおり、アメリカ的価値の危機をウォーターゲート事件に見たのはアレクサンダーであった。あるいは、市民宗教（civil religion）として表現されるアメリカ的価値・規範のさらなる一般化（普遍化）を主張したのはミュンヒ（Münch, 1992）であった。こうしたネオ機能主義の議論は、「行為システム」を前提とし、文化の内面化・制度化というプロセスに焦点を当てたものであった。確かに、こうしたネオ機能主義の議論は、パーソンズの理想（「理想国アメリカ」）の困難さ、あるいは裏切りを語っていた。しかしパーソンズが明と暗の暗の部分に自覚的ではなかったというネオ機能主義者たちのパーソンズ批判は適切ではない。例えば、パーソンズは、アレクサンダーの議論を先取りするかのように、「ウォーターゲート事件」に言及し、アメリカ的価値の危機的状況を指摘していたし、価値の絶対化の危険性を各種のファンダメンタリズムに見ていた。また、アメリカ社会における主意主義的行為の具体的なありようを「家族論（パーソナリティ発達論・社会化論）」として展開し、さらなる主意主義化のためには普遍主義的価値の一般化がはかられねばならないと議論していたのもパーソンズであった。確かにパーソンズは「現実」よりも「理想」を議論していた。しかし、パーソンズの議論において「現実」が無視されることはなかった。というのもパーソンズは、アメリカ人のつくり出す集団（家族、近隣コミュニティ、仲間集団、学校、職場、各種団体など）とその文化、またアメリカ人になること（帰化の問題、シチズンシップの問題、人種・民族問題など）に一貫して関心を注いでいたからである。これに対して、ネオ機能主義者は、パーソンズが主張してやまなかった「価値・規範の一般化」という問題には志向しようとしない。パーソンズの場合、普遍主義と業績本位という価値規範をも相対化するという視点が確保されるのに対して、ネオ機能主義の場合、まず業績本位という価値は却下され、普遍主義が高揚される。そしてこの普遍主義は神聖化、さらには絶対化されがちである。例えば、近年のアレクサンダーの議論はこの傾向を示している。彼が提出している「市民社会論」は普遍主義の絶対化を如実に示しており、普遍主義の絶対化＝アメリカ中心主義（アメリカ的価値・規範の絶対化）、その反面としてのローカルなものの貶下という議論の偏向にアレクサンダー自身が無自覚になっている。われわれがネオ機能主義の「規範理論」をこえて、再びパーソンズの「規範理論」に帰らねばならない理由はここにある。

四　「機能主義」から「行為システム理論」へ

われわれはパーソンズ（アレクサンダー）に代表される「機能主義（ネオ機能主義）」を「行為システム理論」として再定位することを提唱する。パーソンズが初期に提出した「行為理論」は、「主意主義」という形容詞がのせられることによって、自然−人間−社会−文化という広がりから人間−社会−文化という広がりに特定化された。目的の地位が確定されると同時に、その目的の一般化が行なわれていく。これをパーソンズは主意主義と名付けたのであった。究極的な目的に向かってたえず努力する人間が理論の前提として置かれた。初期の「主意主義的行為理論」は、中期において「システム」というタームで言い換えられ、パーソナリティシステム−社会システム−文化システムの相互浸透という観点から具体化された。後期になると、この「行為システム理論」は、人の一生を描き出すことによってさらなる具体性が与えられた。人がこの世に生を受け死を迎えるまで、さまざまな集団に関わっていく。パーソンズは、何よりもまず重要な一次集団として「家族」を、次に重要な中間集団として「学校」と「仲間集団」を、そして大人の集団としての「職場」を取り上げ、その「構造」と「機能」を十分に論じていった。ここで、パーソンズは人の成長に重大な役割を果たすこうした集団の価値・規範をとくに強調し、特殊主義から普遍主義へ、所属本位から業績本位へという価値を主導なものにする社会がアメリカであるという基本的視点に立ち、アメリカ社会を論じたのであった。ここで強調されるべき点は、価値の移行は一方向的なものではなく、バックラッシュの危険性もつねに持ち合わせている点をパーソンズがつとめて強調していた点である。パーソンズは、社会−文化の次元のみならず、パーソナリティの次元でもこの「バックラッシュ」が起こりうることを指摘している。ライフサイクルにおいて、価値が一般化されなければ、社会化は不十分なものとなる。例えば、家族というシステムの下位システムの例としてパーソンズが真っ先に挙げている「母−子関係」において、とくに母と息子の関係が強すぎ、父あるいは兄弟・姉妹との関係に開いていかない場合の「病理的」な事例（「マザコン現象」）を指摘している。価値の一般化が進むにつれて、息子は「男」として成人し、「女」と対等なパートナーシップを築くのが「ふつう」であるが、それが十分でない息子は「息子」のまま成人し、「女」に「母」の役割を求めるようになるといった「ふつうでない」状況をパーソンズは適切に指摘していた。パーソンズは、家族において大人が果たすべき夫・妻、父・母としての役割とその責任を繰り返し強調したのである。

こうしたパーソンズの議論において出発点、すなわち「前提」となったのは、システムではなく行為であったことが理解される。アレクサンダーはパーソンズによって「行為」と「秩序」問題が解決されるに至ったと論じたが、これは別々の問題というよりはむしろコインの両面であるといえよう。行為を論じることは秩序を論じることであり、秩序を論じることは行為を論じることである。ここで重要なのは、その秩序、すなわちシステムの広がりである。秩序の広がりについては、パーソンズの場合、自然の秩序から文化の秩序にまで広がっていた。しかし、パーソンズは、実際の社会学的議論においては社会－文化の秩序に限定した議論を展開した。アレクサンダーの場合、当初から自然の秩序への関心は抑制されており、社会－文化の秩序に議論は限定されていた。まさにこの意味において、パーソンズとアレクサンダーにおける「機能主義」は「行為システム理論」として特定的に展開されたのである。

われわれは、かつてパーソンズ＝アレクサンダー的な機能主義の展開を「規範的」と呼び、J・ターナー的な機能主義の展開を「条件的」と呼び、機能主義の分化を指摘した（鈴木、一九九七）。さらに、両者の統合をもって、真のネオ機能主義が登場するであろうという展望も述べた。しかしこうした理想は一朝一夕には実現できないであろう。このような理想に到達するには相当の理論的洗練と経験的特定化が要求されるからだ。ここでわれわれは次善の策を取る。「一般的」であると同時に「特定的」でもあり、「理論的」であると同時に「経験的」でもあり、行為とシステムをリンクさせる「行為システム理論」がそれである。その起源は哲学にも溯ることができる。だがそれを社会学的に定式した人こそパーソンズであった。

パーソンズ（加えてアレクサンダー）が考えていたことは、少なくとも、アメリカの社会学においては、社会学者に共通の価値・規範が存在すべきであり、その基礎理論をもってはじめて社会学がひとつの学問領域として立ち上がるということであった。行為理論の射程は物理・化学の領域から宗教学・人類学の領域に至るまですべての学問領域を包摂するほど広い。こうした議論は西欧の観念論の伝統では比較的馴染みやすいものであろう。しかし、ここに「主意主義的」という形容詞がのせられることにより、主意主義的行為理論は、それぞれの文化において異なった様相を呈するようになる。例えば、繰り返し述べてきたように、アメリカの場合、主意主義的行為の価値・規範は普遍主義と業績本位を優位とする。これに対して、例えばファシズムの場合、主意主義的行為の価値・規範は特殊主義と所属本位を優位とする。ドイツというローカルなエリア、ゲルマン民族という出自が絶対化されることにより、ホロコーストという大惨事が現実化してしまった。究極的目的に志向するという意味では、アメリカ社会もナチファシズム社会もともに「主意主義的」ではあるが、その価値・規範の内実を見極めることが重要である。

さらに、「主意主義的行為理論」はシステム論的に展開される。アメリカにおいて展開されてきた社会学理論は主意主義的であり、またシンボリック相互作用論、現象学的社会学、エスノメソドロジーなどはまさしく主意主義的行為理論であったといってよい。ただ「機能主義」と異なっていたのは、主意主義的行為理論をシステム論的に展開するか否かである。主意主義的行為理論をシステム論的に展開すること、すなわち主意主義的行為システム理論は、すくなともアメリカ社会学のスタンダードとして、アメリカの社会学者に顕在的に、あるいは潜在的に「内面化」され、アメリカ社会学に「制度化」されているといってよいのではないだろうか。

結　語

われわれは、ネオ機能主義から機能主義へ、アレクサンダーからパーソンズへと帰りつつ、パーソンズとアレクサンダーにおける機能主義の変質、機能主義から行為システム理論へという議論の旋回の意味を考察した。すでに指摘したように、パーソンズは完全なる理想的な機能主義を実現するべく最後まで努力を惜しまなかった。その議論の大部分は望み薄ではあったが、彼は行為システム理論をさらに一般化し、理想的な機能主義に志向しようとした。アレクサンダーは、パーソンズが完全なる機能主義に到達するべくかなり強引な議論をし、失敗した点を的確に指摘し、一般化の方ではなく、行為システム理論の特定化の方に志向した。アレクサンダーによれば、パーソンズの議論は成功も多いが失敗も多く、形式主義と観念論に陥っているという。パーソンズのモデルに従いつつも、形式主義や観念論に陥ることなく、多次元的な社会理論を構築していくのがポスト・パーソンズ期の社会学理論のミッションであると結論している。しかし、アレクサンダーは現代社会学理論に共有されるべき理論の構築に志向しなかったし、その特定化の議論も十分なものとは言えなかった。(2)

最後に、パーソンズを今読むことの意義を以下三点指摘することで結びとしたい。第一に、現在、社会学における理論・社会学史研究は混迷しているように思われるが、「主意主義的行為システム理論としてのパーソンズ社会学」という理解から議論を始めるならば、「シュッツとパーソンズ」、「ミードとパーソンズ」といった古くて新しい議論が再開し、かつ刺激的な対話が始まるにちがいない。第二に、「主意主義的行為システム理論」は十分に日本社会の分析にも応用可能である。アメリカ的視点に立って、日本はどれだけグローバル化したのかという問題を普遍主義と業績本位という価値の制度化・内面化から議論することは十分に可能である。あるいは日本（アジア）的視点に立って、日本はどれだけローカルなのかという問題を日本的価値の再考を促しつつ議論することも可能である。第三に、パーソンズの「生と死」の社会学のように、人が生まれてから死ぬまでかかわることになる重要な集団の形成、そして構造と機能、その日本的独自性を議論することもできる。さらに具体的に、死を迎える人を支える「集団」の形成過程を行為システム論的に議論することもできる。こうした点からみて、アレクサンダーを経由して、パーソンズに帰る意義は大きい。われわれは、日本という社会的現実において、パーソンズに戻りつつ、行為システム理論の全面的展開に向けて努力し続けねばならない。

（1）この「機能主義的ジレンマ」は解決されるのであろうか。結論は否である。それは永遠のアポリアであるからだ。けれども、①のミッションは、上述したようにドイツにおいてルーマンが完遂しようとした。またアメリカではジョナサン・H・ターナーが野心的かつ精力的に完遂の努力を積み重ねてきた。その議論の成否については別稿に譲るとしても、ターナーは機能主義の成熟として「エコロジカルなシステム理論」「進化理論」を議論するなど、いわゆる「ジェネラル・システムズ・セオリー」に関心を寄せる稀有な「機能主義者」である。付言すれば、そのジョナサン・ターナーが『社会学理論の構造』第五版において「ネオ機能主義者」として紹介していたのが「ルーマン」であった。②のミッションはアメリカにおいて（機能主義者であるないにかかわらず）多くの社会学者が完遂しようとしてきた。アレクサンダー社会学は、①と②のミッションを行為システムの次元でより特定的に完遂しようとした努力として評価できるだろう。この意味で、マートン流の機能主義的説明は、アメリカ社会学のスタンダードなっているといって差し支えない。アメリカ社会学において、①の意味での機能主義は一部のマニアックな研究を除いてメイントレンドになっていない。しかし、②の意味での機能主義はより一般化された意味でアメリカ社会学の標準的な方法的態度となっている。こうして社会学における機能主義のジレンマは解決されずに放置されている。けれども、機能主義の前提に忠実であろうとするものは少なからずいる。

（2）翻って日本。日本において、行為システム理論の展開、さらには機能主義の全面的展開の可能性は残されている。かつてパーソンズ社会学をもって社会学の基礎理論とし、機能主義の全面的展開を開始したところが他ならぬ日本であったからだ。しかし、機能主義の展開を一気に行なうよりはむしろ特定的に、つまり行為システム理論を全面的に展開するのが戦略として実効性が高くかつ生産的であろう。

参考文献

Alexander, J.C., 1978, Formal and Substantive Voluntarism in the Work of Talcott Parsons, *American Sociological Review*, 43:177-198.

———, 1982-83, *Theoretical Logic in Sociology*, Berkeley: University of California Press. 佐藤成基・鈴木健之訳『社会学の理論論法』青木書店、刊行予定。

———, 1988, *Action and Its Environments*, New York: Columbia University Press.

J・C・アレクサンダー、一九九六、鈴木健之訳『ネオ機能主義と市民社会』、恒星社厚生閣。

Alexander, J.C., 1995, *Fin de siecle Social Theory*, London: Verso.

———, 1998, *Neofunctionalism and After*, Malden: Blackwell.

Alexander, J.C.（ed.）, 1985, *Neofunctionalism*, Beverly Hills: Sage.

———, 1998, *Real Civil Societies*, Newbury Park: Sage.

Alexander, J.C., & P. Colomy（eds.）, 1990, *Differentiation Theory and Social Change*, New York: Columbia University Press.

Colomy, P.（ed.）, 1990a, *Functionalist Sociology*, Brookfield, VT: Edward Elgar.

———, 1990b, *Neofunctionalist Sociology*, Brookfield, VT: Edward Elgar.

———, 1992, *The Dynamics of Social Systems*, Newbury Park: Sage.

Merton, R., 1949=1968, *Social Theory and Social Structure*, New York: Free Press. 森　東吾他訳『社会理論と社会構造』みすず書房、一九六一。

Münch, R., 1982, *Theorie des Handelns*. Frankfurt: Suhrkamp.

———, 1992., Social Change in the United States, In H. Haferkamp & N.J. Smelser（eds.）, *Social Change and Modernity*, Berkeley: University of California Press, pp.147-176.

Parsons, T., 1937=1968, *The Structure of Social Action*, New York: Free Press. 稲上　毅他訳『社会的行為の構造』（全五冊）、木鐸社、一九七四から一九八九。

———, 1951, *The Social System*, New York: Free Press. 佐藤　勉訳『社会体系論』青木書店、一九七四。

———, 1964, *Social Structure and Personality*, New York: Free Press. 武田良三監訳『社会構造とパーソナリティ』新泉社、一九七三。

———, 1978, *Action Theory and the Human Condition*, New York: Free Press.

Parsons, T. & R.F. Bales（eds.）, 1956, *Family, Socialization, and Interaction Process*, New York: Free Press. 橋爪貞雄他訳『家族』（合本版）、黎明書房、一九八一。

鈴木健之、一九九七、『社会学者のアメリカ』恒星社厚生閣。

——、二〇〇〇a、「パーソンズ再考——主意主義、パターン変数、AGIL図式——」『社会学史研究』第二二号、八九-九八頁。

——、二〇〇〇b、「パーソンズの主意主義的行為論」『現代社会理論研究』第一〇号、三三一-三四〇頁。

Turner, J.H., 1998., *The Structure of Sociological Theory*（sixth edition）, Belmont, CA: Wadsworth.

第四章　日常生活世界と科学の世界のあいだ

——「適合的」な社会理論のために——

那須　壽

那須　壽（なす・ひさし）
1949年　愛媛県生まれ
1979年　早稲田大学大学院文学研究科博士課程修了
現　職　早稲田大学文学部教授
著　書　『危機と再生の社会理論』（共編著）マルジュ社，1993年
『女性たちの生活者運動』（共編著）マルジュ社，1995年
『現象学的社会学への道』恒星社厚生閣，1997年，ほか

一　はじめに

本論の課題は、まず、アルフレッド・シュッツが定式化した社会科学的構成概念のための諸公準について議論し、さらにその議論を彼が定式化した知の在り方の三類型の議論へと敷衍することによって、彼の構想する現象学的に基礎づけられた社会科学とはそもそもいかなるものであったのかについて考えてみることにある。その際、マックス・ウェーバーの議論が比較のために参照されることになろう。

シュッツ自身はどの箇所においても明言してはいないけれども、諸公準をめぐる彼の議論は「多元的現実」をめぐる彼の議論によって支えられており、そして多元的現実をめぐる議論は、翻って、生活世界に関する前述語的ならびに述語的な体験をめぐる彼の議論によって基礎づけられている。「日常生活世界」と「科学的理論の世界」はともに、「限定的な意味領域」として措定され得ること、しかも、それらの意味領域はいずれも、すでにできあがって存在している実体としてではなく、彼自身が「認知様式」としてそのいくつかを例示している、現実の構成的項目の在り方と相関的に措定され得ること、したがって、素朴に自らの日常生活を生きている人びとにとって自明であったあらゆる意味関係は、社会科学者に特有の認知様式との関わりで或る根本的な変様を被ることになると結論づけられ得ること、それゆえ、社会科学者には「そうした変様に関するその科学に特有の方法を展開すること、つまり、それぞれの科学に固有な方法を確立すること」という課題が課されることになること、といった議論である。

そうした議論の上に構想される社会科学は、それゆえ、「生活世界の諸現象がそれに応じて理念化過程を経て形を変えるようになる、そうした変換の公式を示さなければならない」（Schutz, 1940a:138［220-221］）。シュッツが定式化しようとしている社会科学的構成概念のための諸公準はまさしくここに、すなわち日常生活世界と社会科学的理論の世界という二つの限定的な意味領域を結びつける「変換の公式」として位置づけることができる。

ただし、ここで言う変換の公式とは、たとえば、ポンドをキログラムに変換する際の換算率や、ドイツ・マルクをアメリカ・ドルに変換する際の為替レートに擬して考えることができるような、実験や調査から正しい結果を導き出すために用いられる実験技法とかデータ処理法といった「科学的方法」のことを言っているのではない、という点に留意すべきである。換算率や為替レートが成り立つには、いわば「ポンド領野」「キログラム領野」「アメリカ・ドル領野」「ドイツ・マルク領野」といった、それらの関係におけるそれぞれの項目が、あらかじめ他とは独立に確定されていなければならない。同様に、或る「科学的方法」を適用しさえすれば「正確」なデータを得ることができる、すなわち、対象領域を正確に科学の世界に移し変えることができると想定され得るのは、対象領域と科学の領域がともにあらかじめ確立されて自存的に存在している――シュッツ流に言えば、両領域は「それについて考える人間の心の外側に客観的に存在している存在論的実体」（Schutz, 1945a:191）という性質を備えている――と想定され得る場合に限られている。

だが、シュッツが主題化しようとしていたさまざまな限定的な意味領域とは、「同一の意識が示す様々な緊張に与えられた名辞であるにすぎず、しかも、さまざまに変様した注意が向けられるのは……まさしく分割されえない同一の生に対して、すなわち現世的な生に対して」（Schutz, 1945b:258［72］）であった。そうである以上、そうした意味領域は、自存的に存在している実体ではあり得ない。したがって、為替レートに擬することのできるような「変換の公式」は――シュッツ自身が明言しているように――彼が構想する日常生活世界と科学的理論の世界のあいだには存在していない（*ibid*, 232［41］）。意識の緊張は何らかの公式に従って変化するものではないからである。

では、社会科学的概念構成のための諸公準は、いかなる変換の公式として定式化されているのだろうか。それらの諸公準は社会科学者に対して一体何を要請しているのだろうか。また、そうした諸公準に従おうとする場合、いかなる社会科学が構想され得るのだろうか。

二　諸公準の意味

社会科学的構成概念のための諸公準は、シュッツの唯一の著書『社会的世界の意味構成』のなかで――単発的にではあるが――すでに議論されている。だが、それらがはじめてまとまった形で議論されたのは、彼がアメリカに渡ってはじめて英語で書いた、いわゆる「ハーヴァード合理性セミナー」用の草稿（ハーヴァード草稿）においてであった。そこでは、社会諸科学のすべての段階に適用可能であり、それゆえ、歴史科学という「経験科学」にも適用され得る公準として「主観的解釈の公準」と「適合性の公準」が定式化され、さらに次の「理論科学」の段階においてはじめて適用されるようになる公準として「合理性の公準」が定式化されている（Schutz, 1940b:22-23; 1943:85-86［125-126］）。

だが、社会科学が理論科学であることを保証するために定式化された「合理性の公準」――社会的世界を解釈するための目的-手段関係や恒常的動機やライフ・プランの体系は、(a)形式論理学の諸原則との両立可能性が十分に保たれるように、(b)それらの諸要素が十分、明晰かつ判明に捉えられたうえで、(c)科学的に検証可能で、われわれのもっている科学的知識の全体と十分に両立可能な諸仮説だけが含まれているように構成されていることという、三つの下位公準を一括するものとして定式化された「合理性の公準」――という用語は、それ以後の諸論稿では一度も用いられていない。たとえば、四月にハーヴァードで講演を行ったのと同じ一九四〇年の夏に書かれた、タルコット・パーソンズの『社会的行為の構造』についての書評草稿（Schutz, 1960）では、「理念型を構成する場合にはレリヴァンスの原理に従わなければならない」という「レリヴァンスの公準」、「理念型の体系は形式論理学の諸原則と完全に両立可能でなければならない」という「論理一貫性の公準」、「理念型の体系に含まれている仮説は科学的に検証可能なものに限定されねばならない」という「両立可能性の公準」、それに「適合性の公準」という四公準が定式化され、さらにその一〇年あまり後の一九五二年に、ハロルド・ガーフィンケルが組織して、プリンストン大学で開催された「社会科学におけるモデル構成」会議のために書かれた論稿（プリンストン論文）（Schutz, 1953）では、「論理一貫性の公準」「主観的解釈の公準」「適合性の公準」という三公準が提起され、その直後に、アメリカ哲学会主催の「科学と哲学の方法」会議のために書かれた論稿（Schutz, 1954）でも、その三公準が踏襲されているのである。

とはいえ、以上で確認してきた事実を根拠に、シュッツはハーヴァードでの講演以降、「合理性の公準」を放棄したと主張するなら、それは間違いである。彼がパーソンズの書物に関する前述の書評草稿のなかで、現実の社会的世界、単一の生活世界を論じるのに必要な保証を与えるものとして定式化した四公準のうちの「（狭義の）論理一貫性の公準」「レリヴァンスの公準」「両立可能性の公準」という三公準は、それぞれ――シュッツ自身は何も語っていないけれども、そこでの定式化をみれば明らかなように――ハーヴァード講演で定式化された「合理性の公準」を構成する三つの下位公準⒜⒝⒞に対応しており、またその一〇年あまり後の二つの論稿では、再度それらが一括されて「（広義の）論理一貫性の公準」という用語のもとに定式化されていると言って差し支えないからである。

以上のことがらを踏まえながら、「主観的解釈の公準」「(広義の)論理一貫性の公準」「適合性の公準」に関して、順次、手短かに確認しておくことにしよう。

まず、主観的解釈の公準に関して、以下の三つの点を確認しておこう。第一に、シュッツは、この公準が科学的構成概念のための公準であるばかりでなく、「常識的な経験のなかで行為経路類型を構成する際の一般原理でもある」(Schutz, 1953:25, 34［75, 87］)と指摘している点を確認しておこう。第二に、「社会的現実の起源をなしている人間諸行為の主観的な意味に言及すること」(Schutz, 1954:62［127］)を社会科学者に要請するこの公準は、それゆえに、一方で日常生活世界と科学的理論の世界の連続性を確保することを目指していると同時に、他方で社会科学と自然科学とを区別するという役割を負わされている点を確認しよう。第三に、この公準は二通りの仕方で定式化されていることを確認しておきたい。すなわち、それは一方で、社会的世界を対象にしようとする社会科学者は「人間事象についての常識的な認識という経験形式」についてつねに問い掛けようとする心構えをもたねばならないといったように、社会科学者が対象に接近する際のいわば「心構え(readiness)」として定式化されている。だが他方、この公準はより具体的に、「[社会]科学者は、個人の精神についてどのような類型が構成され得るのか、観察された諸々の事実を理解可能な関係におけるそうした精神の所産として説明するためには、どのような類型的内容をその精神に帰属させるべきなのか、これらのことを問わねばならない」(Schutz, 1943:85［125］; 1953:43［98］)といったように、社会科学的構成概念を構築する際のその仕方にも照準しているのである。

それに対して、論理一貫性の公準と適合性の公準はいずれも、社会科学的構成概念が「いかなる意味においても恣意的でない」(Schutz, 1954:64［129］)ことを保証するために定式化されたものであった。ただし、これら二つの公準は、そのことを保証するその仕方において異なっている。

論理一貫性の公準に関して言えば、それは科学的理論の世界を日常生活世界から境界づけることによって、また同時に「科学的領野の統一性」(Schutz, 1945c:583-585)を確保することによって、科学的構成概念が恣意的なものでないことを保証しようとする。

だが、ここで注意しておかねばならないのは、この公準は――しばしば誤解されているように――「形式論理学の諸原則との両立可能性」を確保することのみによってそれを成し遂げようとしているわけではないという点である。先に確認したように、この公準もまた――シュッツ自身はこの点に関して何も語っていないけれども――狭義と広義の二通りで定式化されており、形式論理学の諸原則との両立可能性を要請しているのは、ハーヴァード草稿のなかで合理性の公準を構成する下位公準のひとつとして定式化された狭義の論理一貫性の公準だったのである。それに対して、プリンストン論文のなかで、「科学者の考案する諸々の類型的な構成概念の体系は、最高度の明晰性と判明性をもった概念枠組みによって基礎づけられたうえで確立されていなければならず、また、それは形式論理学の諸原則と完全に両立するものでなければならない」(Schutz, 1953:43 [97])と定式化された、いま問題にしている広義の論理一貫性の公準は――先に確認したように――ハーヴァード草稿における合理性の公準と同義であり、そして、そこには対象の構成とそれを構成する主観のあいだの相互反映性(*reflexivity*)を意味する、したがって、経験の組織化原理それ自体を意味する「レリヴァンスの原理」に従うことをあえて要請する「レリヴァンスの公準」が含まれているのである。[1] この点に眼を向ける時、広義の論理一貫性の公準は、単に形式論理学の諸原則との両立可能性を確保することによってだけでなく、自然のうちに身につけてきた認識枠組みを括弧に入れた上で、探究の「レヴェル」を当の科学者が措定した科学上の問題のみに基づいて自覚的に措定することによってもまた、科学的領野の統一性を確保し、科学的構成概念から恣意性を排除しようとしていたことが明らかになろう。[2]

では、適合性の公準は、社会科学的構成概念が恣意的でないことをいかにして保証しようとしているのだろうか。適合性とはそもそもいかなる事態を意味しているのだろうか。

たとえば、こう言われるかもしれない。社会科学者の構成した或る類型のなかに描かれている通りの経過をたどる出来事や行為が、実際の社会的世界のなかに見出される場合、そうした類型は「適合的」である、と。その場合には「適合性」という用語は、経験的な検証可能性と同義であると言ってよい。そうした規準のもとでは、構成概念が「事実」に接近すればするほど、構成概念はより適合的であるということになろう。

だが、シュッツが適合性の公準を定式化する際の「適合性」は、それとは異なった意味で用いられている。この点を明らかにするには、ここで手短かにでも、マックス・ウェーバーの議論に眼を向けておく必要があろう。シュッツ自身、「ウェーバーの用語を借用して」（Schutz, 1943:85［125］）、これを適合性の公準と呼んでおきたいと明言しているからである。

三　ウェーバーにおける理念型と適合性の概念

ウェーバーは適合性という概念を、「理念型構成の適合性」「理念型の適合性」「経験や行為の適合性」「解釈の適合性」といった文脈で議論している。われわれのみるところ、これらのトピックスは相互に関係しあっている。したがって、ここではとりあえず、理念型構成の適合性に主たる関心を向けることにしよう。では、理念型とは何か。

ウェーバーは、理念型の性格とそれが社会科学において果たす役割について、次のように述べている。「この構成像〔理念型〕は、現実の特定の要素を思考の上で高めて得られるひとつのユートピアという性格を帯びている」（Weber, 1904:190［112］）。「理念型は、純然たる理想上の極限概念であることに意義があるのであって、われわれはそれによって現実を測定し、比較し、もってその現実の経験的内容のうちの意義ある構成部分を解明する」（*ibid*, 194［119］）。

では、一体「現実の特定の要素」は、どのようにして「思考の上で高め」られるのだろうか。現実の諸要素のなかから、どのようにして「特定の要素」が選び出されるのだろうか。理念型を構成する際のそうした手順に関する明快な記述は——管見の限り——ウェーバーの論述のどこにも見出すことはできない。ただし、ひとつの例外がある。理念型を構成する際のひとつの規準として、「文化意義」というカテゴリーが導入されていることである。

では、彼はこのカテゴリーをなにゆえに導入したのだろうか。彼が目指していたのは、経験的な現実科学であり、文化科学であったという点にその理由がある。ウェーバーの現実科学が目指していたのは、「われわれを取り囲んでいる生の現実を、その特性との関係で——すなわち一方では、そうした現実の個々の現われの連関と文化意義とを今日の形態において、他方では、そうした現実が歴史的にかくなって他とはならなかった根拠に遡って——理解すること」（*ibid*, 170［73］）であり、また文化科学が目指していたのは、「生の現われをその文化意義との関係で認識すること」（*ibid*, 175［82］）であった。そして理念型は、個々の生の現実ないしは生の現われを、まさしくそれのもつ文化意義との関係で解明していくための方法的道具だったのである。

以上の点を確認したうえで、ここで再度、眼を向けておきたいのは、理念型がそうした役割を十分に果たすためには——先に見たように——理念型は「純然たる極限概念」でなければならないとウェーバーが主張している点である。では、「純然たる極限概念」とは何か。ウェーバーはこの点に関して必ずしも明快に述べているわけではないが、文化意義と関係しているがゆえに知るに価する——シュッツ流に言えば、それがそのために構成された科学上の問題にとってレリヴァントな——要素のみが含まれていること、しかも、それらの諸要素は一義的に確定可能であることということが、その要件であるのは確かであろう。適合的な理念型は、その意味で「歴史の具体的現実に比べて内容的に空虚なもの」(Weber, 1920:9〔32〕)でなければならない。

これまでの議論から、ウェーバーの意味での「理念型構成の適合性」は、少なくとも「経験的検証可能性」とは同義でないことが明らかになった。理念型が適合的であることと、理念型が実際の出来事の「生き写し」であることとのあいだに正比例の関係があるわけではないということである。それどころか逆に、理念型はむしろ「現実から遠ざかること」(*ibid*, 10〔32〕)、「それ自体の非現実性を露呈すること」(Weber, 1904:203〔139〕)によってはじめて、現実科学や文化科学の方法的道具として有効であり得た。そして、この「現実からの遠ざかり」は、ウェーバーにあっては、限りなく多様な構成部分を呈示しているがゆえに漏れなく言表し尽くすことのできない「現われ」から、文化価値理念と関係しているがゆえに「われわれ」の関心を引き、「われわれ」にとって意義をもつ(*Bedeutung*)「本質的」な部分のみを(社会科学者自身が自らの科学的関心にしたがって)選択することによって達成されると考えられていたのである(*ibid*, 177-178〔86-88〕)。

四　シュッツにおける適合性の公準の意味

ウェーバーは理念型を構成する際のひとつの嚮導原理として、文化価値ないし文化意義という、科学者によって構成された、その意味で客観的な、またあえて議論するまでもない程度に人びとのあいだで共有されている——と暗黙のうちに想定されている――カテゴリーを導入した。これらのカテゴリーを導入するねらいは、理念型が恣意的でないための保証を、文化的に意義ある現象のみに焦点を合わせることによって確保し、もって実際の社会的・歴史的現象を適合的に解明することにあった。では、シュッツの場合はどうだろうか。

シュッツもまたウェーバー同様、「事実性」からの遠ざかりによって純然たる極限概念を構成し、もって具体的な生の現実を適合的に解明することを目指していた。ウェーバーとシュッツはともに、生の現実の諸側面のなかから或る特定の側面を（選定）選択し、それを「思考のうえで高める」ことによって、社会科学的構成概念（すなわち理念型）が恣意的でないことを保証すると同時に、理念型の適合性をも保証しようとしていた。

こうした類似性は、彼らが目指していた社会科学の目標が類似していることの結果であると、ひとまずは言ってよい。ウェーバーとシュッツはともに、社会的現実を支配していると想定される社会の法則を発見することに社会科学の目標があるとは考えていない。彼らにとって社会科学の目標は、ある特定の社会的現われ（社会現象）を純粋型としての理念型と比較・対照することによって、その現われの特性を解明し、理解することにある。

だが、ウェーバーとシュッツは、「理念型は純粋型である」という場合のその「純粋性」の意味に関して――先に見たように――異なっている。この相違は、第一に、理念型を用いて達成される社会科学の目標に関する両者の考え方の違い、より精確に言えば、両者のあいだの「意味」概念の違いに由来する「理解」概念の違いに由来している。(3)

ウェーバーは優れて社会科学者であった。そして、社会科学が目指す目標は、「客観的な社会的世界の一般的特性を説明し、そうした社会的世界に関する諸命題を提起すること」（cf., Eberle, 1999）にある。それゆえに、ウェーバーは生の現われをその文化意義との関係で認識しようとした。他方、シュッツは現象学によって基礎づけられている社会科学者であった。そして、現象学が目指す目標は、「日常生活世界における主観的志向の普遍構造を記述し、経験の構造に関する諸命題を提起すること」（*ibid.*）にある。それゆえに、シュッツは或る具体的な行為は、「その行為の動機が類型的な動機として把握される場合に限って、理念型を通して十分に、また以前の経験と矛盾することなく説明することができる」（Schutz, 1932:270［327］）と主張することになった。

理念型の「純粋性」をめぐるウェーバーとシュッツの相違は、第二に、社会的現実についての彼らの基本的な考え方の違いに由来している。ウェーバーは、「生が直接われわれに現われてくる仕方に思いを凝らすと……それは、われわれの〈内部〉と〈外部〉とに現われ、また消えていく諸々の事象の無限に多様な並存と継起といった観を呈しており」（Weber, 1904:171［73］）、そして、「いかなる個々の知覚も……知覚判断として漏れなく言表し尽くすことのできない無数の個別的構成部分を呈示している」（*ibid*, 177［87］）という基本的想定から、自らの方法論的議論を開始する。社会的世界は、そのなかで自らの生を営んでいる行為者にとってはすべてを伴って全身的に現われている、とウェーバーは信じていたのだろう。それゆえに彼もまた、現実と概念のあいだのいわゆる「非合理性の断絶（*hiatus irrationalis*）」（cf., Weber, 1903-1906:15［34］）に悩まされ続けることになった。

それに対して、シュッツは「世界は、それが物理的世界であれ社会‐文化的世界であれ、はじめから類型によって経験される」（Schutz, 1957:233［314］、傍点は筆者）という洞察を日常生活世界の現象学的分析から獲得していた。そうしたシュッツの観点から言えば、「純然たる事実といったものは存在していない。事実とはすべてはじめから、われわれの精神の諸活動によって全体の文脈から選定されたものである」（Schutz, 1953:5［51］）ということになる。シュッツは、そうした立場にたつことによってはじめて、正しくこう主張しえたのである。「〈意味の主観的解釈〉という公準は、マックス・ウェーバーの社会学、あるいは社会科学方法論一般に特有なものというわけではなく、常識的な経験のなかで行為経路類型を構成する際のひとつの原理である」（*ibid*, 24-25［75］）。

ウェーバーは先に確認したような立場にたっていたがゆえに、理念型を恣意的な構成から保護することによってその純粋性を確保するために、文化価値あるいは文化的意義といった客観的で実体化されたカテゴリーを理念型構成の規準として導入した。目の前に現われている対象の、言表し尽くすことのできない無限の局面のなかから、文化価値にとってレリヴァントな（それゆえ科学上の問題にとってもレリヴァントな）局面のみを選定・選択し、それ以外のすべての局面を排除することによって理念型が構成されている場合にはじめて、その理念型は純然たる極限概念であり得るというのが、ウェーバーの考えだったのである。

だが、「世界ははじめから類型によって経験される」という洞察によって導かれているシュッツにあっては、理念型の純粋性を確保するために文化価値とか文化的意義といったカテゴリーを導入する必要はない。彼にとって社会科学的構成概念の純粋性は、「類型-超越的な行動をすべて排除すること」（Schutz, 1932:270［327］）によって獲得される。ここで「類型-超越的な行動」とは、当の類型がそのために構成されてきたトピックにとってレリヴァントでない行動のことのみを意味する（cf., *ibid*, 217［267］; 1953:38, 46［91, 101］; 1970:63-64［104-105］）。

しかも重要なことは、ここで、「類型がそのために構成されてきたトピック」とは、社会科学者にとってのトピックではなく、社会的場面にいる行為者（たち）にとってのトピックだという点である。或る社会科学的な構成概念は、適合的という意味で純粋であるか否か。この判断は、シュッツの提起する「適合性の公準」に従おうとする限り、「第二次的な構成概念」を構成する社会科学者にではなく、「第一次的な構成概念」によって自らの世界に対処している行為者とその相手に委ねられることになる。シュッツが社会科学的構成概念の恣意的な構成を排除してその適合性を確保するために導入するのは、文化価値といった客観的なカテゴリーではなく、行為者の動機ないしは行為者のレリヴァンス体系という主観的カテゴリーなのである[4]。

かくして、彼は「適合性の公準」をこう定式化することになる。「人間行為の科学的モデルに含まれるそれぞれの言葉は、次のようにして構成されていなければならない。すなわち、個々の行為者が類型的な構成概念によって指示されたように生活世界のなかで行為をするなら、その人間行為は、その行為者の相手にとってと同じく行為者自身にとってもまた、日常生活の常識的な解釈という観点から理解可能であろう、というように構成されていなければならない」（Schutz, 1940b:22; 1943:85-86［125］; 1953:44［98］; 1954:64［129-130］）[5]。シュッツの議論を踏まえて言えば――アロン・グールヴィッチも指摘しているように（Gurwitsch, 1962:xxix［31］）――行為者が或る社会科学的構成概念のなかに自分自身を、あるいは自分自身に関する理念化を見出すことができる場合にはじめて、その類型は「適合的」であるということができるのである。

五　日常生活世界と社会科学的理論の世界のあいだ

シュッツは社会科学的構成概念が恣意的でないための保証を、一方で論理一貫性の公準によって確保しようとした。「理論科学」と呼ばれる科学のカテゴリーの段階にいたってはじめて適用されるこの公準にあっては、形式論理学の諸原則との両立可能性や検証可能性といった規準を外部から持ち込むことによって、また社会的場面にいる行為者自身のレリヴァンス体系ではなく、行為者にとっては外在的な研究者のレリヴァンス体系に従うことによって、構成概念の恣意性を排除することが目指されていた[6]。この公準に従おうとすれば、社会科学者は自らが自然のうちに身につけている常識的解釈を括弧に入れたうえで、社会的場面での行為にとってレリヴァントな要素ではなく、自らの科学上の問題にとってレリヴァントな諸要素のみを選定・構成し選択しなければならない。それゆえに、この公準は、社会科学的な理論の世界を日常生活世界から境界づけることを通して、閉ざされた領域としての社会科学的領野の統一性を確立することを目指していると言ってよい。

だが、シュッツは、そうした論理一貫性の公準を提起する際にはつねにそれと同時に、あるいはその前提として、主観的解釈の公準を提起していた。そして、その公準にあっては社会科学的な理論の世界と日常生活世界の連続性を確保することが照準されていた。そうであるなら、形式論理学の諸原則との両立可能性や検証可能性といった規準を持ち出すことによって社会科学的理論の世界を日常生活世界から境界づけるという事情のみに、科学的構成概念から恣意性を排除するための保証を託すわけにはいかなくなる。ここで定式化されるのが、社会科学的構成概念が適合的であるか否かの判断を日常的な行為者とその相手に委ねようとする適合性の公準である。

シュッツは、主観的解釈の公準と適合性の公準は社会研究のどの段階にも――すなわち「歴史科学」にも「理論科学」にもともに――適用可能であると指摘し、しかも両者は「相互に補足しあっている」と正しく指摘している(Schutz, 1943:85［125］)。だが、われわれはさらにその上にこう付け加えておきたい。論理一貫性の公準と適合性の公準もまた相互に補足しあっている、と。シュッツの提起した社会科学的構成概念のための三公準――ただし下位公準のことをつねに念頭に置いておくべきである――は、それらが一緒に提起されているところにこそ意味がある――したがって、いずれかひとつの公準のみを取り上げてそれを単独で批判することには何の意味もない。もしそうであるなら、次に、これら三つの公準はいかにすれば同時に満たすことができるのだろうかと問わねばならない。(7)

すでに何度も指摘したように、優れて社会科学者であったマックス・ウェーバーは、理念型の恣意的な構成を排除するために、客観的で実体化された文化的意義というカテゴリーをその構成規準として導入した。だが、そうした客観的カテゴリーが科学の領野に導入され得るのは、日常生活世界の存在とそれが解釈される仕方（その内容の類型性）とが疑問の余地のない所与として自明視され、それに加えて、社会科学の世界とそれが解釈される仕方もまた、疑問の余地のない所与として自明視されている場合に限られている。社会科学の世界とその対象領域としての日常生活世界がともにすでに確立されていると想定されている場合、したがって、それらの世界がともに「存在論的実体」としての性格を備えていると想定される場合に限って、客観的で実体化されたカテゴリーを導入することができるということである。そうした想定の上に成り立つ社会科学を支えているのは、「社会的世界をそのなかの他我と制度のすべてとともに、ひとつの有意味な宇宙として素朴に受け容れるという基本的態度」（Schutz, 1960:5［21］）である。付け加えれば、ウェーバーはそうした立場に立っていたがゆえに、シュッツによって、「彼［ウェーバー］は、世界一般が、したがってまた社会的世界の意味現象が、素朴にも相互主観的に一致すると想定することで満足してしまった」（Schutz, 1932:6［20］）と批判されることにもなったのである。

それに対して、現象学によって基礎づけられている社会科学者としてのシュッツは、日常生活世界のまさしくその自明性を自らの探究のトピックにしようとする。そして、それによって、日常生活世界の現象学的分析にはっきりと基礎づけられた社会科学を構想しようとする。実際、彼は社会科学を、ただ単に「認識の対象をもって探究を開始しようとする」科学としてではなく、「認識が可能であるための諸条件」にも眼を向ける科学として構想しようとしている。

そうした発想のもとにある社会科学——すなわち多元的現実論という議論を踏まえたうえでの社会科学——にあっては、日常生活世界の存在とその存在の仕方が括弧に入れられねばならず、だがそればかりではなく、さらに社会科学的な理論の世界の存在とその存在の仕方もまた、同じく括弧に入れられねばならない。社会科学者がシュッツの三つの公準に同時に従おうとすれば、その科学者は自らが社会化の過程のなかで自然のうちに身につけてきた、日常生活世界の存在とその存在の仕方を自明視する自然的態度を括弧に入れねばならないばかりでなく、自らが携わっている科学の体系を自明視する科学的態度をも括弧に入れねばならない。要するに、シュッツの三公準は合わさって、日常生活世界を対象にする社会科学者は日常生活世界を素朴に前提することからも、社会科学的理論の世界を素朴に前提することからも、一歩離れなければならないことを要請しているのである。これらの公準は、その意味で両世界の「あいだに立つ」ことを社会科学者に要請していると言ってもよい。

六 「文化人」から「見識ある市民」へ

では、日常生活世界と社会科学的理論の世界の「あいだに立つ」とはいかなることを意味しているのだろうか。このことにより具体的なイメージを与えるために、シュッツが知識の社会的配分に関する議論（Schutz, 1946:120-134［171-189］）のなかで定式化している「専門家」と「市井の人」、そしてそれら両者の「あいだに立っている見識ある市民」――より精確には「見識あることを目指している市民」――についてみておくことにしよう。

シュッツはこれらの三類型を、知の在り方の三類型として定式化している。そしてその三つの知の在り方には、「物事を自明視するその心構えに違いがみられる」（*ibid*, 123［175］）と指摘する。たとえば「市井の人」は、「自分自身の、また自分の内集団の固有内在的なレリヴァンスの内で素朴に生きている」点にその特徴がある。自らが対象に接近して行く際の基本的な準拠枠をなしているレリヴァンス体系は、ここでは自明視されており、所与のものとして与えられている通りに受け容れられている。したがって、この類型は、「自然的態度のエポケー」によって特徴づけられていると言ってよい。

だが、自らの拠って立つレリヴァンス体系を自明視しているという事情によって特徴づけられるのは「市井の人」だけではない。シュッツが定式化したもうひとつの知の在り方、すなわち「専門家」においても、事情はまったく同じである。専門家とは、自分の専門分野内ですでに確立している諸問題によって賦課されたレリヴァンス体系のみにもっぱら親しんでいる人のことであり、そうした賦課的レリヴァンスを、自らの行為と思考の固有内在的なレリヴァンスとして、しかも唯一の固有内在的なレリヴァンスとして受け容れている人のことである。

そのような類型として特徴づけられる専門家は、それゆえ自らの専門分野内ですでに確立している問題の体系がレリヴァントであると想定するだけでなく、さらにそれのみが唯一のレリヴァントな「問題の」体系であると想定することから出発する（*ibid,* 130［183-184］）。専門家もまた、自らの専門分野の外にある諸問題には眼を向けることなく、専門家としての自分が拠って立っているレリヴァンス体系のみを、与えられている通りに自明のものとして受け容れているのである。その意味で、この類型は、いわば「科学的態度のエポケー」とでも呼ぶことのできる「心構え」によって特徴づけることができるだろう。

まさしくそうであるがゆえに、専門家と市井の人に関しては、Aという分野では専門家（あるいは市井の人＝素人）であるがBという分野では専門家（あるいは市井の人＝素人）ではない、といった言い方が成り立つ。だが、「専門家と市井の人のあいだに立つ」知の在り方の類型として提示された「見識ある市民」に関しては、Aという分野では見識ある市民であるがBという分野では見識ある市民ではない、といった言い方は成り立たない。見識ある市民という知の在り方は、あらかじめ画定されてそこにあるいかなる領野も前提にしてはおらず、それゆえに、見識ある市民は他の二つの類型とは根本的に異なっているからである。

見識ある市民は自らが可能性として無数の準拠枠に開かれていることを知っている。そうした見識ある市民の前には、あらかじめ確定されて与えられている目的もなければ、自らの領野を画定する固定された境界線も存在していない。それゆえに、見識ある市民は――専門家や市井の人であれば、すでに選定され画定されて与えられている複数の選択肢のなかから、ただ単に選択しさえすればよいのとは違って――自らの関心を選定・構成し選択しなければならず、そうすることによって自らの行為と思考の準拠枠を選定・構成し選択しなければならない。見識ある市民は自らの依拠するレリヴァンス体系を自明視したままで受け容れることはできない。見識ある市民は固有内在的な諸々のレリヴァンス領帯を探究すると同時に、現実の、あるいは潜在的な賦課的レリヴァンスの起源について、可能な限り多くの知識を収集しなければならないのである（cf. *ibid*, 130-131［184-185］）。

このように考えてくれば、見識ある市民が専門家と市井の人の「あいだに立つ」ということの意味が明らかになってこよう。ここで両者の「あいだに立つ」という場合、それは――たしかにそのように誤解されかねない表現であるが――一方の極に「明晰・判明な学知」が想定され、他方の極に「錯綜した曖昧な日常知」が想定されているような平面の上にある、半ば明晰・判明で半ば曖昧な、その意味で擬似-学知的で擬似-常識的な「中間」を意味しているわけでは決してない。見識ある市民とは、単なる素人とは違って何事に対しても一家言もっている、だが、その道の専門家ほどには「正確」で「詳しい」知識をもってはいない、そうした意味で、両者の「あいだに立つ」、たとえばディレッタントと同義ではないのである。

われわれがシュッツの記述に寄り添いながら特徴づけてきた見識ある市民の観点から言えば、市井の人と専門家とは同一の平面に立っていると言わねばならない。両者はともに、自らが拠って立つレリヴァンス体系を自明なものとしてあるがままに受け容れ、それ以外の可能性をすべて排除することに——すなわち、前者は「自然的態度のエポケー」に、後者は「科学的態度のエポケー」に——その存在の基盤を置いているからである。それに対して見識ある市民は、それとは逆に、自らの拠って立つレリヴァンス体系それ自体に反省の眼を向けること、すなわち、それを対象化し相対化することによって、別の可能性への道を拓くことをその特徴としている。われわれが先に、見識ある市民は他の二つの類型と根本的に異なっているといったのは、まさしくこうした事態のことを言っていたのである。

七　むすびにかえて

ウェーバーは文化科学の試みを或る先験的条件のもとで開始しようとしていた。「われわれは、世界に対して意識的に態度を決め、また世界に意味を与える、そうした能力と意思とを備えた文化人（***Kulturmenschen***）である」（1904:180［93］）というのが、それである。そうした前提から出発する彼は、それゆえに文化科学の方法的道具としての理念型の恣意性を排除するための規準として、文化価値ないしは文化的意義という客観的で実体化されたカテゴリーを導入することになった。それに対して、シュッツの定式化した社会科学的構成概念のための諸公準が社会科学者に要請していたのは、見識ある市民という知の在り方を模索することであった。

われわれは、ここに、すなわち「文化人」から「見識ある市民」への転換のなかに、ウェーバー社会学を根源化しようとするシュッツの試みのひとつの側面を見ることができる。この根源化は、ひと言で表現すれば、「純粋性」の意味転換にあると言ってよい。あるいは「純粋性」という用語の代わりに、「本質」という用語を用いる方がより適切かもしれない。ウェーバーにとっては、無限な実在のなかから文化的に意義あるものとして選択された有限な部分のみが、知るに値するという意味で「本質的」なものであった（*ibid*, 170-171［73-74］）。それに対してシュッツは、知覚された具体的なものを想像の上で様々に変化させてみてもなお変わることのない特性のセットのことを、その知覚された具体的対象の「本質的特性」、すなわち「エイドス」と呼んでいる（Schutz, 1945d:114［193］）。

それゆえにまた、われわれはウェーバーの理念型論において重要な位置を占める「思考実験」から、シュッツあるいは現象学における「イデアチオン」への転換のなかに、シュッツによるウェーバー社会学の根源化の様相を見ることもできる。ウェーバーにおける「思考実験」は、「行為の格率」としての「経験諸規則」や「思考習慣と感情習慣」によって導かれるものであり、しかも、それらの「規則」や「習慣」は、すでに確立されてそこに在り、したがって経験的、帰納的に導出され得るものと想定されているのに対して、シュッツにあっては、それらの経験規則や思考習慣、感情習慣それ自体がまさしく探究の主題になる。しかも、それらがそこに在るという観点からではなく、それらがわれわれの前に現われてくるという観点から、それらを探究の主題にしようとする。それらのいま在る在り方を括弧に入れることによって、いま在る在り方とは別の在り方をも探究の対象にしようとするのは、まさしくいまの現われを、それらがわれわれに現われているがままに記述するための方法的工夫なのである。

こうした転換の意義は、もちろん、ただ単に理論的（あるいはメタ理論的）レヴェルにのみ限定されるわけではない。われわれはこの転換の含意を経験的なレヴェルにおいても見出すことができる。こうした論点へとさらに議論を進めていくこと、たとえば——より一般的に——実際の「知の在り方」や「知の伝達の在り方」をめぐる議論を展開すること、あるいは——よりシュッツに関連づけて——「平等」問題における見識ある市民という知の在り方をめぐる議論を展開すること、これが本論に続くわれわれの次の課題となる。

＊本論は一九九九年十月八日から九日にかけてオレゴン大学で開催された「シュッツ生誕百年記念国際シンポジウム」で報告された論稿 “Some Implications of Schutzian Methodological Postulates for the Scientific Constructs”に基づいている。

(1) シュッツの「レリヴァンス」概念に関する私の考えについては、拙稿（那須、一九九九b）を参照願いたい。

(2) ここで「探究のレヴェル」とは、「考察中の問題に関係あるものとないものとの境界を表わすひとつの表現」（Schutz, 1945b:249［62］）のことを意味する。そうした意味での「レヴェル」を科学者自身が措定することによって探究の領野の統一性を確保することまでをも要請する、レリヴァンスの公準をその下位公準として含んだ広義の論理一貫性の公準は、シュッツのパーソンズ批判――すなわち科学による常識の「密輸入」と「忘却」という批判（那須、一九九七、第二章を参照）――を支えるひとつの論拠になり、さらには、デカルト以来、科学性を保証するための公準とみなされてきた「明晰・判明性」の意味転換をも含意していると言ってよい。この点に関しては、シュッツの諸公準それ自体をテーマにしている拙稿（Nasu, 1999a）のなかで議論している。

(3) シュッツによるウェーバー社会学の検討は、「意味」概念の検討をもって始まる（cf., Schutz, 1932:Chaps. 1-3［15-192］）。なお、両者の意味概念の違いに関しては若干議論したことがあるので、拙稿（那須、一九九二）を参照願いたい。

(4) もちろん、行為者の「動機」を――パーソンズがそうしたように――「規範的志向性」に還元して論じた場合には、ここでの立論はまったく意味をなさなくなる。この点に関しては、拙稿（那須、一九九七）のとくに第五章を参照願いたい。

(5) トマス・エベーレ（Eberle, 1999）は、「適合性の公準」についてのシュッツの定式化の仕方がそれぞれの論稿で微妙に違っている点に光を当てた興味深い議論を展開しているけれども、彼のその議論に踏み込む余裕はここにはない。

(6) いま議論している論点を際立たせるために、別の論点に関係する位相をここでは省略した形で表現しているけれども、この部分はより精確には、「行為者にとっては外在的な、だが当の研究者にとっては内在的な」と言うべきである。この点を確認することによって、シュッツにとってのレリヴァンス問題の前には、ウェーバーの「価値自由（Wertfreiheit）」の問題への展望が開けていることが明らかになろう。

(7) この問いは、「同時に満たすことは原理的に可能であるのか否か」という問いと、「原理的に可能であるなら、具体的にはいかなる方法によって実際に可能なのか」という二つのレヴェルに分けて考えるべきであるが、ここではとりあえず議論を後者に限定する。なお前者の問いに関しては、以下で若干議論している。那須（一九九七）の第二章、第七章、ならびにNasu（1999a）。

参考文献

Eberle, T., 1999, “The Contribution of Schutz's Life-World Analysis to the Methodology of the Social Sciences”, paper presented at Internationale

Konferenz anläßlich des 100 Geburtstages von Alfred Schütz, University of Konstanz, May 26-29.

Gurwitsch, A., 1962, "The Common-Sense World as Social Reality".（引用は、A. Schutz, *Collected Papers,* vol. 3, Nijhoff, 1966［渡部・那須・西原訳『シュッツ著作集』第四巻、マルジュ社に所収の「序文」］による）。

那須　壽、一九九二、「A・シュッツにおける行為理論の構想」、『早稲田大学大学院文学研究科紀要』三七、六一－七四頁。

———、一九九七、『現象学的社会学への道——開かれた地平を索めて』恒星社厚生閣。

Nasu, H., 1999a, "Between the World of Everyday Life and the World of Scientific Theory", paper presented at Internationale Konferenz anläßlich des 100 Geburtstages von Alfred Schütz, University of Konstanz, May 26-29.

那須　壽、一九九九b、「レリヴァンス現象の解明に向けて——シュッツ理論継承のために」、『文化と社会』創刊号、マルジュ社、六〇－八五頁。

Schutz, A., 1932, *Der sinnhafte Aufbau der sozialen Welt,* Springer.［佐藤訳『社会的世界の意味構成』木鐸社］。

———, 1940a, "Phenomenology and the Social Sciences".（引用は、A. Schutz, *Collected Papers,* vol. 1, Nijhoff, 1962, pp.118-139［渡部・那須・西原『シュッツ著作集』第一巻、マルジュ社］による。以下、本書は *CP1*［『著作集１』］と略記する）。

———, 1940b, "The Problem of Rationality in the Social World: A Lecture Delivered at the Faculty Club of Harvard University".（引用は、A. Schutz, *Collected Papers,* vol. 4, Kluwer, 1996, pp.6-24 による。以下、本書は *CP4*と略記する）。

———, 1943, "The Problem of Rationality in the Social World".（引用は、A. Schutz, *Collected Papers,* vol. 2, Nijhoff, 1964, pp.64-88［渡部・那須・西原訳『シュッツ著作集』第三巻］による。以下、本書は *CP2*［『著作集３』］と略記する）。

———, 1945a, "The Paradox of the Transcendental Ego", in *CP4,* 190-192.

———, 1945b, "On Multiple Realities".（引用は *CP1,* pp. 207-259［渡部・那須・西原訳『シュッツ著作集』第二巻、マルジュ社］による）。

———, 1945c, "Choice and the Social Sciences", in *Life-World and Consciousness,* ed., L. Embree, Northwestern University Press, 1972, pp.564-590.

———, 1945d, "Some Leading Concepts of Phenomenology".（引用は *CP1,* pp.99-117［『著作集１』］による）。

———, 1946, "The Well-Informed Citizen: An Essay on the Social Distribution of Knowledge".（引用は *CP2,* pp.120-134［『著作集３』］による）。

———, 1953, "Common-Sense and Scientific Interpretation of Human Action".（引用は *CP1,* pp.3-47［『著作集１』］による）。

———, 1954, "Concept and Theory Formation in the Social Sciences".（引用は *CP1,* pp.48-66［『著作集１』］による）。

———, 1957, "Equality and the Meaning Structure of the Social World".（引用は *CP2,* pp.226-273［『著作集３』］による）。

———, 1960, "The Social World and the Theory of Social Action".（引用は *CP2,* pp.3-19［『著作集３』］による）。

———, 1970, *Reflections on the Problem of Relevance,* Yale University Press.［那須・浜・今井・入江訳『生活世界の構成』マルジュ社］。

Weber, M., 1903-1906, "Roscher und Knies und die logischen Probleme der historischen Nationalökonomie".（引用は Max Weber, *Gesammelte*

Aufsätze zur Wissenschaftslehre, 4 Aufl. J.C.B. Mohr, 1973［以下 *WL*と略記する］, SS.1-145［松井訳『ロッシャーとクニース』1-2、未来社］による)。

———, 1904, "Die 〉Objektivität〈 sozialwissenschaftlicher und sozialpolitischer Erkenntnis"（引用は *WL,* SS. 146-214［富永・立野訳（折原補訳）『社会科学と社会政策にかかわる認識の〈客観性〉』岩波文庫］による)。

———, 1920 *Wirtschaft und Gesellschaft,* J.C.B. Mohr.（引用は 5 Aufl. 1972 による）［清水訳『社会学の根本概念』岩波文庫］。

第五章　ニューヨークのシュッツと現象学

――五〇年代シュッツ現象学的社会学の新地平――

西原和久

西原和久（にしはら・かずひさ）

1950年　東京都生まれ

　　　　早稲田大学大学院文学研究科（社会学専攻）博士課程単位取得終了

現　職　名古屋大学大学院文学研究科教授

著　書　『社会学的思考を読む』人間の科学社，1994年

　　　　『意味の社会学 ── 現象学的社会学の冒険』弘文堂，1998年

　　　　『現象学的社会学は何を問うのか』（共編著）勁草書房，1998年，ほか

一九三九年に渡米したシュッツは、亡くなるまでのほぼ二〇年をニューヨークで過ごした。四〇年代、五〇年代のニューヨークである。マンハッタンのセントラルパークの隣にあったシュッツの定住先は、交通機関を使えば、勤務校のニュースクール（New School for Social Research）のみならず、コロンビア大学などもすぐ近くであった。シュッツの教え子、M・ナタンソンによれば、夜間の大学院の授業から帰宅したシュッツは、そのままピアノに向かうことも少なくなく、ときには歌も歌ってみせたという（西原〔一九九七：一〇〕）。

ファシズムが吹き荒れた一九三〇年代はいうまでもなく、時代はいつの時代もすべて興味深いといえばいえる。この四〇年代、五〇年代という二〇年にわたる時代もまた、ニューヨークのシュッツおよび現象学的社会学にとって――そしてとくに本論ではその後半の一〇年間に着目したいのであるが――は、いろいろな意味で興味深い時代であった。この時期のシュッツの知的活動を通して現象学的社会学の新地平を描いてみたいと思う。

一　五〇年代ニューヨークのシュッツとアメリカの思索者たちとの対話

四〇‐五〇年代という時代は、本論の視点からみれば、次のことに着目できる。まず第一に、第二次大戦が終結をむかえ、「よそ者」たる「亡命者」を受け入れた「プラグマティスト」の「市民」社会である戦勝国アメリカを核に、資本主義側の秩序が再構成された時代であること。第二に、戦後ヨーロッパでは「ファシズム」後の再建が問われ、アメリカ国内では戦地からの「帰郷」といった事態や、社会問題としての公民権運動・人種差別問題、「平等」が大きな争点になりはじめていた時代であること。第三に、アカデミズムに目を向けると、戦後世界の「社会学」がパーソンズ機能主義を柱としてアメリカ中心に新しい展開を示しはじめたと同時に、ヨーロッパとくにフランスを中心に「現象学」も新しい展開を示しはじめる時期であったこと。これらの事態を、亡命者シュッツはすべて論題にしているといってよい。第四に、五〇年代は、それに続く六〇年代という新しい知の変動（西原〔一九九八〕のⅡ章参照）の扉を開く時期でもあったこと。それは、思想界の多様な新思潮を生み出す契機となると同時に、六〇年代以降、本格的にシュッツに影響を受けた社会学がアメリカ社会学の一部で注目され受容され始める時代でもあり、さらにまたそれが、八〇年代の統合的な社会学理論の一部（「主観主義的社会学」）として受け継がれるといった流れを生み出すスタートの時期でもあった。しかしながら、六〇年以降のアメリカ社会学を中心とする社会学の歴史は、はたしてシュッツ現象学的社会学の可能性の中心を的確に捉えてきたであろうか。

本論は、シュッツ研究の進展のなかで新たに示されてきた資料をも参照しながら、五〇年代のシュッツに焦点を当て、ニューヨーク在住期にシュッツが内外の思索者たちと交わした「対話」を媒介として、この時期のシュッツが目指そうとしていた方向を明るみに出す作業である。それは、「一人称的社会観」（下田〔一九八一：七八〕）といった主観主義的に了解されがちであったシュッツ現象学的社会学像を再検討するものであると同時に、アメリカ社会学におけるシュッツ受容の歴史にも再検討を迫る契機になると思われる。

そこで、この「再検討」に関してまず、「亡命者」シュッツ内在的にいえば、渡米後のほぼ二〇年間は、彼自身においてアメリカ哲学、アメリカ社会学との対話の時期でもあり、また同時に戦後世界で蠢きだした現象学の進展をふまえた新しい段階の現象学的思潮の展開期でもあったことを確認しておきたい。それゆえ、この時期が現象学的社会学にとっては、その後のこの思潮のあらためての出発点となる時代であったのではないだろうか。本論の着目点はこの点にある。そのため、この時期のシュッツ現象学的社会学の内実を追うことが本論の課題となるのである。

筆者はこれまで、この時代におけるシュッツの思考の「微妙な」変化を、現象学的社会学の五〇年代における新地平として切り出してきた経緯がある（西原〔一九九八〕のⅢ章参照）。それゆえ、この論点の細部を本論で繰り返すことは避け、その要諦のみここで簡単に言及しておこう。それは、この時期、音楽論への着目にあらわされるような「間主観性」ないしは「社会的な相互行為」への着目が核心となる社会理論の再構成がシュッツによって目指された、と要約できるだろう。とりわけ、後から振り返ってみて、一九四八年から五一年にかけてのシュッツの新しい著作の企図と実行とその挫折が、シュッツにとっての大きな転機となったとみるわけである。(1) われわれ現代の社会学徒がいかなる点をシュッツのこの「新地平」から学びうるのか、という点を念頭に置いて、以下検討を加えていきたい。

さてシュッツは、よく知られているように、ヨーロッパで知的訓練を受けて興味深いヴェーバー研究と行為論を展開していたパーソンズとしばしば往復書簡で議論した。その議論内容については内外ですでに多くの検討がなされているので立ち入らないが、渡米前後からシュッツとアメリカの思索者たちとの本格的「対話」は始まっていたことを確認しておきたい。シュッツは、ヴェーバー社会学に関心を持ち、ベルクソンとフッサールに影響を受け、三二年に『社会的世界の意味構成』を出版したのちも、現象学の強い影響圏のもとで社会科学の基礎づけへの志向を失わずにいた。そして、渡米前には、「現象学的哲学はなによりもまず人間の哲学である」（Schutz〔1996:106〕）と明言しつつ、現象学を核に社会科学の検討を志向していた。それゆえ、シュッツが渡米後すぐにさまざまな思索者との対話に積極的に向かっていったのは、いわばその関心からみて当然のことであった。さらにこの志向は、本論がまずもって着目する次の論点とも密接に絡み合う。すなわち、上記と同じ文献のなかで、渡米直前のシュッツは次のように書いている。「一方で、超越論的現象学は、生活世界の構成を超越論的主観性の所産に限定する。他方で、それははじめから、この生活世界の共同構成要素として、そしてそれによって、あらゆる文化科学と社会科学の根本現象の共同構成要素として、他我を同時に措定するのである。かくして、後者の命題は、前者の第一の命題のもつ独我論をいかにして克服するのか、ということを論証する課題をもっているのである」(Schutz〔1996:107〕:強調はシュッツ)。

哲学と社会科学(あるいは現象学と社会学)、独我論とその克服の理路(あるいは主観性論と間主観性論)など、ニューヨークのシュッツに対して、こうした両義的な文脈、ないしは、やがてシュッツが明確に表明することになる「中間領域」(2)からみた二項間(両睨み!)の重要検討課題が待ちかまえていた。

だが、不幸にも四〇年代初頭のパーソンズとの対話は不首尾なうちに終わった。四五年公刊の「多元的現実について」という論考は、ガーフィンケルやゴフマンなどそれなりにアメリカの社会学者に大きな影響をあたえたものだが、むしろ、その後の四〇年代半ばから五〇年代初頭のシュッツの仕事は、次なる段階へ向けた大いなる助走の時期だと表現できるのかもしれない。事実、その時期のシュッツは、いくつかの論考を未完成のままに止めねばならなかったし、完成させた論文においてもしばしば末尾において今後解かれるべき課題を呈示せざるをえなかった。別の言い方をすれば、こうした時期は、かつてニュースクール着任時にアルヴィン・ジョンソン学長に言われたように、現象学はアメリカの学生には難しいので直接教えないようにといった趣旨の助言のもと、シュッツがアメリカのさまざまな知的潮流との「対話」に努めた時期なのかもしれない。

シュッツは、アメリカのいわゆるプラグマティスト哲学者(ジェームズ、デューイ、ミードら)と積極的に(時間を超えた)対話をおこなった。たとえば、シュッツは四〇年代早々に、フッサールも着目していたW・ジェームズの議論が現象学と近しいという観点から論考を公刊した(Schutz〔1966=1998〕)。また、ジェームズの知識論もシュッツによってしばしば引用されるし、多元的現実論の展開においてはジェームズ『心理学原理』での「下位宇宙」との議論の近縁性があることも比較的よく知られているであろう。シュッツはジェームズをかなり好意的にみていた。J・デューイに関しても、ほぼ一貫して高い評価を下している。デューイの『人間性と行為』は行為を論じるさいにシュッツが好んで引用する文献であった。だが、この二人を含むプラグマティズム全体の思潮[3]の評価に関しては、もう少し複雑な思いがあったようだ[4]。

たとえば、この「対話」が進んだと思われる五〇年代の初頭の論文でも、シュッツは、「ラディカル・プラグマティストは誤っている。なぜなら、ラディカル・プラグマティストは、動機的関連性の体系がわれわれの知識を支配する唯一のものだと考えており、また、行為をあまりにも狭い意味で、しかもしばしば生物学的欲求（needs）とその満足という観点から解釈するからである」（Schutz〔1996:68〕）、と述べている。この視点は、シュッツがニュースクールで講義を始めた四三年の時点でも同様であった。「行動主義に関するノート」と題された講義ノートで、シュッツは行動主義を観察者自身の問題を扱えないものとして、四点にわたり批判する[5]。その論旨は、ラディカル・プラグマティスト批判と重なり合うとみてよい。

この点との関連でいえば、G・H・ミードに関しても、シュッツは四五年の論文「多元的現実について」では、ミードの「刺激－反応図式の無批判な使用法」を批判していた（Schutz〔1964:223=1985:30〕）。しかしながら、シュッツのミード観は、時代とともに微妙に変化している。一例をあげれば、五二年のフェーゲリン宛の手紙で、シュッツはフッサール、ホワイトヘッド、マルセル、リクールとならんで、ミードにも高い評価を下している（Schutz〔1996:222〕）。シュッツはまた、ミードの主我と客我に関する自我論や「操作領域」の議論を早くから評価していたが、その後ミードの（「現在」を核とする）時間論も高く評価するようになる。ここでは先に挙げた観察者の問題や「刺激–反応図式」にみる批判が微妙に変化する一例をあげておこう。「ジョージ・H・ミードがすでに指摘していているように、行動主義は……観察する行動主義者の行動を説明できない」（Schutz〔1962:54=1982:116〕：傍点は引用者）。この五三年の論考でシュッツはミードをたんなるラディカル・プラグマティストや行動主義者とは見なくなるどころか、高い評価を下すようになるのである。われわれは、シュッツのこうした微妙な変化をどう考えればいいのだろうか。ちなみに、シュッツの指導のもと、当時の大学院生ナタンソンは五六年にミード論（邦訳『G・H・ミードの動的社会理論』）を公刊したことを付記しておいてもよいだろう(6)。

こうした「微妙な変化」は、アメリカの思索者たちとの「対話」の深まりによってシュッツのそれまでの誤解が解消するという点があったにせよ、他方でシュッツ自身の思索の進展、もう少しドラスティックにあえて表現すれば、シュッツ思想の「変容」とでも呼ぶことができるような変化が、シュッツ自身にも生じていたことの現れであると言えるのかもしれない。次節では、この点に論及してみよう。

二　五〇年代のシュッツへ——知と身体という問題圏へ——

さて、シュッツの思想は後期、とりわけ五〇年前後から少しずつ変化してきたのではないかというのが筆者の持論であった。もちろん、生涯を通じて変わらぬ点が多々あるのはいうまでもない。しかし逆に、思索者の生涯を通じてその思想に何も変化がないというのもおかしなことだろう。その進展・変化の側面に光を当ててみよう。典型例は、フッサールに対する評価である。五〇年代、シュッツはフッサール批判の言葉を本格的に語り始める。

その変化の予兆は四〇年代中頃からあった。音楽論、サルトル論、関連性論などが鍵である。筆者自身がすでに強調してきたように（西原〔一九九八〕のV章参照）、「音楽」にたんなる趣味以上の哲学を読みとっていたシュッツが、いわゆる「初期草稿」（Schutz〔1981〕）以来、あらためて「音楽の現象学」に取り組んだにもかかわらず、四四年の音楽論文は、「リズム」を考察すると明言しながら断筆される（Schutz〔1996:274〕）。さらに、四八年刊行のサルトル論文では、相互に「波長を合わせる関係」（以下場合に応じて「相互同調関係」とも表記する）が問われなければならないと語られて幕が下ろされる。そして、四八年八月に着手された『関連性草稿』（Schutz〔1970=1996〕）は、五一年には中断される。ちなみに、この構想は、著書のタイトル風に訳せば、「自明性の世界——自然的態度の現象学に向けて——（The World as Taken-For-Granted: Toward a Phenomenology of the Natural Attitude）」（Schutz〔1970: viii〕）とでも表せる五部構成の研究であり、実際に書かれたのはその第一部の未完成の草稿だけであった。なお、その五部も各々タイトル風に示しておけば、第一部：関連性問題序説、第二部：人間行為の世界、第三部：社会的世界と社会科学、第四部：多元的現実、第五部：問われえない世界と科学の問題、と表せるであろう（Wagner〔1984:95〕）。この企図の中断理由の解明それ自体が筆者にとっては興味のあることだが、ここではシュッツがその草稿のなかで語った興味深い一節に目を止めて、筆者の主張の一端を述べておきたい。

ここで着目する一節は、この草稿の成書化された著作の第三章末尾近くで示される見解であって、その前までに一通り三つの関連性（後述）の概念規定とそれらの相互依存性を論じたあとであり、しかも、その後の第四章の「発生的解釈」や第六章の「構造的解釈」を論じる前のことである。少し長いが、引用をおこなってみよう。「本研究の「書かれていない」第三部は、人と人との多様な関係、コミュニケーションの問題、自分だけでなく他の人びとによっても自明視されている世界のなかで他の人びととともに素朴に生きている人びとが経験している、さまざまな形態の社会的、文化的組織、これらを研究することに当てられるであろう。間主観性という概念が導入された時点では、諸々の関連性概念とそれらの相互依存性［に関する第一部でこれまで書かれた論考］は、すぐさま全面的な書き改めがなされねばならないだろう」（Schutz〔1970:73-4:1996:116〕：［　］内の補足と強調は引用者）。

もちろん、この「全面的な書き改め」はなされなかったわけだが、その書き改めは何を主張しようとしたものなのか。この点は、シュッツ自身が上記の引用文のすぐあとに書き添えている次の一節で明らかになる。すなわち、「自明視されている世界は私の私的世界ではないし、関連性体系もまた、その大部分が私的な体系ではない。知とは、はじめから社会化された知であり、それゆえ関連性体系と自明視されている世界もまた、社会化されている。われわれが、自我なるものの生活史的に規定された状況に関する問題を取り上げる際には［成書の第一部第七章を指すと思われる――引用者］、のちになされるそうした研究の成果を先取りしなければならないであろう。なお、この生活史的に規定された問題は、間主観性の問題に言及することなしには、たとえ部分的にであれ分析することはできないのである。」（Schutz〔1970:73=1996:116-7〕：［　］内の補足と強調は引用者）

その現行成書の第七章の内容は、認識のより基底にある「大地」（「根源的方舟」）という後期フッサールの概念への言及、前述語的な根本的《ファンダメンタル》関連性と社会組織的な基本的《ベーシック》関連性の区別、「身体」や「リズム」の強調など――こうした論点の多くはすでに筆者も触れているのでここでは省略するが――たいへん興味深いものである（Vaitkus〔1991=1996〕，西原〔一九九九〕参照）。しかし、以上の引用で、関連性の問題とともに、コミュニケーションや間主観性の問題が中心論点だと明言されていた点にわれわれは着目することができるであろう。

そこで、次節との関係もあって、上述の関連性概念とかかわる「知」の問題に言及しておこう。シュッツは、日常的な生活世界に生きる人びとの（自然的態度における）知識のあり方を検討したことは間違いない。ただし、ここでいう「知識」には、ジェームズに示唆を受けた盲目的信念から十分な確信をもった信念に至るまでのさまざまな信念なども含むかなり広い意味で用いられている。と同時に、この知識論には、「知識の等高線」という知の布置連関に関する知識社会学的議論なども含まれており、かなり射程の広い議論である。そこで、ここでは知識という狭い意味で取られる恐れのある語を避けて、「知」という表現を主に用いることにしておきたい。

知は、シュッツのおこなったように、(a)①身体や外的世界や他者などの存在に関する実存知（existential knowledge）と、②技能や習慣としてルーティン化した知とからなる「すでに手中にある知識」（knowledge in hand）と、(b)③必要があれば利用可能な「すぐ手許にある知識」（knowledge at hand）とに区別されるだろう。たとえば、外国語に関して知識として詳しく知ってる場合は③に近く、それを実際に自由に道具のように活用できる場合は②に近い。さらにシュッツは、④「手近にある」（on hand）いわば客観的事物の知についても語るが、それを含めて知の概念はシュッツ理論にとって要石である。そうした各種の知に基づく日常的な生活世界の構造を解明することがシュッツによって目指されたのである。そこで、シュッツ「知の理論」の他の主要点も、本論に必要なかぎりで触れておくことにしたい。

まず、シュッツは知の働きの機制を解明しようとした。それがわれわれの関心や選択にかかわる関連性論《レリヴァンス》と呼ばれるものであった。そこでは、動機的関連性、主題的関連性、解釈的関連性が区別されるが、要するにその骨子は、人がそれまで自明であったことを、何ゆえに（動機）、問題として（主題）、解明（解釈）するのかについて、そのそれぞれの機制が問われたのである。その場合、問いの契機としての動機的側面が重要であり、シュッツはそれをプラグマティズムに由来する用語である「問題状況」と絡めて論じる。しかし、一方で、ある対象を知のストック（知の集積）を中心とする解釈図式に従って解明することがシュッツ「知の理論」にとって議論の要となりつつ、だが他方、その知の集積自体が動機づけの基礎ともなるし、その動機が主題の設定にも関わるし、解釈図式の発動自体もまた主題に影響されるというように、そこには種々の相互依存関係がある。以上の論点が先の『関連性草稿』の第三章までの議論の核心であった。

ところで、知のメカニズムが自動的に動いている際はとくに問題状況があらわれずに、「自明性の世界」が展開されている。それは「自然的態度のエポケー」によるとして、それまでのシュッツによって着目されていた。さらに、そうした知は、各自の生活史において親や教師から学ぶなどして社会的に獲得され、そのような経験が沈澱して知のストックを形成しているという社会性がある一方で、だが社会学的にみれば、知の分布は専門家から市井の人に至るまで多様であって、知はいわば社会的に配分されているという社会性の側面もシュッツが強調したことである。この点で、シュッツが専門家と市井の人との「中間」にいる見識ある市民（well-informed citizen）に着目した点にも興味がひかれる。だがそれ以上にここでは、シュッツが知と類型化を語った点に着目しておきたい（西原〔一九九八〕のⅥ章参照）。

知は、発生的に社会化されている。しかもそれは、「類型」的なあり方をしている。この点もシュッツによって強調されたことである。類型化、それはある対象を捉える（解釈する）際には、類型的に「〜として」捉える類型化（typification＝タイプ化）という認識のあり方を示すものであると同時に、われわれの知のかなりの部分が修正しがたく固定的だという意味で類型的なあり方をしていることをも示している。その際、言語が類型化の宝庫であることをシュッツは指摘するが、類型化は有機体としての身体の働きであることも忘れてはならないだろう。それは言語以前のいわば前述語的な「実存知」の一角を形成する。

だが、われわれはこうした知の議論が、以上の指摘だけで完結するものかどうかと問うてみることができる。換言すれば、発生的社会化あるいは間主観性の十分な議論なしで、どこまでわれわれは知を論じうるのだろうかという問いである。シュッツの先の「全面的な書き改め」発言は、この点に気づいていたことの現れではないだろうか。おそらくシュッツの念頭にあったのは、のちの五七年一二月七日付けのグルヴィッチ宛の手紙で示されたシュッツ自身の関心＝「シュッツ問題」――社会化と間主観性の始まりの問題――が絡んでいる（Grathoff〔1985:420=1996:443〕）。そして、そのことは実は『関連性草稿』でも示唆されていたことだったのだ。この点に関する論考についてもうひとつの傍証といいうるシュッツの研究例として、フッサール超越論的現象学の成果『イデーンⅡ』の問題に触れておきたい。

超越論とは、哲学ではいろいろ議論があるが、少なくともここで筆者は、フッサールが『危機書』二六節でのべた「始元へと立ち返る」動機のことと了解しておく。そのうえで、後期シュッツがこだわるのは、述語化以前の層、つまり「前述語的」領域の問題である。類型化に着目したシュッツは比較的早い段階から、フッサール『経験と判断』での「前述語的な類型化」の議論に目を止めていた。この点は、シュッツがフッサールの、形式論理学ではない「超越論的論理学」に目を止めた論点と同一のものだ。超越論的論理学とは、前述語的領域での論理を扱ったもののことである。だが、フッサールにおいて間主観性の問題は『イデーンⅡ』で論じられることになっていた。それがようやく五二年に成書化されてフッサール全集で刊行された。後述するように、シュッツはその書をただちに読むが、フッサールにおける間主観性の問題への答えを期待していたシュッツにとって、その内容は失望をもたらすものであった。なぜであろうか。この問題は、シュッツ自身および現象学自体の進展を抜きには語れないように筆者には思われる。そこで、やや遠回りに思われるかもしれないが、次節でフッサールの影響を受けたヨーロッパ現象学の展開に関するシュッツの議論を挟むことで、この間の消息を追っておくことにする。

そのために再度、時間的な経緯を想起しておこう（年表、参照）。四四年の音楽論文の中断。四六年の「市民」

論文、および四八年のサルトル論文での「相互同調関係」への言及（後注（8）を参照されたい）。同じく四八年からの『関連性草稿』の着手。さらにその関連性論の執筆中の五〇年の「言語障害」論文でのさまざまな現象学者への論及。そして五一年、シュッツは論文「音楽の共同創造過程」で明確に「相互同調関係」を強調しながら基底的な社会関係を検討しつつ、だが、その年に『関連性草稿』は断筆されている。にもかかわらず、さらにシュッツは、サンタヤーナ論[7]と『イデーンⅡ』などの研究へと努力を続ける……。こうした経緯に加えて、メルロ＝ポンティと彼に対する「怒り」を表明する親友グルヴィッチを挟んだ、メルロ＝ポンティへのシュッツの微妙なスタンスの問題もさらにここに絡まり合う（後述）。

……いったいこの時期のシュッツが求めて

[年表：本論関連の「ニューヨークのシュッツ」主要著作リスト]
40：現象学と社会諸科学（CP1）
41：ウィリアム・ジェームズの現象学的意識流の概念（CP3）
42：シェーラーの間主観性理論と他我の一般定立（CP1）
43：社会的世界における合理性の問題（CP2）
44：よそもの——社会心理学試論——（CP2）：音楽の現象学に関する断章（CP4）
45：帰郷者（CP2）：多元的現実について（CP1）：現象学の主要諸概念（CP1）
46：見識ある市民——知識の社会的配分に関する試論——（CP2）
48：サルトルの他我理論（CP1）：関連性草稿：執筆開始（-51）
50：言語・言語障害・意識の組成（CP1）
51：行為の企図の選択（CP1）：音楽の共同創造過程——社会関係の研究——（CP2）
52：サンタヤーナ——社会と統治について（CP2）
53：人間行為の常識的解釈と科学的解釈（CP1）：フッサールのイデーンⅡ（CP3）
：現象学と社会諸科学の基礎づけ——フッサールのイデーンⅢ（CP3）
54：社会科学における概念構成と理論構成（CP1）
55：ドン・キホーテと多元的現実の問題（CP2）：シンボル・現実・社会（CP1）
56：マックス・シェーラーの哲学（CP3）：モーツアルトと哲学者たち（CP2）
57：フッサールにおける超越論的間主観性の問題（CP3）
：平等と社会的世界の意味構造（CP2）：シェーラーの認識論と倫理学Ⅰ（CP3）
58：シェーラーの認識論と倫理学Ⅱ（CP3）：責任というの概念の多義性（CP2）
：経験と超越（CP4）：地平の概念について（CP4）
59：社会諸科学に対するフッサールの重要性（CP1）　[CPとは原書著作集のこと]

いたものとは何だったのであろうか。それは、一言でいえば、身体の問題、あるいはより正確にいえば、間身体性を含む間主観性問題の解決への努力ではなかったであろうか。そこで、サルトルやメルロ＝ポンティに焦点を合わせながら、五〇年代シュッツの方向性をより詳細に検討してみることとしたい。

三　シュッツとヨーロッパ現象学——サルトルとメルロ＝ポンティ——

四〇年代、五〇年代、現象学は大きな展開を見せた。三八年にフッサールが没した後、時代はまもなく世界大戦に突入する。二七年刊行のハイデガー『存在と時間』はもちろん現象学にとって大きな出来事であったけれども、戦時前後の他の現象学者の動きも特筆すべきことだろう。とくにレジスタンスに加わったサルトルやメルロ＝ポンティ、そしてその後の二人のさまざまな政治運動を含む「現象学運動」（スピーゲルバーク）は、現象学が時代を担う思想として注目されるものであった。シュッツ自身は、「実存主義」それ自体にはコミットしていないが、「実存主義者」サルトル、および現象学者メルロ＝ポンティにはかなりの注目をしていた。

まず、サルトル（一九〇五―一九八〇）に関しては、シュッツが四八年にサルトル論を著していることはすでに触れているし、またそこでシュッツが相互に「波長を合わせる関係」に言及していることも触れておいた。ここでは後述との関係で、あらためてそのサルトル批判の要点だけを確認しておきたい。主としてサルトルの『存在と無』の内容を要約したのちに、シュッツはそれに批判的考察を加える。主要な論点は、第一に、サルトルにおいて他者把握の唯一の出発点、つまりサルトルにとっての主観が、「デカルト的コギト」（Schutz〔1962:197f.=1982:300f.〕）である点であり（独我論という「デカルト的悪魔」という語をシュッツは別の箇所で述べていた（Grathoff

〔1985:420=1996:443〕)、第二に、サルトルの言う、私が他者を経験することと他者が私を経験することという相互交換可能性論が、「先決問題要求の虚偽（petito principii）」、つまり、証明を要する一般的原理を証明なしに前提として立てる虚偽を犯していること（Schutz〔1962=1982:302〕）、以上の点に集約できるであろう。

サルトルの有名な鍵穴の例に見られるように、鍵穴から他者に見られていることに気づいて他者の眼差しに捕捉される（とシュッツが理解する）「他者が私に眼差しを向けることによって授けられる魔力というサルトルの想定」（Schutz〔1962=1982:306〕）において、シュッツは、「サルトルの『眼差し』理論は、私〔＝シュッツ〕がかつて私と他者との相互的な『波長を合わせる関係』と呼んだところのものを前提にしている」（Schutz〔1962=1982:306〕）という。(8) そしてシュッツは、自他が対話をしている例を出して、この対話の関係において言表を「ひとつの出来事」とする外的時間と内的時間との同時性を示しながら、「両者は、相互に相手をひとつの共遂行している主観性（a co-performing subjectivity）として捉え合っている」ことを指摘する（Schutz〔1962:203=1982:307〕：傍点は引用者）。

ちなみに、こうしたコミュニケーションを可能にする基底的な社会関係としての相互同調関係の論点が五一年の音楽論で詳細に展開・志向されていることは、筆者自身が「発生的相互行為論」の観点からすでに触れているので立ち入らないとしても（西原〔一九九八〕）、以上の点がまずもって本節で確認さるべき点であった。その上で、こうしたサルトルに関する議論を受けて、一本の論文としては論じられることがなかったためか、シュッツ研究においてあまり語られることのないシュッツとメルロ＝ポンティとの関係にも触れておきたい。その関係への言及によって、五〇年代シュッツの地平に新たな光を当てることができるからである。

シュッツよりもほぼ一〇歳ほど若いメルロ＝ポンティ（一九〇八－一九六一）の『行動の構造』が刊行されたのは、一九四二年のことである。また、シュッツ自身が刊行後の早い段階から目を通していたと思われるメルロ＝ポンティの主著『知覚の現象学』が出版されたのは、四五年のことであった（なお、サルトルの『存在と無』の刊行は四三年であった）。こうしたフランス現象学の展開に、グルヴィッチともどもシュッツも大きな関心を抱かないわけにはいかない。しかし、いろいろな点で、シュッツとメルロ＝ポンティとの関係は微妙であった。たとえば、シュッツの親友グルヴィッチがメルロ＝ポンティのことをあまりよく思っていなかったことはすでに触れたが、グルヴィッチはメルロ＝ポンティの主張を、自分が講義で述べたことを引用・指示せずに、あたかもメルロ＝ポンティ自身が考えたかのように述べていることを快く思っていなかったし、またそのことをシュッツにも告げている。[9] さらにシュッツ自身も、メルロ＝ポンティから原稿依頼された際に、彼から『社会的世界の意味構成』を送ってくれるように頼まれて直ちに送ったにもかかわらず、礼状はおろか受け取った旨の返事がないことをメルロ＝ポンティ宛の手紙の中で指摘するなど、[10] 実際の関係は「微妙」であった。

しかしながら、シュッツはメルロ＝ポンティが後期フッサールの研究を受け継ぐ人物であることに着目している し、じじつ三九－四〇年にルーヴァンのフッサール文庫を訪ね、未刊の後期フッサール草稿を検討していたメルロ＝ポンティの仕事に着目するようになる。なお、そのメルロ＝ポンティが、未刊のフッサール草稿を検討した結果、超越論的主観性とは間主観性のことである、という趣旨を述べているという「発見」（じつは、その証拠はなくメルロ＝ポンティの「創造的曲解」といわれている）の話は比較的よく知られているであろう。

さて、先にも触れたように、中断された『関連性草稿』の第七章「生活史的状況」は、未刊の第三部を先取りするものであると明言されていた。そこでは「私自身の身体－生きられた空間」という明らかにメルロ＝ポンティに由来する小見出しが付けられている。そして、そのなかでシュッツは、身体によって経験される空間が前後・上下・左右という方向づけの空間であることを指摘し、さらにその空間が目や向きを変えるという（キネステーゼ的＝筋運動的）動きによる「生きられた空間」（éspace vécu）であることを強調する（Schutz〔1970:171ff.=1996:238f.〕）。だが、素朴に受け入れられそうなこうした言明によって本当に述べられているのは、「空間のなかに在るわれわれの存在が負っている、また身体という媒体を通してわれわれが経験する空間が帯びている、根本的な存在論的条件についてなのである」（Schutz〔1970:175=1996:241〕）とシュッツは述べる。そのうえで、フッサールが指摘し、シュッツもしばしば着目していた方向づけの原点としての「ここ」と、その「ここ」に対してある「そこ」の問題に目を向けるようシュッツは読み手に促す。すなわち、シュッツは「ここ」の「絶対性」を語るのではなく、次のような興味深い発言をしているのである。「それらの方向づけの関係はすべて、実際のここ との関係からではなく、実際のそこ との関係からのみ、意味をなしてくる」（Schutz〔1970:175=1996:242f.〕）。こうした見解は、シュッツの「ここ」＝座標体系ゼロの議論が、その「ここ」にウエイトがあると見られがちなのに対して、はっきりとその点に反論しながら、「私が周囲の事物を方向づけの中で組織する際に引き合いに出す特定の座標体系もまた、ここ と同じように生活史的に規定され……、そしてその座標体系の特徴は実際のここ の位置に関係なく同一であること、これが疑問の余地のない世界の構造的要素なのである」とシュッツは指摘しているのである（Schutz〔1970:175=1996:243〕）。

以上の点を確認した上で、シュッツによるメルロ＝ポンティの引用にもう少し言及しておきたい。五〇年にシュッツは、ゴールドシュタインの「言語障害」論を考察する際に多くの先行研究に触れている。そのなかで、メルロ＝ポンティの『知覚の現象学』にも言及する。もちろんそれは、ゴールドシュタインの議論とふれあう限りでの参照であるが、シュッツの着目点はメルロ＝ポンティの経験論と主知主義の二元論を克服する試みであるその身体論の意味あいに着目し、「意識を存在から分離されたものとして分析しようと試みることは、意識の経験的な多様性――たとえば、病者の意識、原始人の意識、子供の意識、他人の意識など――を無視することを意味する」

（Schutz〔1962:274=1985:97〕）とメルロ＝ポンティの語りに依拠しながら、ここでも経験の「前述語的」領域に関係する問題に着目していた。

さらに、シュッツは晩年の五九年の刊行になる「社会科学に対するフッサールの重要性」という論文で、いわゆる中期メルロ＝ポンティの論文「哲学者と社会学」（五一年発表）に言及し、メルロ＝ポンティの言葉ではあるが、興味深い点を指摘している。「社会的なものは、私がそれに関与し、そして私の仲間がそれによって私にはつねに他の私すなわち他我であるところの、ある単一の生（a single life）のヴァリエーションとして、つねに私に現れるのである」（Schutz〔1962:142=1982:228〕）。ここでいう「ある単一の生」とは何であろうか。われわれはすでにサルトル論の箇所で似たような内容を見ていないだろうか。すなわち、それはコミュニケーション的相互行為をなす自他の「両者は、相互に相手をひとつの共遂行している主観性として捉え合っている」という論点であった。

筆者は、こうした言明に、「相互同調関係」と同じ趣旨の論点を見いだせるのではないかということを強調しておきたい。と同時に、そこに五〇年代シュッツの現象学的社会学の新地平を明示化する鍵があると考えているのである。こうした「傍証」ないしは「状況証拠」を、最終節でフッサール現象学に関連する五〇年代シュッツのスタンスに再び論及することで補強し、五〇年代シュッツの現象学的社会学の視線を確認しておきたい。

四　五〇年代シュッツの視線――相互行為という視座――

五〇年代初期にシュッツはもうひとつ大きな研究作業をおこなっていた。それは、フッサールのいわゆる『イデーン』の第二巻、第三巻が五二年に刊行され、すぐさま（その年の四月から一〇月の間に）ナタンソンの協力を得て――出版を意図したものではないが――それらの英訳に取り組んでいたことである。[11] そして、その成果として五三年に刊行された前述の「エドムント・フッサールの『イデーンⅡ』について」は、長い内容要約と六点からなる批判的考察によって構成されている。シュッツは長い要約の後の批判的考察の列挙にはいる前に、「アメリカの読者」向けに、フッサールのこの本のテーマがジェームズ、サンタヤーナ、デューイ、ミード、クーリーといった人たちのテーマと類似することを指摘している（Schutz〔1966:36=1998:80〕）。そして、そこで出された「相互に波長を合わせる関係」の指摘は、すでに再三指摘してきたように筆者自身が別の機会に論じているので繰り返さないとしても、この批判的考察の箇所でジェームズ、ミードなどとともに、さらにサルトルとメルロ＝ポンティの名も挙げられていることを確認しておきたい。そのうえで、この『イデーンⅡ』に失望したシュッツが、次のように述べていたことには、とくに目を向けておきたい。すなわち、「現象学の創始者［＝フッサール］による［社会集合体に］関連した言明よりも、社会集合体を諸個人の社会的な相互行為（social interaction）に還元しようとするジンメル、マックス・ヴェーバー、シェーラーたちの試みの方が、より現象学の精神に近いと思える」（Schutz〔1966:39=1998:84〕：強調は引用者）。少なくとも、続けてシュッツが書いているように、「コミュニケーションと社会集団の分析」に関して「現象学の精神に近い」のは、ジンメル、ヴェーバー、シェーラーなどと、（さらに推測すれば）上記のジェームズ、デューイ、ミード、クーリーといった人たちの仕事である、とシュッツは考えていたのではないだろうか。かくしてフッサール批判の要諦は、コミュニケーションは「社会的相互関係」をすでに前提にしている、という点をフッサールが見落としている点にあったのだ（Schutz〔1966:38=1998:83〕）。

もう一点。こうした議論に関連して、シュッツは先に示した晩年の「フッサールの重要性」論文のなかでオルテガ〔1957=1967〕にも言及していた。シュッツはオルテガの次の議論に着目する。「私の諸々の行為に応答する他者の能力、したがって、その結果として生じるわれわれの諸行為の相互性は、第一の社会的事実であって、共通環境の構成にとって根本的」であり、そして「私が、私と他者を分かち、したがって私の世界と他者の世界とを分かつ私の境界を見いだすようになるのは、他者によって」であり、「私は、その具体性においては最後になって現れる」(Schutz〔1962:142f.=1982:228f.〕)。そしてさらに、「社会や共同体、国家や諸々の集合体は、私によって『行われている』ことをまさに行っている『誰かある人』、つまり『ひとびと』という匿名性において経験される」点にオルテガは注目するが、しかしそれはデュルケム的な意味での集合意識ではなく、「社会関係はつねに相互個人的(interindividual)である」(Schutz〔1962:144=1982:229f.〕)、とシュッツは強調する。

なお、シュッツはオルテガの議論が「社会性の構成の基盤としての了解環境(comprehensive environment)というフッサールの観念から出発した」が、「フッサールと同様にオルテガもまた、共通であると想定されている環境の了解を可能にしているのは、他者存在の経験のみであるということの指摘に失敗し、それゆえ論証自体が循環論に陥っている」と指摘した上で、シュッツにとって依然として未解決の問いは、「共通な諸志向性によるひとつの共通な世界は、いかにして可能であろうか」ということになり、この問いが「現象学的探究にとって依然としてひとつの中心的な問題である」と最終的に指摘するのである(Schutz〔1962:144=1982:230〕)。

もはやこれ以上、ことばを費やす必要はないだろう。よく言われるように、シュッツ現象学的社会学が「中間領域」の視座に立ちつつ、自然的態度をとる人びとによって経験される生活世界の構造を問題にしたことは明らかだが、そのことによって自明性の世界だけが描かれたわけではない。しかもたんに「一人称」の独我論的な主観性だけが着目されたわけでもない。むしろシュッツの視線は、自他関係を中核とする社会的な相互的行為に向けられており、「社会‐文化的世界のあらゆる現象は社会的な相互行為から生じ、かつそれに帰属可能」(Schutz〔1962:145=1982:231〕)

という視角から見ていこうとしたのである。シュッツによるフッサール批判としてよく知られた一節――「間主観性は生世界の所与であり、世界内の人間存在の根本的な存在論的カテゴリーである」とした一節――でシュッツは、こう続けていた。「自己についての反省の可能性、自我の発見、どのようなエポケーをも遂行する能力、そしてあらゆるコミュニケーションの可能性とコミュニケーション的直接世界をも同様に確立する可能性は、我々関係の根源的な経験に基づけられている」(Schutz〔1966:82=1998:136〕)。そして、相互同調関係こそ、この我々関係の基底的事態のひとつであったことをここでも想起しておこう(西原〔一九九八〕のV章参照)。

さて、以上みてきた方向でシュッツの社会学的思考が花開くのは、中断された『関連性草稿』の再開という形ではなく、むしろ五〇年代中期にシュッツが論じた――もはや紙幅上立ち入ることはできないが――平等論(「平等と社会的世界の意味構造」)やシンボル論(「シンボル・現実・社会」)の議論においてであろう。『関連性草稿』を断筆したシュッツはそれ以降、一方でその関連性論や類型化論を彫琢・援用しながら、シンボル的社会把握を論じ(cf. Vaitkus〔1991=1996〕)、他方でシュッツなりの間主観性論を拠り所にフッサール批判を明確に示し始める。[12] 筆者自身はいままで、そうしたシュッツの新地平を「発生論的相互行為論」という視座として捉えるべきだと主張してきた。最後にこの点のダメを押すつもりで、いままであまり知られていなかった文献から、二つのことを指摘しておこう。

シュッツは、その死去(一九五九年五月)の前年に、二つの注目すべき論考を残している。ひとつは五八年末の原稿で、編者ワーグナーによって「地平の概念について」と名づけられたものである。そのなかでシュッツは、主題を取り巻く・あるいは主題を背後において支える非主題的だが探究可能な「地平」、とりわけフッサールのいう内部地平・外部地平の概念にかかわらせながら、明確にシュッツ自身の用語である「間主観的な社会地平」

（intersubjective social horizon）」を語り出す（Schutz〔1996:198〕）。この「間主観的な社会地平」への言及は、「問われることなく所与であるという性格は、私のみによって『基づけられる』ものと見られるだけでなく」、「あなたやわれわれやすべての人、つまりわれわれに属するどんな人」にも理解されるものとして、歴史や文化や教育に関わらせて言及されている。この短い論考の内容は、その不十分な記述のために判然としない点もあるが、知の社会性や間主観性、さらにはサルトル、メルロ＝ポンティ、オルテガなどの論点に言及した本論で「五〇年代シュッツ」を検討してきたわれわれにとっては、ここにフッサール地平概念の社会学的な展開方向をみていくことができるであろう。

もうひとつの注目すべき論考は、「経験と超越」と題されるもので、五四年にシンポジウムで発表した（のちに『著作集』にも収められた）「シンボル・現実・社会」論文に対する、発表当日のC・モリス教授との質疑応答について、後日再考した論考である。シュッツが「他者の内面の超越」に対処するための間接呈示として「サイン」という語を用い、「自然や社会の超越」に対処するための間接呈示として「シンボル」という語を用いるとした発表論文に対して、モリスは、シュッツは超越というが、それは「超越の経験」のことか「経験の超越」のことかと問うた問題の再考である。(13) シュッツの発表当時の返答は必ずしも明確ではなかった。だが、この再考時にシュッツは、地平の志向性とかかわる「経験内容の超越」と、自生的（spontaneous）な「経験行為《アクト》の超越」を区別しつつ（Schutz〔1996:235〕）、後者に対して――存在論的に明確にすべきものとして――加齢、死、眠り、世代の問題を含む他者の超越、などをあげ、しかもその際、経験の超越（＝経験行為の超越）を――わかりやすい例をあげれば部屋を離れ去るといった――「立ち去り」（turning away）という表現で着目した（Schutz〔1996:239-40〕）。これは、（過去や未来の）自己の経験の超越を含みつつ、フッサールのキネステーゼ的問題圏やメルロ＝ポンティの身体論

の問題圏のさらなる社会学的展開としての「相互行為論」的文脈で、十分に着目できる事柄であろう。(14)

以上のように、五〇年代シュッツはフッサールの不首尾な間主観性論の試みを批判しながら、かつアメリカやヨーロッパの思索者たちの知見を参照して、シュッツ独自に現象学的社会学の新展開を目指したといえよう。メルロ＝ポンティに関していえば、シュッツは年代的制約もあって、メルロ＝ポンティの「間身体性」という用語には十分に精通していなかったが、内容的には相互同調関係論にみられるように関係論的・身体論的な文脈において両者は十分にふれあうものがあり、他方、そうした社会的な相互行為や基底的な我々関係の議論を、ミードをはじめとしたアメリカの社会学者・哲学者からも学んでいたのである。

筆者としては、前述のように、五〇年代中期にともにシンポジウムで発表され、のちに活字化された「シンボル」論および「平等」論が社会学的にまとまったシュッツの仕事であり、五〇年代シュッツ現象学的社会学の一応の到達点だと考えている。もちろん、現象学プロパーでは、フッサール批判とシェーラー読みへの沈潜が、この時期のシュッツのもう一方の特徴ではあることは言うまでもないが、それらが渾然一体となって、『関連性草稿』断筆時の音楽論をひとつの転回点としながらシュッツ独自の間主観性論の展開が図られたのである。そうした試み全体が、シュッツ現象学的社会学の「再出発」の軌跡であったのではないだろうか。

＊　＊　＊

だから、六〇年代以降みられた、単純に機能学派と意味学派を対立させ、シュッツを意味学派の主観主義の代表者として位置づけるような社会学説史的な常識は、五〇年代シュッツの仕事を核としてまだまだ再検討される余地と必要性とがあると主張したい。もちろん、こうした特徴づけは、バーガーやルックマンによる「主観的世界」を描いたシュッツという「切り詰め」にも一因がある。主観的世界の記述者としてのシュッツ像や、パーソンズのシステム論とシュッツの生活世界論を統合するとしたハーバーマスにおいても、彼が依拠したシュッツ現象学的社会学の基本文献とされる——ルックマンの主張が織り込まれたシュッツとの共著の形での——『生活世界の構造』におけるシュッツ像（Schütz〔1979, 1984〕）は、シュッツの姿を的確に伝えているのであろうか。(15) かつてガーフィンケルがシュッツとパーソンズと対比させたとき、シュッツ自らはその対比にネガティヴであったという事例は示唆的である（西原〔一九九四〕参照）。後期シュッツの到達点からシュッツの歩みを問い直すこと。筆者自身はこの点をすでにいくつかの著作や論考において指摘してきたが、本論ではニューヨークのシュッツが時間を超えて内外の思索者と対話しつつ、現象学の進展をもふまえるなかで展開してきたシュッツ独自の道を、クロニカルな点もふまえて再確認しておきたかったのである。

本論は、過去のものとしてではなく、社会学理論や社会分析のための新しい地平でシュッツが読まれるようになるための、その出発点の確定の作業であったといってよい。今日のアメリカ社会学を中心とする社会学理論は、こうしたシュッツ現象学的社会学の可能性の中心をどこまで的確に捉えてきたのであろうか。

（1）佐藤嘉一〔二〇〇〇〕は、シュッツの生涯における包括的な理論構築の企図（「建築への意志」）を四つほどあげて興味深いものだが、残念ながらこの新しい著作の企図には充分に触れていない。なお、シュッツに関する伝記的記述は Wagner〔1984〕や森〔一九九五〕を参照。また、以下でとり上げるシュッツの五〇年代文献以外にも Embree〔1998〕などがあることを指摘しておく。

（2）この「中間領域」論の意味のひとつが、ニヒリズム批判に由来している点を指摘しておきたい。詳しくは、Grathoff〔1985:134=1996:161〕を参照されたい。

（3）ちなみに、パースの有名なプラグマティズムの宣言とは、「ある対象の概念を明断にとらえようとするならば、その対象が、どんな効果を、しかも行動に関係があるかもしれないと考えられるような効果をおよぼすと考えられるか、ということをよく考察してみよ」（Peirce〔1877=1968:89〕

というものであった。なお、プラグマティズムに関しては、西原和久〔二〇〇〇〕も参照されたい。

（4）初期草稿以来、シュッツはシェーラーの「プラグマティズム」に着目していた。この点は四〇年代シェーラー論と五〇年代のそれとの対比を含め別稿で論じる予定である。

（5）実験と数学が中心の科学的方法、シンボルや言語が問われないこと、用語の不明瞭さ、個人や経験が軽視されていることの批判である。西原和久〔二〇〇〇：三二〇〕参照。

（6）なお、ミードと関連の深かったC・H・クーリーに関しては、第一次集団、鏡に映った自我、などが好意的に言及されている点を指摘しておく。

（7）シュッツは、五二年にサンタヤーナ論を公刊した。サンタヤーナの発生的秩序、軍事的秩序、合理的秩序の三秩序からなる「社会と統治」論を丁寧に追ったあと、結論としてシュッツは「何かが基本的に間違っていると感じる」（Schutz〔1964:224=1985:302〕）として、サンタヤーナを全否定するかのように見える。しかしながら、われわれは次のように問うことができる。なぜシュッツは、このように全否定するような論文を書かざるをえなかったのか、と。それはその時期のシュッツの関心の所在を示すもので、そのスタンスは、後述する『イデーンⅡ』の際のそれと同型であろうと述べておきたい。

（8）『シュッツ著作集Ⅰ』の編者ナタンソンは、この四八年論考の引用文中の「かつて」という点を無視して、五二年の論文を編注で指示しているが、時間的な順序はおかしい。相互同調関係について四四年に中断された音楽論では内容的に重なる記述は多いが、用語としては管見の限り見いだせない。さらに検討は必要だが、しかし確実に四六年の「見識ある市民」でシュッツはこの語を用いている。「相互に自生的に対向し合い、相互に自分自身が自生的に『波長を合わせる』ことをしながら、われわれは少なくともある程度まで固有内在的な関連性をともに共有しているのである」（Schutz〔1966:128=1985:181〕）。この「かつて」が、この一節を指す可能性がある点を指摘しておく。なお、西原〔一九九九〕も参照されたい。

（9）四六年の書簡（Grathoff〔1985:152=1996:179〕）。シュッツもまた、五二年に「えげつない（salaud）」（Grathoff〔1985=1996:317〕）と批判的にメルロ＝ポンティに言及していることは確かだ。

（10）この手紙は、一九五六年二月二〇日付。メルロ＝ポンティからシュッツに対する寄稿依頼に関するやりとりのなかで示されている。なお、一連のシュッツとメルロ＝ポンティの手紙は、イェール大学バイニキー図書館に所蔵されているものを使用している。

（11）この英訳は、フロリダの現象学高等研究所に残されている。参照する機会を与えて下さったL・エンブリー教授に謝意を表したい。

（12）フッサール批判やシンボル論など（「超越論的間主観性」論文と「類型と形相」論文）の他の五〇年代の論文に関しては、すでに西原〔一九九八〕〔一九九九〕などで触れているので、ここでの詳述は割愛する。

（13）この質疑応答は『著作集』翻訳の訳注に訳出してある（Schutz〔1962=1985:209f.〕）。

(14) さらに筆者自身は、晩年にシュッツが構想した著作（『生活世界の構造』）のためのノート群から、こうした指摘と重なりつつ興味深い論点を引き出せると考えているが、この点に関しても別稿を準備しているので、その議論の展開はそちらに譲りたいと思う。

(15) ルックマンとのこの共著に関して、ナタンソンは、それがルックマンの研究であると示唆する。西原［一九九七：一一二］参照。

参考文献（＊なお、本論の引用文は訳書の訳文と異なることがある）

Embree, L.,（ed.）, 1998, *Alfred Schutz's "Sociological Aspect of Literature"*, Kluwer Academic Publishers.

Dewey, J., 1922, *Human Nature and Conduct.* ＝1995, 河村 望訳『人間性と行為』人間の科学社。

Grathoff, R.,（ed.）, 1985, *Alfred Schütz-Aron Gurwitsch・Briefwechsel 1939-1959*, Wilhelm Fink. ＝1996, 佐藤嘉一訳『亡命の哲学者たち』木鐸社。

James, W., 1890, *The Principle of Psychology*, 1, 2, Dover.

Merleau-Ponty, M., 1942, *La structure du comportment*, P.U.F. ＝1964, 滝浦静雄・木田 元訳『行動の構造』みすず書房。

———, 1945, *Phénoménologie de la perception*, Gallimard. ＝1967, 竹内芳郎・小木貞孝訳『知覚の現象学1』みすず書房：＝1974, 竹内芳郎・木田 元・宮本忠雄訳『知覚の現象学2』みすず書房。

———, 1951, Le philosophe et la Sociologie, *Signes*,［Gallimard.1960］＝1969, 竹内芳郎訳「哲学者と社会学」『シーニュ 1』みすず書房。

森 元孝、一九九五、『アルフレート・シュッツのウィーン』新評論。

西原和久、一九九四、『社会学的思考を読む』人間の科学社。

———、一九九七、「モーリス・ナタンソンとの対話」『現代社会理論研究』第七号。

———、一九九八、『意味の社会学——現象学的社会学の冒険——』弘文堂。

———、一九九九、「シュッツの発生論的思考について」『現代社会理論研究』第九号。

———、二〇〇〇、「ミード理論からの示唆−社会行動主義と発生論」『現代社会理論研究』第一〇号。

Ortega y G., 1957, *Man and People.* ＝1969, M・マタイス・佐々木孝訳『オルテガ著作集5 個人と社会』白水社。

Peirce, C.S., 1877, How to make our ideas clear. ＝1968, 上山春平訳「概念を明晰にする方法」『世界の名著48 パース・ジェイムズ・デューイ』中央公論社。

佐藤嘉一、二〇〇〇、「アルフレッド・シュッツにおける『建築の意志』」『情況』（『現代社会学の最前線［3］実践−空間の社会学：他者・時間・関係の基層から』）二期十一巻七号。

Schütz, A., 1932, *Der sinnhafte Aufbau der sozialen Welt*, Springer.＝1982, 佐藤嘉一訳『社会的世界の意味構成』木鐸社。

Schutz, A., 1962, *Collected Papers, I: The Problem of Social Reality.* Nijhoff. ＝1983, 渡部 光・那須 壽・西原和久訳『シュッツ著作集第1巻 社

会的現実の問題［Ｉ］』＝1985，渡部　光・那須　壽・西原和久訳『シュッツ著作集第２巻　社会的現実の問題［Ⅱ］』マルジュ社。
———, 1964, *Collected Papers, II: Studies in Social Theory*. Nijhoff. ＝1991，渡部　光・那須　壽・西原和久訳『シュッツ著作集第３巻　社会理論の研究』マルジュ社。
———, 1966, *Collected Papers, III: Studies in Phenomenological Philosophy*. Nijhoff. ＝1998，渡部　光・那須　壽・西原和久訳『シュッツ著作集第３巻　現象学的哲学の研究』マルジュ社。
———, 1970, *Reflections on the Problem of Relevance*, ed. by Zaner, R.M., Yale University Press. ＝1996，那須　壽・浜　日出夫・今井千恵・入江正勝訳『生活世界の構成』マルジュ社。
Schütz, A., 1981, *Theorie der Lebensformen*, hrsg. von I. Srubar, Suhrkamp.
Schütz, A. & Luckmann, Th., 1979, *Strukturen der Lebenswelt*, Bd.1, Suhrkamp.
———, Th., 1984, *Strukturen der Lebenswelt*, Bd.2, Suhrkamp.
Schutz, A., 1996, *Collected Papers, IV*, ed. by Wagner, H., Psathas, G. and Kersten F., Kluwer Academic Publishers.
下田直春、一九八一、『増補改訂　社会学的思考の基礎』新泉社。
Vaitkus, S., 1991, *How Is Society Possible ?: Intersubjectivity and the Fiduciary Attitude as Problem of the Social Group in Mead, Gurwitsch, and Schutz*, Kluwer Academic Publishers. ＝1996，西原和久・工藤　浩・菅原　謙・矢田部圭介訳『「間主観性」の社会学——ミード・グルヴィッチ・シュッツの現象学——』新泉社。
Wagner, H.R., 1984, *Alfred Schutz : An Intellectual Portrait*, University of Chicago Press.

第六章　「メンバーシップと記憶」論の構想

——A・ストラウスの『鏡と仮面』を基点として

片桐雅隆

片桐雅隆（かたぎり・まさたか）
1948年　東京都生まれ
1976年　東京都立大学大学院社会科学研究科博士課程修了
現　職　静岡大学人文学部教授
著　書　『変容する日常世界』世界思想社，1991年
　　　　『シュッツの社会学』いなほ書房，1993年
　　　　『自己と「語り」の社会学』世界思想社，2000年，ほか

本論ではストラウスの『鏡と仮面』を中心に取り上げ、それが現代のシンボリック相互行為論の（とりわけ理論的な）動向の中でどのような意義をもつかを指摘し（一節）、さらにその一つの具体的展開として、われわれが関心を置く「メンバーシップと記憶」論に対して、その著書がもつ現代的な意義を検討することにしよう（二、三節）。

一　『鏡と仮面』とシンボリック相互行為論

ストラウスとA・R・リンドスミス、N・K・デンジンによる『社会心理学』は、一九四九年の初版以来今日まで八版を数えている（ただし、デンジンは一九七五年の第四版から参加している）。版が改められるごとに書き改められているにしても、初版以来五〇年に及ぶその息の長さは驚異的である。それは、同時に、この本がシンボリック相互行為論の基本的な見方を紹介したものとして、いかに優れているかを示している。

最新版の第八版は一九九九年に出版された。第八版の特徴の一つは、ストラウスが一九九六年に死去したことを受けて、いわばこの版がストラウスの追悼の意味をこめて出版されたという点にある。そして、それ以上にこの版は、デンジンによってその内容が現代の社会学的な視点から大幅に補足されている点に従来の版と異なる大きな特徴がある。そこでの、現代の社会学的な視点とは、ポストモダン論やディスコース論などに依拠するものであり、それをデンジンは「ナラティブ・ターン」と呼んでいる（Lindesmith, Strauss & Denzin, 1999:5）。デンジンの議論の詳しい点については、ここでは言及しないが、しかし、さまざまな新しい社会学的な語彙によるその補足にもかかわらず、シンボリック相互行為論とは何かをめぐる議論は、従来の版と変わらず一貫しているように思われる。

それは、シンボリック相互行為論が社会を言語に注目してとらえる理論だという点である。

デンジンは、シンボリック相互行為論の特徴を次のように指摘している。「シンボリック相互行為論における、シンボリックという言葉は、人間の生活が基本的に言語によって基礎づけられていることを示している。……言語によって人びとは相互の活動に参加しえ、それらの活動を意味や行為の対象とすることができる。言語をとおして、人びとは相互の進行する行動のラインに入り込むのである。言語の研究は社会心理学の研究の核であり、シンボリック相互行為論は言語を人間の相互行為の研究の基本的な出発点にしている」（Lindesmith, Strauss & Denzin, 1999:13）。デンジンの指摘では、人びとの間の相互行為（＝社会）は、言語によって可能であり、人びとは言語によって相互行為に参加しうるのであり、シンボリック相互行為論はそのような言語の働きに注目することを研究の基本的な出発点にしている。

このようなシンボリック相互行為論の特徴づけを意外に思う人がいるかもしれない。なぜなら、シンボリック相互行為論は一方で、主体主義的な「解釈的パラダイム」（T・P・ウィルソン）として位置づけられてきたからである。解釈的パラダイムは、社会的秩序が、あらかじめ規定されたものではなく、行為をとおした意味への不断の反省や問い直しをとおして創造的に形成される動態的な過程であることを主張する（Wilson, 1970:66f.）。そして、そのようなシンボリック相互行為論の特徴づけの根拠は、H・ブルーマーのシンボリック相互行為論に一般には求められてきた。ここでは、このようなシンボリック相互行為論の理解の妥当性を問うことはしないし、ブルーマーのシンボリック相互行為論がはたしてそのように規定できるかといった論点には立ち入らないが、そのように規定されたシンボリック相互行為論を主体主義的なシンボリック相互行為論と名付けておこう。われわれは主体主義的なシンボリック相互行為論の意義を否定するものではないが、シンボリック相互行為論はそのような規定に還元されるものではない。われわれがむしろ注目するのは、先のデンジンの規定にあったように、シンボリック相互行為論は言語の働きに注目する理論であり、言語をとおして社会が構築されるあり方を問う理論だという側面である。それを構築主義的なシンボリック相互行為論と名付けよう。そして、ブルーマーが主体主義的なシンボリック相互行為論の基点とされるとすれば、ストラウスの理論、とりわけ『鏡と仮面』は構築主義的なシンボリック相互行為論の基点として位置づけられる。

ストラウスは『鏡と仮面』の「はしがき」において、シンボリック相互行為論の特徴を明確に述べている。「はじめに考えようとすることは、シンボリック相互行為論のアプローチの幾つかの意味である。それは、人間行動における言語の基本的な役割を強調するものであり、その観点はプラグマティズムや初期の何人かの社会学者に由来している」（Strauss, 1997:12）と。人間行動における言語の基本的な役割とは、一般に対象の成立が言語によって可能であることに求められるが、詳しい論点は以下の節に譲ることにしよう。ここで、あらためて確認しておきたいことは、シンボリック相互行為論が主体主義的なそれに還元できるものではなく、デンジンの指摘にもあったように、シンボリック相互行為論はむしろ言語の働きに注目する理論であり、言語によって社会が構築されることに焦点を当てる理論だという点である。その視点は今日の構築主義的な視点と通ずるものであり、そのような理論の先駆けとしてストラウスのシンボリック相互行為論は再評価されるべき意義をもっている。

二　相互行為論の原点としてのメンバーシップ論

構築主義的なシンボリック相互行為論の先駆けとしてのストラウスの『鏡と仮面』を、「メンバーシップと記憶」

うことでもある。

論という視点から読み解き、その理論の意義をあらためて問いなおすことが、二節と三節の課題である。「メンバーシップと記憶」を問うことは、基本的には相互行為がどのようにして成立するかという極めて基本的な問いを問うことでもある。

(1)メンバーシップを問うことの意義

メンバーシップとは、辞書的に翻訳すれば成員性となるが、意訳すれば同じメンバーであることを意味している。シンボリック相互行為論の主要な関心は、同じメンバーであるとはどのようなことかを問うことに求められる。それはどのような事態を意味しているのだろうか。

同じメンバーであるとは何かという問いは、同じメンバーになれない、あるいはメンバーから排除されるという事態において顕在化する。同質的な社会、あるいはマジョリティの立場にある人にとっては、メンバーシップをもてることは自明のことであり、メンバーシップとは何か、それがどのように成立するかを問う必要性は一般には生まれない。しかし、異質な人びとの混在する社会、特に、その間にマジョリティとマイノリティの格差が生ずる社会では、同じメンバーになることは自明ではない。シンボリック相互行為論が生まれ、展開されてきた土壌とは、そのようなアメリカの特徴を反映していると考えられる。

同じメンバーになれない、あるいはメンバーから排除されるという事態は、偏見や差別という特定の事態のみを意味するものではない。他者を目の前にしていても、相互行為を成立させるためのコミュニケーションの基礎的な手掛かりとしての語彙や会話のスキル（ルール）が違う、あるいはそのことから必然的に他者の考えていることが理解できないという事態の中で、他者とコミュニケーションができるとは何か、メンバーシップとは何かという問いが生じる。そのような対立の要因は、言うまでもなくアメリカ社会が異なる文化的背景をもつ多くのエスニシティによって構成されている点に求められる。

言葉の意味や、会話のスキル（ルール）は、それを自明とする人びとの間では、それがどのようなものかを問われることはない。意図した意味が通じない、あるいは誤解される、どのように会話を始めたらいいのかわからない、あるいは他者との会話のタイミングがとれない、などの事態が日常的に繰り返される土壌においてこそ、言語や相互行為の根拠を問う必然性が発生する。シンボリック相互行為論の役割論に端を発する相互行為のあり方への問いはまさに、このような相互行為の過程における自明性の不成立にその背景を求めることができるし、さらに言うならば、エスノメソドロジーの会話への注目、その自明性への問いも同じ土壌を背景にしていると考えられるだろう。

他者を目の前にしていても、相互行為が成立しない事態の典型は、異なる文化的な背景をもつ異なるエスニシティの人たちの間に見られることを指摘したが、そのような事態は、異なるエスニシティの間のコミュニケーションを越えて、至るところに見いだされる。例えば、子供は言葉の意味や会話のスキルを十全には習得していない。ストラウスは、次のように指摘している。「われわれは、子供における概念化の欠損を見ることができる。小さい子供が入り込むことのできない無数の社会関係がある。子供はまだ十分に知らないと言おうと、子供が実際には大人と異なる推論をすると言おうと、このことは真実である。……子供は店で雑貨を買うことができるが、利益や貨幣の交換について本当には理解していないのである」と（Strauss, 1997:157-158）。

公共的な場面において小さい子供が、大声を出したり、人の体に無断で接触をしても、それは許される行為と一般には見なされている。それは、子供が言葉の意味を十全に理解しておらず（概念化の欠損）、会話のスキルを十全には習得していない、つまりは大人によって作られる社会のメンバーと見なされていないからである。子供という他者を前にして、店頭や公共的な空間において共在し、そこに何らかのやりとりがもたれているとしても、子供は、その「社会関係」に入り込んではいない。つまりは、子供は、大人とともに形成されるそれぞれの場面において、十全な意味でのメンバーシップをもたないのである。

他者を目の前にして、そこに何らかのやりとりがあるとしても、両者（自己と他者）は同じメンバーシップをもたない。このような事態は、異なる語彙や会話のスキルをもつ人びとの間で、つまり、異なるエスニシティ、子供と大人あるいは若者と大人などの世代の違いのみならず、異なるジェンダー、地域、サブカルチャー、専門家としろうと、居住者と旅行者（あるいは異邦人）の間等々で生じうると考えられる。そして、シンボリック相互行為論における「社会的世界（Social World）」あるいは単に「世界」という概念は、一般には準拠集団論の延長として理解される場合が多いが（片桐、一九八九、第五章参照）、実は、このようなコミュニケーションをめぐる基底的な事態を背景としており、その事態を説明するための概念として位置づけられる（cf. Strauss, 1997:163-164）。

「デューイが書いているように、他者の視点をとることや、参与者あるいは『仲間』としての彼らに共通する視点から見たり探求したりすることは、言語によって可能となる。……メンバーは、共通の用語法（terminology）を共有するがゆえに、さまざまな調整された活動に参加しうるのである」（Strauss, 1997:150-151）。メンバーであることは自明のことではない。言葉の意味や会話のスキルなどの「共通の用語法」があってはじめてコミュニケーションは可能なのであり、それらを共有しない人びとは同じ社会のメンバーではない、つまりは同じメンバーシップをもたないのである。

⑵シンボルの共有と対象の成立

コミュニケーションを可能とする「共通の用語法」があってはじめて相互行為（＝社会）が成立するという考えは、相互行為が人びとの意味的な行為と離れてはありえないこと、逆に言えば、そのような行為がなければ相互行為は成立しえないことを意味している。このような社会観は、より根本的には、デンジンやストラウスが既に指摘したように、相互行為が言語によって成立し、それを問うことがシンボリック相互行為論の出発点だとする、シンボリック相互行為論の基本的前提を根にしている。

人びとの間の相互行為としての社会の成立に限らず、シンボリック相互行為論は、そもそも対象（object）（自然的、社会的な対象＝この区分も言語による恣意的な区分なのだが）が言語によって構築されるものとする基本的な前提によっている。ストラウスは、「対象の特性は、対象それ自体にあるのではなく、それが命名者によっていかに定義されるかに依存する」と言っている（Strauss, 1997:22）。対象が、名前づけられることによって人びとにとって意味をもつという考えの出所は、文字どおり、人びとのそれぞれがもつ名前に由来している。人間は、すでに人間（あるいは、個人、自分、自己など）という名前づけによって、そして、男あるいは女として、また、日本人などそれぞれのエスニシティの名前などによって定義され、そのことによって他者から定義されアイデンティティを獲得する。それらの名前に加えて、それぞれの固有名が自己の定義に不可欠なことは言うまでもない。ストラウスは、アメリカ人の固有名が歴史的に変わってきたことを指摘している。つまり、移民の第一世代はアブラハムやベンヤミンなどの聖書の中の名前に由来するものが多かったが、それ以降の世代では、聖書の人物からの名前は陰をひそめ、それとともに名前に込められた理想や願望も変わっていったと指摘する（Strauss, 1997:17）。

人はその固有名から逃れることはできないが、芸名や宗教名、結婚による名字の変更、あるいは（そのような習慣がある外国で）ファースト・ネームで呼ばれることによって、異なるアイデンティティを獲得することがある。ストラウスの表現を当てはめれば、「人間の特性は、人間それ自体にあるのではなく、それがどのように名前づけられるかに依存する」のである。したがって、名前づけが変われば、人は他者から異なった定義を付与され、また、異なったアイデンティティをもつことになる。もちろん、固有名に限らず、（男や女をめぐる）ジェンダーや（日本人とは何かなどをめぐる）エスニシティの名前づけは、（アメリカでの）固有名が、歴史的に固有であったように、集合的な営みでもある。

人間の名前づけに限らず、さまざまな対象は名前づけによって、人びとに意味のあるものとしてかかわりをもってくる。そして、共通の名前をもつことは、その対象に共通の方向づけをもつことを意味している。ストラウスは、名前（name）という用語によって、対象が人びとに対して意味をもち、行為が方向づけられることを強調したが、名前は一般に言語あるいはシンボルと置き換えられる。シンボリック相互行為論におけるシンボル、あるいはわれわれがここで用いるシンボルとは、言語、とりわけその意味内容のことであり、狭い意味での象徴のことではない。(1)

そして、メンバーシップとは何かを考える際に重要なことは、名前、つまりシンボルの共有が、メンバーシップの境界を設定するという点である。店で雑貨を買う子供は、商品と貨幣を交換することはできても、利益や貨幣の交換の意味を解していないがゆえに、十全な意味で大人の社会のメンバーにはなれないし、そこからメンバーシップをもたないものとして排除される。(2) 同じように、異なるエスニシティやジェンダー、サブカルチャー、あるいは専門家としろうと、居住者と旅行者（異邦人）なども、対象を定義づけるそれぞれ固有なシンボルの共有によってそれぞれのメンバーシップが確保されると同時に、そのことによって境界を形成し、相互を排除するのである。

シンボルによる定義が、メンバーシップ成立の条件となり、そのことが他のメンバーシップとの境界を形成することを、E・ゼルバベルはとりわけ強調している。「何かを定義することは、その境界を印づけることであり、それを他のすべてから分離する精神的な垣根でもって取り囲むことである」(Zeruvabel, 1991:2)。そして、「社会のメンバーであることは、特定の精神的なレンズをとおして世界を見ることであり、社会化をとおしてのみ獲得することのレンズによって、われわれは『もの』を見ることができるのである」(Zeruvabel, 1991:80)。ゼルバベルは、このような視点から、子供と大人、異なるジェンダーやエスニシティ、また、階層や家族のメンバーシップなど、さまざまな境界のあり方を展望している。

この視点は、ストラウスのメンバーシップ論と共通するものであり、あらためて言えば、メンバーシップとは自明のことではなく、シンボルの共有によって可能なのであり、逆に言えば、他者とのシンボルの共有がなければ、ひとはその他者たちと同一のメンバーシップを獲得することはできないのである。

(3) メンバーシップと役割取得

ストラウスが主に名前と呼び、われわれがシンボルと呼んできた対象を定義する言語（とりわけその意味内容）には、さまざまなものがある。われわれはすでに、人間が、人間という名前そのものによって、そして、ジェンダーやエスニシティ、固有名などのよって構築されることを指摘したが、そのようなシンボルの典型は役割である。役割にはさまざまなものがあり、上司と部下や教師と学生（生徒）などの組織における地位に付随する役割、家族における夫や妻、親と子供の役割、また、所属する集団や組織に限定されないより一般的なものとしての男と女の役割や大人と子供の役割などがある。

役割にはそれに付随する期待される行動のレパートリーがあり、その役割の担い手はそのような行動を演じることを期待されると一般に考えられている。しかし、われわれの用いる役割という概念は、そのような規範的な行動のレパートリーを必ずしも意味しない。人間が、人間という名前、ジェンダーやエスニシティ、固有名などのよって構築されるように、役割も、単なる規範的な行動のレパートリーを越えて、自分や他者を定義するシンボルと考えられる。われわれは、そのような意味での役割を、規範的な意味での役割と区別するために役割（カテゴリー）と呼び、それを自他関係の認知地図と定義してきた（片桐、二〇〇〇b、三七頁）。役割は、上司に対して部下、男に対して女など、常に他者に対して自己がどのような存在なのかを示すという点で、自他関係の認知地図なのである。

役割（カテゴリー）には、さらにさまざまな意味が込められている。構築主義的な視点からシンボリック相互行為論を展開しているH・P・ヒューイットは、役割（カテゴリー）が次の四つの意味を含んでいると指摘する。その第一の意味は、教師や学生（生徒）、医者やセールスマンなどの組織上の地位を表すもので、これは常識的な役割の意味に対応する。第二は、有名人やヒーローなどのその人の成し遂げた事柄（accomplishment）に基づくもの。第三は、ジェンダーやエスニシティ、階級など、従来社会学で社会的カテゴリーと呼ばれてきたもの。そして第四は、ヤッピーやナルシストなどの（日本で言えば、市民や大衆、新人類やオタクなどの、そしてより一般的には、個人や間人などを含めた）人間類型である（Hewitt, 1994:157-158）。役割をこのような意味を含むものと考えることには、意外な観がもたれるかもしれないが、このような考えは、われわれの立場と同じように、役割が単に規範的な行動のレパートリーではなく、人間をどのように定義し、構築するかのシンボルと考えることから引き出される。

ただ、われわれはこれら四つがともに人間を構築するシンボルであることは認めても、これらすべてを役割（カテゴリー）として位置づける立場には立っていない。すでに定義したように、役割（カテゴリー）は自他関係の認知地図であり、ヒューイットの分類では、第一と第三がそれに該当する。（O・クラップが詳細に分析したような）有名人やヒーローあるいはバカなどのラベルや、さまざまな人間類型は、人間を構築するシンボルではあっても、あくまで役割とは区別される。ただし、役割（カテゴリー）が物語性をもちうることを忘れてはならない。さまざまな役割（カテゴリー）は、カテゴリーの担い手の単なる属性を示すだけではなく、その人を過去や未来の中に位置づける物語性を含んでいる。そのことは、次節での記憶論を考える重要なポイントである。

われわれが考えようとしてきたことは、メンバーシップとは何かである。役割（カテゴリー）論をふまえたうえで、あらためて指摘すれば、メンバーシップの成立のためには、役割（カテゴリー）を含めた定義のためのシンボルの共有が不可欠である。しかし、役割（カテゴリー）などのシンボルの共有と相互行為の成立を同時的なものと考えることはできない。自他をどのようなシンボルによって定義するかは、単なる認知的な事柄ではないからである。

そのことを考える基点は、シンボリック相互行為論における役割取得という考えにある。役割が規範的な行動のレパートリーと同義ではないように、役割取得も単に規範を守る行動ではない。役割取得とは、他者の行動の予期とそれに基づく自己の行動の調整を意味しており（片桐、二〇〇〇b、九頁）、その予期や調整のいわば手掛かりとして、役割（カテゴリー）を含めたシンボルが用いられる。しかし、どのような場面で、どのようなシンボルを付与すべきかは、あらかじめ十全に予期され定式化された事柄ではない。それは単に認知的な枠組としてのシンボルの問題をこえたコミュニケーションの問題をはらんでいる。そこには、すでに指摘した会話のスキルの問題（＝用語法の問題）が含まれ、そして、スキルの問題は単に技法的な問題にかぎられず、付与に伴う非対称性の問題をも含んでいる。どのような場面でどのようなシンボルを相互に付与するかには、地位の強要や地位の剥奪の問題が含まれていることを、ストラウスは『鏡と仮面』の中で鋭く指摘している（Strauss, 1997:78f.）。

「他者の視点をとることや、参与者あるいは『仲間』としての彼らに共通する視点から見たり探求したりすることは、言語によって可能となる。……メンバーは、共通の用語法を共有するがゆえに、さまざまな調整された活動に参加しうるのである」（Strauss, 1997:150-151）というストラウスの引用をここで再び思い出そう。メンバーであることは、言い換えれば役割取得が可能なこと（＝相互行為が可能なこと）であり、それはあらかじめ定式化された事柄ではなく、そのつどの言語（あるいはシンボル）の相互の交換によって達成される事柄なのである。

三　メンバーシップと記憶

(1)記憶の構築性

他者を目の前にしても、その他者と同一のメンバーシップをもつとは限らないこと。その問いが、われわれのコミュニケーションの問題への出発点であり、同時にシンボリック相互行為論のコミュニケーションへの問いの出発点であった。メンバーシップの成立は自明の事柄ではない。二節での知見によれば、メンバーシップの成立とは、役割取得の成立を意味しており、役割取得とはシンボルの相互の付与による行動の予期や調整を意味していた。そして、役割取得はあらかじめ定式化されているとは限らず、地位の強要や剥奪を含めた非対照的な過程としてとらえられた。逆に考えれば、役割取得が成立しなければメンバーシップは成立しないのであり、したがって、メンバーシップは具体的な場面でそのつど達成されていくものとしての役割取得の動態的な過程に依存している。そのようなものとしてのメンバーシップの問題を考えるうえで、記憶の問題が不可欠であることを示すことが三節での課題である。

記憶論は、近年、歴史学、心理学などの分野で盛んに論じられている。歴史学の分野では、ホロコーストや広島・長崎の記憶の風化の中でのその伝承の問題や、一方でのホロコーストや南京大虐殺はあったのかという言説に示されるように、戦争の記憶をめぐる問題が争点となっている。一方で、心理学では、戦争体験や災害の体験、あるいはレイプや暴力を受けた体験などによって引き起こされた「心の苦しみ」を、トラウマ体験として位置づけ、そのことをとおして現在の心の苦しみを解釈する視点が注目されている。

しかし、歴史学においても、また心理学においても、記憶の問題はこのようなジャーナリスティックな話題に還元できるものではない。歴史と記憶をめぐる問題は、政治性を帯びる争点に限られず、そもそも歴史的な事実とは何か、あるいは歴史的な事実と言われるものも記憶の一形態ではないかという問題につきあたる。一方で、心理学においても、記憶論はその主要な研究分野であったのだが、記憶＝記録という従来の記憶論の図式が今あらためて問われようとしている。

両者に共通して見られる記憶の再考への視点は、記憶の構築性という視点である。戦争体験をどう解釈するかという体験に基づく記憶の問題を越えて、歴史的な事実と言われるものも、とりわけ学校教育をとおして知識として記憶されることによって共有されていくものであるし、(3)トラウマ体験も、現在の心の苦しみを解釈するための出来事として作り上げられる側面があることが指摘されている。(4)

そして、近年とみに注目されるようになった記憶の構築性という視点を、すでにストラウスは提出している。ストラウスは、記憶の選択的な構築性を早い時期に指摘した心理学者のF・C・バートレットに拠りながら、南アフリカのスワジの指導者たちが、イギリスを訪問して帰国後に、彼らのもっていた最も明確な記憶が、手を挙げて交通整理をする警察官の動作についてのものであることに気づいたという事例を紹介している。これは、イギリスの警察官の動作が、同じような動作でお互いにあいさつをするスワジの人たちの習慣と似ていたからである（Lindesmith, Strauss & Denzin, 1988:133）。このように、記憶はその人の関心や利害に、言い換えれば、特定の人が固有にもつ、あるいは集合的に共有される、カテゴリーやパースペクティブに依存して構築される。そして、ストラウスは、より一般的に、過去が言語によって構築されることを指摘する。「人間は言語をもたなかったら、動物と同じように、具体的な状況に拘束されるだろうし、歴史や過去について、いかなる観念ももたないだろう」（Strauss, 1997:167［178］）と。(5)

⑵記憶に依存する相互行為

相互行為論の文脈において記憶はなぜ問題とされるのか。それは、相互行為が記憶に依存しているからである。われわれは、役割取得が、役割（カテゴリー）や物語、人間類型などのシンボルを土台として、それらのやり取りの中で達成されること、そして、メンバーシップの成立は、役割取得の成立（＝相互行為の成立）と同時的であることを指摘した。役割取得を成立させる素材としてのそれらのシンボルは、実は記憶の所産なのである。相互行為において、自分が誰であるか（＝どのような役割カテゴリーによって定義されるものなのか）、そして、自分はかつてどのような行動をとったか（＝どのような約束をしたかなど）を記憶していることを自明なものとして求められる。これはごく当たり前の事柄なのだが、このような記憶をもたないとき、相互行為は予期どおりには成立しない。

記憶が相互行為の成立において不可欠な要素であることを、P・バートはG・H・ミードの「現在（the present）」論やIとmeの概念を用いて説明している。バートは、ミードの現在論に基づいて、現在の特徴を次の四点に求めている。第一に、人びとは常に現在の中に生き、リアリティは常に現在の中にあり、したがって、第二に、人びとは、現在をとおして、あるいは現在を媒介として、過去や未来に接近できるのである。しかし、第三に、人びとが現在の中に生きるということは、現在の中に拘束されていることを意味するものではない。人びとは、言語（シンボル）をとおしてむしろ現在を越えることができるのである。「人びとは、……記憶やmeによってシンボル化された過去や、人びとの動作への反作用を予期したり期待したりすることとしての未来をもつことをとおして、現在を超越することができる」（Beart, 1992:78）。さらに、このような過去や未来は、常に書き換えられる可能性をもっていることが、第四の特徴として付け加えられている（Beart, 1992:77-78）。過去は（未来と同じように）、現在を媒介として解釈され、そして書き換えられるものであり、「客観的な事実」として、現在における解釈作用と独立してあるものではない。そして、われわれが注目したい点は、meと記憶とが同列に語られている点である。

Iとmeはミードの自己論におけるキーワードであることは言うまでもない。バートは、Iを知る自己（the knower）とし、meを知られる自己（the known）としている（Beart, 1992:59）。とりわけ、Iをめぐってはさまざまな解釈があり、「知る自己」とは何かも多義的である。その議論には立ち入らないが、ここでは、meがIによって解釈された所産であり、シンボル化された（決して「規範化された」と同義ではない）自己の側面であることに注目しよう。つまり、meは、シンボルをとおして解釈された自己であり、われわれが前に示した用語を用いれば、役割（カテゴリー）や物語、人間類型などのシンボルをとおして解釈され、そのことによって構築された自己である。

そして、そのようなものとしてのmeは、実は記憶の問題と密接に結び付いている。つまり、meを構築するさまざまなシンボルは記憶されたものであるとともに、meをもつことは同時に過去を構築することでもある。役割（カテゴリー）などのシンボルが記憶されていることは自明のように思われるが、自分が目の前にしている人の夫（妻）なのか、親（子供）なのか、あるいは、自分が組織上でどのような地位にあるものなのかを記憶していないケースは、エピソード記憶の忘却の例としてしばしば報告されている。そして、役割（カテゴリー）が物語性をもっているとすでに指摘したように、夫や妻、親や子供、組織上での役割は歴史性を伴っている。それらの役割（カテゴリー）は言うまでもなく、夫婦の間や、親子の間で培われて来た個人誌の相互の構築を前提としているし、組織上での役割にも同様なことが言える。そして、次節で扱うような、より想像的な共同体のメンバーとしても、われわれはさまざまなシンボルをとおして自己を構築している。それは、われわれがエスニシティや国民、家系などのメンバーであることを意味している。このように、自己を定義するシンボルは物語性をもっており、そのことは同時にシンボルが記憶に依存していることを示している。そして、記憶に基づくシンボルによって自己を構築すること（meをもつこと）をとおして、過去は人びとの間で構築されていくのである。バートは、「過去は、meをとおして記憶され、活性化される」（Beart, 1992:86）と指摘する。

meを記憶の問題とし、meは記憶に依存し、meの構築は同時に過去の構築でもあるという考えは、相互行為のあり方を考えるうえで重要な論点だが、実はこの発想は萌芽的ではあっても、ストラウスの『鏡と仮面』の中に見いだすことができる。つまり、meは常に再解釈される可能性をもつものとされるのだが、それは、回想（recollection）の問題であるとする指摘（Strauss, 1997:34）、またそのような回想は、個人の問題に限られず、集合的な問題でもあるとする指摘（Strauss, 1997:36）に、meを記憶の問題として見る視点を探ることができる。

相互行為の成立は記憶に依存することを指摘してきたが、付け加えられるべき論点は、相互行為における記憶の強制や強要、あるいは剥奪などの問題である。役割（カテゴリー）などのシンボルの相互の付与が非対称性的な過程であることを既に指摘したが、そのことは記憶においても当てはまる。記憶も単に認知的な事柄ではなく、何を覚えているかあるいは何を忘却すべきかは極めて規範的な事柄であり、また、記憶は相互行為を規範的に達成していくための素材でもある。そして、そのような規範を身につけることが相互行為の構築、あるいはメンバーシップの獲得の条件となる。

⑶想像的な共同体の成立と記憶

相互行為が記憶に依存することを、より歴史的な時間の幅をもつ想像的な共同体のメンバーシップのあり方をとおしてあらためて考えてみよう。

国家のような想像的な共同体が記憶によって構築されるという議論は、「想像の共同体としての国家」（B・アンダーソン）という発想から考えられうる帰結だが、その議論は、社会学の分野ではR・N・ベラーらの「記憶の共同体」（community of memory）論によって展開されている。ベラーらは、個人の感情や直感の核の自生的な表出を指向する「表出主義的な個人主義」（Bellah, *et al.*, 1985:27-28［32-33］）や、財産の獲得や保持などの自己利益の最大化を図ろうとする「功利主義的な個人主義」（Bellah, *et al.*, 1985:333-336［392-394］）の進行する中で、自己は「ストーリーや物語」の中で位置づけられ語られることによってはじめて本来的な姿が維持されると指摘する。そのようなストーリーや物語を共有する記憶の共同体とは、「人生を生きることに、時間と空間に、またさまざまな個人や集団に質的な意味を与える」（Bellah, *et al.*, 1985:282［338］）ものである。

アメリカ社会が社会の統合のためにいかに共通の記憶を意図的に作ってきたかは、ベラーらの指摘を待つまでもないことだが（cf. Bodnar, 1992）、記憶の共同体という議論は、コミュニタリアンとリバタリアンの間で繰り広げられているような、社会の統合とは何かをめぐる政治性を帯びた論点に限定されない。

ストラウスは、『鏡と仮面』の中で、ある貴族の自伝の文章を紹介している。「先祖は、人間やその性格の背後に、扇のように、クジャクの開いた尾のように延びている。どのような転換点においても、あらゆる動作や外見、下されるすべての判断の中に、人は、過去の蓄積や負債を負っている」（Strauss, 1997:167）。つまり、その貴族にとって、生きている間に接触した近い先祖の人たちはもちろん、その家系を存続させてきた中世にまで遡るさまざまな人たちも、記録や伝承に基づく記憶によって生々しいものとして生きているのである。このように、人は、今を共にする人たちとだけではなく、先行者（やまた後続者）と世界を共有しており、それらの人びとは同じメンバーシップをもっている(6)。

そして、ストラウスの紹介した先祖を背負う貴族の話は、日本における事例として、柳田國男が紹介した話を思い起こさせる。師走半ばの寒い雨の日に、傘をもたずにたった一人で門司の町中を歩いていた九五歳になる老人が、警察に補導され、調べてみると、唯一の荷物である背中に背負ったふろしき包みの中身は四五枚の位牌だけだった、という事件を報じた新聞記事を柳田は紹介している（柳田、一九七〇、三〇七頁）。何はともあれ、位牌だけは護り、次の世代に引き継がなくてはならないという、この老人をつき動かしている「力」には無条件に人を引き付ける何かがある。柳田はこの事例を先祖の継承という観点から論じているが、われわれの記憶論の観点から見れば、この老人の中には、ストラウスの紹介した貴族と同じように、先祖の人たちが記憶をとおして生々しく生きていたに違いない。

ストラウスのあげた貴族や、柳田の紹介した老人の話は、今日の時代には例外的かもしれないが、われわれは、多かれ少なかれ、〈今とここ〉を越えた（想像の中で構築される）共同体の中に住んでいる。そしてそのことを可能とするのが、役割（カテゴリー）や物語などのシンボルであり、そのシンボルは記憶によって維持されている。そして、メンバーシップはそのような共通の記憶をもつことによって成立するのである。

おわりに

人を目の前にしていても、その人と同じメンバーシップをもつとは限らない。そのような問いからわれわれは議論を出発させてきた。メンバーシップをもつことは自明のことではない。自他を定義する役割（カテゴリー）や物語、人間類型などの（言語の意味内容としての）シンボルを共有すること、さらにそれらのシンボルの付与の仕方をめぐるさまざまなスキル（付与の非対称性を前提とする会話のスキルなど）をもつことが相互行為を成立させるためには不可欠だと指摘したが、そのような相互行為の成立とメンバーシップの成立は同時的なものと考えられた。したがって、他者を目の前にしていても、そのようなシンボルやスキルを共有していなければ、そこには相互行為は成立しないし、メンバーシップも成り立たない。そしてさらに、われわれは、このような相互行為の成立が記憶に依存していることを強調してきた。なぜなら、相互行為を成り立たせるシンボルは記憶に依存するからであり、したがって、メンバーシップの成立も記憶に依存している。

「メンバーシップと記憶」論の主旨は以上のようなものである。われわれは、このような議論の基点をストラウスの『鏡と仮面』に求めてきた。もちろん、ここでの「メンバーシップと記憶」の考えには、『鏡と仮面』を越えた論点が幾つかあるにしても、『鏡と仮面』はわれわれの問いや観点に十分に答えうるものをもっている。

　一節でも指摘したように、ストラウスの『鏡と仮面』は、構築主義的なシンボリック相互行為論の起点となるものであり、現代の理論的観点にも十分に答えうるものである。その後のストラウスが、『鏡と仮面』での構築主義的な観点を十分に発展させなかった点は否定されないが、『鏡と仮面』でのストラウスのみずみずしい感性や観点は、われわれの「記憶」の中に生きており、それらを発展させるのは今に生きているわれわれの課題だろう。

（1）この点で、デンジンはシンボルを一方で言語と同義とし、一方でいわゆる象徴とする両義性を残している（Lindesmith, Strauss & Denzin, 1999:13）。
（2）E・ゴフマンは、子供が大人の社会のメンバーでないことを、演技上の節度をもたないものとして指摘している（Goffman, 1959:218［256］）。
（3）小森陽一・高橋哲哉、一九九八、阿部安成他、一九九九などを参照。
（4）トラウマの構築性については、（Prager, 1998）などを参照。
（5）記憶についての詳しい心理学的な分類についての検討は、ここでの課題とされないが（中島義明他、一九九九の記憶の項を参照）、ここでの記憶は、体験についての記憶のみならず過去の出来事についての知識の記憶を含んでいる。また、会話のスキルなどの身体化された技法も記憶の一つとして考えられるが、ここでの記憶は、そのような記憶を意味しておらず、むしろ想起と同義語として用いられている（片桐、二〇〇〇a参照）。
（6）この論点は、A・シュッツの先行者や後続者の議論とも関連する（Schutz, 1974:290-302）。

参考文献

阿部安成他、一九九九、『記憶のかたち』柏書房。
Beart, P., 1992, *Time, Self and Social Being*, Avebury.
Bellah, R.N., *et al.*, 1985, *Habits of the Heart*, Harper & Row. 島薗　進・中村圭志訳『心の習慣』みすず書房、一九九一。
Bodnar, J., 1992, *Remaking America: public memory, commemoration, and patriotism in the twentieth century*, Princeton UP. 野村達朗他訳『鎮魂と祝祭のアメリカ』青木書店、一九九七。

Goffman, 1959, *The Presentation of Self in Everyday Life,* Harper & Row. 石黒 毅訳『行為と演技』誠信書房、一九七四。
Hewitt, J.P., 1994, Self, Role and Discourse, G.M. Platt & C. Gordon (eds.), *Self, Collective Behavior and Society,* JAI.
片桐雅隆、二〇〇〇a、「自己の構築と記憶」『実践-空間の社会学』『情況』二〇〇〇年八月号別冊。
——、二〇〇〇b、『自己と「語り」の社会学』世界思想社。
片桐雅隆編、一九八九、『意味と日常世界』世界思想社。
小森陽一・高橋哲哉編、一九九八、『ナショナル・ヒストリーを越えて』東大出版会。
Lindesmith, A.R., A.L. Strauss & N.K. Denzin, 1999, *Social Psychology* (8-th edition), Sage, / (1988). *Social Psychology* (7-th edition), Prentice Hall. 船津 衛訳『社会心理学』(五版)、恒星社厚生閣、一九八一。
中島義明他編、一九九九、『心理学辞典』有斐閣。
Prager, J., 1998, *Presenting the Past,* Harvard UP.
Schutz, A., 1974, *Der sinnhafte Aufbau der sozialen Welt,* Suhrkamp. 佐藤嘉一訳『社会的世界の意味構成』木鐸社、一九八二。
Strauss, A.L., 1997, *Mirrors and Masks,* Transaction. (Free Press版は一九五九年)。片桐雅隆監訳『鏡と仮面』世界思想社(近刊)。
Wilson, T.P., 1970, Normative and Interpretive Paradigms in Sociology, J.S. Douglas (ed.), *Understanding Everyday Life,* Aldine.
柳田國男、一九七〇、「明治大正史-世相篇」『定本柳田國男集第12巻』筑摩書房。
Zeruvabel, E., 1991, *The Fine Line,* Free Press.

第七章　シンボリック相互作用論における質的研究論争

――ポストモダン派と相互作用論派との応酬――

伊藤　勇

伊藤　勇（いとう・いさむ）
1956年　福井県生まれ
1985年　東北大学大学院文学研究科博士課程修了
現　職　福井大学教育学部教授
著　書　『農民生活における個と集団』（共著）御茶の水書房，1993年
『人間再生の社会理論』（共著）創風社，1996年
『現代社会学とマルクス』（共著）アカデミア出版会，1997年，ほか

一　はじめに

一九八〇年代の末から、シンボリック相互作用論ではポストモダン理論の評価が大きな争点になっている。この間、シンボリック相互作用論の理論や調査研究の見直しと刷新に対して、ポストモダン理論が積極的意義をもつのかどうかをめぐって、学派全体を巻き込んだ論争が繰り広げられてきた。

多岐にわたる議論の中でも、とりわけ中心的な争点となっているのは、質的研究（qualitative research）のあり方である。誰が、何のために、誰に向かって、どのように、質的研究を遂行し、作品を書くのか。この問いをめぐって、ポストモダン理論の見地から従来の質的研究の限界を指摘し、その根本的な見直しを主張するポストモダン派と、これをシンボリック相互作用論の自己否定だと反発する相互作用論派とが鋭く対立し、激しい応酬を続けてきた。(1)

論争は、シカゴ社会学以来の伝統に立つシンボリック相互作用論のお家芸とも言うべき質的研究について深刻な自己反省を促したという点で、さらには、現代日本においてわれわれ自身が質的研究を進めようとする場合に避けて通れない重要な問題を提起しているという点で、注目に値する。両派の応酬は対岸の火事ではない。以下、本論では、この論争において重要と思われる論点を整理・検討しながら、われわれ自身の調査実践に対する示唆を考えていきたい。

二　表現と正当性の危機——ポストモダン派の問題提起

表現の危機

ポストモダン派の主要な参照点の一つは、アメリカ社会科学の分野において一九八〇年代に顕著になった「言語論的転回（linguistic turn）」である。とりわけ、人類学の分野において、そのような視角から活発化した実証主義的エスノグラフィー批判――C・ギアーツの解釈人類学からJ・クリフォード、G・E・マーカス、M・フィッシャーらのポストモダン人類学に至る展開――が重要な契機となっている（Denzin & Lincoln, 1994:9-10, Denzin, 1997:4-7）。

N・K・デンジンたちによれば、言語論的転回は従来の質的研究の二つの基本前提を問題化した。第一に、質的研究が中心テーマとしてきた「生きられた経験」（対象者＝当事者の主観的ないしは内的な現実）と研究者の書く作品（テクスト）との対応、後者が前者をありのままに映し出せる（再現できる）という従来の前提が問題となる。

というのも、ポスト構造主義の見地に立てば、言語は経験や現実や主体を鏡のように映し出すものではなく、むしろ、それらを積極的に多様に作り出すからだ。したがって、参与観察やインタビューを通じて収集・記録した当事者の言葉や語り（経験についての当事者の表現＝解釈）が、「生きられた経験」を直接に反映していると想定することはできない。そもそも、本人が自己や経験世界について不変的で明確な解釈をもっているとは想定できない。その上、エスノグラフィーは、こうした当事者の言葉や語りを最大の拠り所として、研究者がそれらを整序し、コード化しながら、記述・解釈する言語表現（解釈の解釈）である。したがって、作品（テクスト）と「生きられた経験」とが直接に対応していると想定することは不可能なのだ（Denzin, 1990:147, 1991:62）。これをデンジンたちは、マーカスとフィッシャーに倣って、表現／再現（representation）の危機と呼ぶ（Denzin & Lincoln, 1994:9）。

正当性の危機

第二に、これと連動して、質的研究の正当性（legitimation）あるいは権威（authority）の危機が生じる。つまり、作品（テクスト）が当事者の経験や現実をありのままに映し出すものではないとすれば、作品やそれを生み出した調査研究それ自体は、いったいどのような資格でみずからを正当化できるのか、という問題が浮上するのだ（Denzin & Lincoln, 1994:10-11, また、Van Maanen, 1988:46-54も参照）。

従来の質的研究は、みずからの正当性をその科学性に求めてきた。社会学においては、事例研究法の非科学性という批判を克服しようとするシカゴ社会学以来の努力の中で、経験科学としての質的研究の確立が目指されてきた。とりわけ、現代のシンボリック相互作用論において、一九六〇年代から七〇年代にかけて、質的研究法の整備・体系化が進められた。(2) そこでは、自然科学や量的研究との相違を強調しつつも、研究の科学性を厳密に評価・判定するため、妥当性や信頼性や客観性といった基準を採用してきた。デンジンによれば、「クーンも、ブルーマーも、ヒューズも、そして、かれらに従う現代のシンボリック相互作用論者も、程度の差はあれ、『近代主義的な』科学観、つまり、検証可能な科学という見方や堅固な世界が外在するという『実在論的』社会概念、そして、相互作用論は自我や社会過程を他の何にも勝ってより良く描けるのだという考えに固執し続けてきたのである」（Denzin, 1992a:158）。

ところが、今や、こうした科学性による研究の正当化は疑わしいものになった。というのも、言語論的転回によって、こうした正当化の背後にある実在論的で実証主義的な科学観、すなわち、世界の外的実在性を想定し、それとの対応を知識や命題の真理性と見なす立場に破産宣告が出されたからである。また、フーコーや批判理論以来、客観性、中立性、普遍性を標榜する科学の現状追認的あるいは体制維持的な性格が暴露され、そのイデオロギー性、政治性が問題視されたからである。

質的研究は、こうした二重の危機に直面している。とすれば、従来の質的研究の存在論や認識論の前提、研究方針、方法、著述スタイル、評価基準、調査者‐対象者関係などは、根本的に見直されるべきではないか。こうしたポストモダン派の問題提起を、シンボリック相互作用論の本流を自認し、旺盛なフィールドワークを通して多くのエスノグラフィー作品を生み出してきた主流派は重大な挑戦と受け止め、反発し、一連の論争が繰り広げられていった。

三　経験的世界をめぐって

経験的世界の地位

論争において第一に問題となったのは、シンボリック相互作用論における「経験的世界の存在論的地位」（Denzin, 1990:152）である。

「経験科学は経験的世界の存在を前提とする。……それは、経験科学の出発点および帰結点であり、あらゆる主張を検証する根拠である」（Blumer, 1969:21-22）。

「外在する現実世界（a world of reality out there）は、人間に立ち向かい存在し、人間の行為に反発（resist）する……その反発が、認識の妥当性の試金石である」（Blumer, 1980:41）。

シンボリック相互作用論に対する内外からの主観主義、非科学という批判を念頭に、ブルーマーはこう述べた。(3)

ブルーマーによれば、シンボリック相互作用論は社会生活における行為者の「解釈過程」を重視し、行為者の見地からの把握を目指すものだが、しかし、その調査や分析は現実の社会的世界からの応答（talk back）に照らして妥当性が検証できるという意味で、客観的で科学的な探究たり得るのである。

しかし、はたして、質的研究において、経験的世界にブルーマーの言うような「試金石」の地位を与え、それによって、研究の認識論的妥当性を確保することが可能なのだろうか。前述のように、ポストモダン派は、知識の真理性を保証するような外在世界の想定を疑問視する。したがって、これを想定して、妥当で信頼性のあるデータを収集し、それを一義的に分析・解釈することが可能だとは考えない。また、そうした一義的分析・解釈（科学的知識）に他に優越した特権的地位を付与することは、知の権力化に他ならないと批判する。

こうした視点から、ポストモダン派は、質的研究の古典である『ストリート・コーナー・ソサエティ』をめぐるW・F・ホワイトとW・A・M・ボーレンの最近の論争[4]に注目する。デンジンやL・リチャードソンによれば、この論争で、ホワイトとボーレンは、ともに、観察者=著者の解釈から独立した唯一の外在世界（「コーナーヴィル」）の存在を前提に、どちらがその「真実」をより良く把握・叙述しているかを争った。しかし、この争いが図らずも明るみにだしたのは、両者の生活史、知的背景、ジェンダー、そして対象者との関係などが、それぞれの調査の進め方や着目する現象や採用する証言の選択と不可分に結びついているということ、また、これに応じて、両者はそれぞれの「コーナーヴィルの真実」を語っているということである。社会的世界の質的探究において、唯一の真実を求めることはできないのだ。むしろ、問われるべきは、誰にとっての真実かであり、誰がどのような立場から、どのように調査を行ない、どのようにテクストを書いているかである。ところが、ホワイトもボーレンも実証主義的な科学観と「写実的な物語」の形式に囚われて、これらの問題を不問に付して、唯一の真実をめぐる不毛な争いに終始している（Denzin, 1992b, Richardson, 1992）。

相互作用論派の反発

これに対して、相互作用論派はポストモダン派の主張に一定の価値を認めながら（次節参照）、しかし、全体としては以下のような強い反発を示した。

第一に、外在世界の存在を疑問視し、言語の自律的作用を強調することで、ポストモダン派の議論は、結局は、社会的世界や諸個人を言語表現やテクストに還元してしまうのではないか（Dawson & Prus, 1993a, Plummer, 1994）。しかし、フィールドワークの現場でいったい誰が、人びとの相互行為が織り成す世界を否定できるのか。ホワイトがどう理解し、書いたかに関わらず、「コーナーヴィル」は実在するのだ。むろん、この経験的世界は、ブルーマーを敷衍して言えば、人びとの相互行為を通して社会的に構築された対象世界であり、相互行為の展開に伴い、不断に変容する過程的な現実である。また、行為者個々のパースペクティブに応じて多元的に意味づけられる世界である（Schmitt, 1993）。したがって、それは人びとの行為や解釈から独立に、それ自体として真理を告げるような実在ではない（Dawson & Prus, 1995）。だからこそ、こうした経験的世界の性質を尊重し、その世界に入り込み精通し、人びとの声に耳を傾けるフィールドワークが不可欠なのだ（Sanders, 1995, Charmaz, 1995）。ところが、ポストモダン派が推奨するのはデスクワーク主体のテクスト分析である。それはフィールドからの撤退を正当化し、シカゴ社会学以来のフィールドワークの良き伝統を破壊する（Best, 1995, Snow & Morril, 1995a）。

第二に、ポストモダン理論は、いかなる理論も方法も言説も普遍的な妥当性を請求できないとして、知の相対性を強調するが、それは、なんでもありの相対主義、悪しき平等主義を招くのではないか。たしかに、シンボリック相互作用論の基本見地でも、知識のパースペクティブ拘束性や文脈依存性を当然のことと考える。とはいえ、それはすべての知識が等しく妥当だとするものではない（Dawson & Prus, 1993b）。ところが、ポストモダン派の極端な相対主義では、熟練したエスノグラファーの研究も、浅薄なジャーナリズム記事も、テレビのトーク・ショーも、さらには、架空の物語も、大差ない言説として悪平等化される（Sanders, 1995, Charmaz, 1995）。それでは地道な調査、対象者との交流、専門家集団や読者の評価を通して、説明力・説得力・信用を獲得しようとしてきた質的研究者の努力が水泡に帰してしまう（Sanders, 1995）。

第三に、ポストモダン派は知の相対性を言いながら、他方では、実在論、実証主義、プラグマティズムを時代遅れだとして周縁化し、みずからの見地を絶対化している（Snow & Morril, 1995b）。また、ポスト構造主義やカルチュラル・スタディーズの理論枠組みを前提に、主体に対する言語やイデオロギーの優位性、日常の意味世界に対するマス・メディアや文化産業の規定性を強調する。なるほど、われわれの日常にメディアの浸透が著しいのはたしかである。しかし、ポストモダン派のように、人間を支配的なイデオロギーや文化の操り人形と見なしてしまってよいのか。それはポストモダン理論が本来忌避すべきはずの決定論であり、グランド・セオリーではないか（Dawson & Prus, 1993a, Plummer, 1994）。そこでは当事者の生きられた経験、生きられた意味を探究するという、シンボリック相互作用論の最良の視点が後景に退いてしまう（Charmaz, 1995）。

ポストモダン派の応答

こうした反発に対してポストモダン派は、およそ次のように応じた。

第一に、われわれは経験的世界の存在それ自体を否定しているのではない。「誰がブルーマーの言う堅固な世界、基層の現実を否定できようか」（Denzin, 1993:183）。しかし、それが存在したとしても、はたして当事者や研究者はそれを言語やテクストによって正確に再現・表現できるのだろうか。これが不可能だとすれば、知識の真理性や妥当性を保証する地位を経験的世界に与えることもできないはずだ。これがポストモダン理論の提起である。

第二に、われわれの立場は、なんでもありの相対主義ではない。われわれは従来の認識論的妥当性を基準に質的研究を評価することを疑問視するが、それに代わるまったく別の評価基準の確立を目指している。すなわち、研究の現実介入性を前提に、研究や作品が解放的関心に導かれているかどうか、対象者を含む読者の行動や感情や想像を喚起するかどうか、社会批判力をもつかどうか、などの反基礎づけ主義的基準（antifoundational criteria）を提起しているのだ（Denzin & Lincoln, 1994:chap.36, Richardson, 1994, Denzin, 1997:chap.7 など）(5)。

第三に、経験的世界を行為者＝当事者がどう生き、どう意味づけているかへの着目は、たしかにシンボリック相互作用論の誇るべき特長であり、それは放棄されるべきではない。しかし、相互作用論派は行為者の意味構築を自律的で創造的なものと見なしがちではないか。それはポストモダンと呼ぶべき特殊歴史的な文脈における経験的世界の現況に、適合しない捉え方ではないか。こう述べて、ポストモダン派は経験的世界の今日的性格に関する次のような認識――それは、「ポストモダン感覚（postmodern sensibility）」とリチャードソンやデンジンが呼ぶ世界内的な認識である――を改めて強調した。

現代のポストモダンあるいは後期資本主義社会においては、コミュニケーション産業や文化産業による文化対象や文化コードの生産・再生産が支配的で、そのことがわれわれの日常生活に決定的な影響を及ぼしている。すなわち、かつてC・W・ミルズが、近年ではカルチュラル・スタディーズが指摘するように、「文化装置」の提供するイメージやコードが、われわれ自身の生活や経験の捉え方や意味づけ方の当然視された枠組みとなって、われわれの日常の「現実」を基底から媒介している。情報資本主義の展開はこれを一層深化させている。とすれば、当事者の意味世界を探究する際に重要なのは、解釈枠組みとしてどのようなイメージやコードやロジックがそこに入り込んでいるかを暴き出すことである。その上で、そうした枠組みとの関わりで当事者たちがみずからの生活や経験をどのように意味づけようとしているか（「意味」をめぐる葛藤や抗争）を問うていくべきではないか。こうした批判的観点が従来のシンボリック相互作用論では弱かったのだ（Denzin, 1990:146, 1992:78-80, 1993:183, 1997:263など）。

四　相互行為としての質的研究

リフレクシブ・ターン

以上のように、経験的世界の位置づけや研究の妥当性を何に求めるかといった基本的前提をめぐっては、両派の見解は鋭く対立し、すれ違いに終わっている面も目立つ。しかし、ポストモダン派の提起によって顕在化し、相互作用論派の間でも積極的に受け止められ、議論が深まったと思われる論点もある。それは質的調査それ自体の相互行為的性格を踏まえて、調査者と対象者の関係、「データ」の扱い方、その解釈と作品叙述の仕方などをどう捉え直すかという問題である。

ポストモダン派は、いかなる社会調査も、また調査者も、それが研究対象とする現象や状況と独立したものではなく、それ自体が現象や状況の一部であり、相互の影響が不可避である点を強調する（Denzin & Lincoln, 1994）。こうした再帰性（reflexivity）は、とりわけ、参与観察や非構造的インタビューを通して対象者と接触する質的研究において顕著となる。とすれば、質的研究者は調査研究の全過程において次のような点を常に考慮する必要がある。すなわち、研究者は対象者とどのような関係を作り上げ、どのように振舞ったか、また、そうした関係や行動に研究者自身の個人的ないし理論的立場や立場が、あるいは自己呈示がどのように作用したか、さらに、そうした立場や関心が「データ」の生成や解釈・記述にどのように作用したかなどについてである。ところが、従来の質的研究では、これらについて、儀礼的な断りや仲間内の裏話として語られることはあっても、正面から取り上げて考察され、公表されることはまれであった。その背景には、調査に熟練し、厳密な方法に従えば「データ」やその解釈への種々のバイアスの介入は回避できるという楽観的な想定があったのではないか。こう述べて、ポストモダン派は研究の再帰性を正面から見据える質的研究への視座転換（reflexive turn）を提起した。

相互行為としてのインタビュー

こうした提起を大きな契機として、ポストモダン派か否かに関わらず、シンボリック相互作用論の中で従来の質的調査の過程や方法を具体的に見直す動きが現れてきた。

例えば、インタビューを取り上げれば、インタビューという調査行為が、調査者と対象者との対面的相互行為であり、両者の関係やインタビューの仕方が対象者の回答に影響を及ぼすということは、従来のインタビュー論でも早くから論じられてきた（Denzin, 1989a: chap.4 参照）。しかしそれは、総じて、回答者に当人の経験・感情・考えをいかにしたらあるがままに語ってもらえるかという問題をめぐっての議論に終始していた。そこには、「ラポール」をうまく作り、友好的だが中立的な立場を保持して、適切な質問と記録の仕方を考案すれば、調査者およびインタビュー場面の影響を最小化することができ、あるがままで偽りのない回答（対象者の内側にあって、発見されるのを待っている主観的現実の表現）が得られるはずだという想定が濃厚であった。(6)

しかし、こうした想定は、シンボリック相互作用論の基本前提に即しても、問題ではなかったか。すなわち、ブルーマーは、①人間は対象に対して、それらが自分にとって持つ意味に基づいて働きかける、②意味は社会的相互行為の中で生じる、③意味は解釈過程の中で扱われ修正されるという三点を基本前提とした（Blumer, 1969:2）。これら（とりわけ②）に即せば、インタビューにおける「回答」は調査者と回答者の相互行為を通して創発する構築物であり、相互行為の文脈から独立したものとして取り扱うことはできないのではないか。

こうした反省から、最近のインタビュー論では相互作用論的視点の徹底による捉え直しが進められ、「インタビューとは、データ収集のためのニュートラルな道具ではなく、調査者と回答者との間のアクティブな相互行為であり、そこでの交渉を通じて文脈依存的な結果をもたらすものだ」という認識が強まっている（Fontana & Frey, 2000:646）。この認識に立てば、インタビュー回答の取り扱いにおいて、それがどのような調査者–対象者関係の中で、どのようなやりとりを通して、どのように語られたものかという「インタビューの hows」が重要になる。[7] 従来のインタビュー調査では、「回答」の内容そのものに関心と分析が集中し、この hows はほとんど省みられることがなかったが、今や、「回答」は、調査者と回答者の相互行為（一種の「協同」）を通して産み出される「語り（narrative）」であり、常に、関係依存的・文脈依存的・創発的なものとして捉えられねばならない。その上で、「語り」の意味内容に立ち戻り、分析と解釈に向かうべきだという、研究指針が提起されているのである。[8]

五　おわりに

以上、両派の応酬について、私なりに重要と思われる論点や主張を見てきた。

ポストモダン派の主張に対し、そこには何も新しいものはない、すべてシンボリック相互作用論のなかに織り込み済みであるとか、質的研究の自己破壊行為だといった極めて否定的な評価もある（Maines, 1996やHammersley, 1999など）。しかし、前節でふれたように、研究（者）と対象者・対象世界との再帰的関係や質的調査自体を相互行為として捉え直す視点などは、相互作用論派の立場から見ても、積極的意義のある問題提起であり、従来の質的研究の反省と見直しに貢献していると言えよう。

ポストモダン派は、表現と正当性の危機という主張によって、従来の科学性に基づく正当化を根本から疑問視した。それが相互作用論派からの強い反発を招く最大の理由であったが、科学性を疑問視するがゆえに、対象者−調査者関係への鋭敏な感覚、研究の介入性（広い意味での政治性）についての強い自覚、研究の高い倫理性を、ポストモダン派はわれわれ質的研究に従事する者に要求しているのである。

（1）ここでは、争点を分かりやすくするため、論争で用いられた「ポストモダン派（postmodernist）」/「相互作用論派（interactionist）」という表現と区分を流用するが、むろん、これは一種の単純化で、ポストモダン理論への理解や評価、さらに研究志向は論者によって多様である。質的研究に関わる両派の主要な応酬は以下の通りである。N・K・デンジン対K・プラマー（Denzin, 1990, Plummer, 1990a, 1990b, 1994）、P・T・クラフ対H・ファーバーマン（Clough, 1992a, Farbarman, 1991, 1992）、デンジン、A・フォンタナら対R・プラス、R・L・シュミット、J・ベスト、K・チャーマズら（Denzin, 1993, 1997, Fontana, 1993, Dowson & Prus, 1993a, 1993b, 1995, Schmitt, 1993, Best, 1995, Sanders, 1995, Charmaz, 1995）、デンジン、Y・S・リンカーン対J・ロフランド、D・スノウら（Denzin & Lincoln, 1995, Lofland, 1995, Snow & Morrill, 1993, 1995a, 1995b, Hammersley, 1999）、デンジン対D・メインズ（Denzin, 1996, Maines, 1996）。見られるように、デンジン対批判者のやりとりが目立つ。デンジンは現在ポストモダン派の代表格と目されるが、一方では、早くからM・クーンやH・ブルーマーのシンボリック相互作用論に立って質的研究法の整備・体系化を目指してきた人物である（船津、一九七六、第三章参照）。その彼が、一九八〇年代後半から、シンボリック相互作用論へのポスト構造主義やカルチュラル・スタディーズの導入を提唱し始めた。それは、彼自身のそれまでの理論・方法・経験的研究への自己批判を含めて、従来のシンボリック相互作用論に対する深刻な限界認識に基づくものだった（Denzin, 1992aはその総括である）。それゆえ、彼の提起は、かつての盟友とも言うべき同世代のシンボリック相互作用論者の間に波紋を投じ、大きな反発も招いた。そのため、論争においてデンジンへの批判が集中し、これにデンジンが応酬する形になっているのである。なお、右記のうちブラマーとデンジンの応酬については、Denzin（1989b）の邦訳解説で土肥豊が言及している。また、自己（self）概念をめぐる争点については、片桐（一九九八）で論じられている。

（2）具体的には、A・ストラウスらの「グラウンデッド・セオリー」（Glaser & Strauss, 1967, Shcattman & Strauss, 1973など）やJ・ロフランドらの「分析的エスノグラフィー」（Lofland & Lofland, 1995 初版は一九七一年）、そしてデンジン自身の「調査行為論」（Denzin, 1989a 初版は一九七〇年）などを指す。いずれも版を重ね、シンボリック相互作用論系の多くの経験的研究の参照点となった。

（3）一九七〇年代から八〇年代初頭にかけてのブルーマーと批判者との論争について、詳しくは伊藤　勇（一九九八）を参照されたい。なお、デンジンによれば、この論争を経て、シンボリック相互作用論の大勢はブルーマーの基本見地を支持し、調査方法論としての具体化・体系化をはかり、かつ具体的な調査研究の累積を目指す方向で推移した。しかしそれは、ハードな実証主義陣営からの攻撃に対抗してみずからの科学性を殊更に強調したがため、結果的に、シンボリック相互作用論を実証主義の枠内に留めてしまった（Denzin, 1992:8-13）。

（4）*Journal of Contemporary Ethnography*, 1992, vol.21, no.1の特集およびWhyte, 1993, Appendix 16参照。

（5）こうした基準・倫理を掲げて、デンジンたちが実践している試みの一つに、「パフォーマンス・エスノグラフィー」（フィールドワークの記録や体験をベースに、朗読や劇、映像などで演じられることを想定した作品を創作する試み）がある（Denzin, 1997: chap.4参照）。

（6）例えば、K・チャーマズは「グラウンデッド・セオリー」の立場から、初期のストラウスやグレイザーにおいては、熟練した調査者なら誰でも同じ発見ができ、調査者の地位や立場は観察やインタビューの結果に影響を及ぼさないという想定が濃厚だったと内在的批判を行なっている（Charmaz, 2000）。

（7）この表現はホルスタインとグブリアムのインタビュー論（Holstein & Gubrium, 1995）からの借用である。フォンタナらも指摘するように、howsへの着眼はエスノメソドロジーや構築主義の大きな貢献であろう（Fontana & Frey, 2000）。

（8）こうした最近のインタビュー論に学びながら、また、好井裕明・桜井　厚（二〇〇〇）にも触発されて、私自身の農民インタビュー調査の反省を伊藤　勇（二〇〇一）で試みた。

[付記] 本論は、一九九九年、イリノイ大学滞在中に、ノーマン・デンジンと交わした対話から多くを学んでいる。相互作用論派の戸惑いや悩みが私自身のものであることを気づかせてくれたデンジンに、心から感謝する。なお、この滞在研究は国際交流基金から助成を受けた。

参考文献

Best, J., 1995, Lost in the Ozone Again: The Postmodernist Fad and Interactionist Foibles, *Studies in Symbolic Interaction*, 17:125-130.

Blumer, H., 1969, *Symbolic Interactionism: Perspective and Method,* Englewood Cliffs, NJ: Prentice-Hall. 後藤将之訳『シンボリック相互作用論』勁草書房、一九九一。

———, 1980, Mead and Blumer: The Convergent Methodological Perspectives of Social Behaviorism and Symbolic Interactionism, ***American Sociological Review,*** 45:409-419.

Charmaz, K., 1995, Between Positivism and Postmodernism: Implications for Methods, ***Studies in Symbolic Interaction,*** 17:43-72.

———, 2000, Grounded Theory: Objectivist and Constructivist Methods, in Denzin and Lincoln (Eds.), ***Handbook of Qualitative Research*** (2nd edition), 509-535.

Clough, P.T., 1992a, A Response to Farberman's Distinguished Lecture: A Closer Encounter with Postmodernism, ***Symbolic Interaction,*** 15 (3) :359-366.

———, 1992b, ***The End (s) of Ethnography,*** Newbury Park, CA: Sage.

Dawson, L.L., and R.C. Prus, 1993a, Interactionist Ethnography and Postmodernist Discourse: Affinities and Disjunctures in Approaching Human Lived Experience, ***Studies in Symbolic Interaction,*** 15:147-177.

———, 1993b, Human Enterprise, Intersubjectivity, and the Ethnographic Other: A Reply to Denzin and Fontana, ***Studies in Symbolic Interaction,*** 15:193-200.

———, 1995, Postmodernism and Linguistic Reality versus Symbolic Interactionism and Obdurate Reality, ***Studies in Symbolic Interaction,*** 17:105-124.

Denzin, N.K., 1989a, ***The Research Act*** (3rd Edition), Englewood Cliffs, NJ: Prentice Hall.

———, 1989b, ***Interpretive Interactionism,*** Newbury Park, CA: Sage. 関西現象学的社会学研究会訳『エピファニーの社会学——解釈的相互作用論の核心』マグロウヒル、一九九二。

———, 1990, The Spaces of Postmodernism: Reading Plummer on Blumer, ***Symbolic Interaction,*** 13 (2) :145-154.

———, 1991, Representing Lived Experiences in Ethnographic Texts, ***Studies in Symbolic Interaction,*** 12: 59-70.

———, 1992a, ***Symbolic Interactionism and Cultural Studies: The Politics of Interpretation,*** Cambridge, MA: Blackwell.

———, 1992b, Whose Cornerville Is It, Anyway?, ***Journal of Contemporary Ethnography,*** 21:120-132.

———, 1996, Prophetic Pragmatism and the Postmodern: A Comment on Maines, ***Symbolic Interaction,*** 19 (4) :341-355.

———, 1997, ***Interpretive Ethnography: Ethnographic Practices for the 21st Century,*** Thousand Oaks, CA: Sage.

Denzin, N.K., and Y.S. Lincoln, 1995, Transforming Qualitative Research Methods, ***Journal of Contemporary Ethnography,*** 24 (3) :349-358.

Denzin, N.K., and Y.S. Lincoln（Eds.）, 1994, *Handbook of Qualitative Research*（1st Edition）, Thousand Oaks, CA: Sage.

———, 2000, *Handbook of Qualitative Research*（2nd Edition）, Thousand Oaks, CA: Sage.

Farberman, H.A., 1991, Symbolic Interaction and Postmodernism: Close Encounter of a Dubious Kind, *Symbolic Interaction,* 14（4）:471-488.

———, 1992, The Grounds of Critique: Reply to Fee and Clough, *Symbolic Interaction,* 15（3）:375-379.

Fontana, A., 1993, Interactionist Ethnography and Postmodern Discourse Revisited, *Studies in Symbolic Interaction,* 15:189-192.

Fontana, A., and J.H. Frey, 2000, The Interview: From Structured Questions to Negotiated Text, in Denzin and Lincoln（Eds.）, *Handbook of Qualitative Research*（2nd edition）, 645-672.

船津　衛、一九七六、『シンボリック相互作用論』恒星社厚生閣。

Glaser, B.G., and A.L. Strauss, 1967, *The Discovery of Grounded Theory: Strategies of Qualitative Research,* Chicago: Aldine Publishing Co.. 後藤隆ほか訳『データ対話型理論の発見』新曜社、一九九六。

Hammersley, M., 1999, Not Bricolage But Boatbuilding, *Journal of Contemporary Ethnography,* 28:574-585.

Holstein, J.A. and J.F. Gubrium, 1995, *The Active Interview,* Thousand Oaks, CA: Sage.

伊藤　勇、一九九八、「シンボリック相互作用論とG・H・ミード——H・ブルーマーと批判者との応酬をめぐって」『社会学史研究』第二〇号、九九－一一一頁。

———、二〇〇一（近刊）、「インタビューの限界と可能性——庄内調査の方法的反省」『社会学年報』第三〇号、東北社会学会。

片桐雅隆、一九九八、「シンボリック相互行為論をめぐる二つの争点——ミクロ・マクロ問題と自己の構築主義」『社会学史研究』第二〇号、七一－八三頁。

Lofland, J., 1995, Analytic Ethnography, *Journal of Contemporary Ethnography,* 24: 30-67.

Lofland, J., and L.H. Lofland, 1995, *Analyzing Social Settings: A Guide to Qualitative Observation and Analysis*（3rd Edition）, Belmont, CA: Wadsworth Publishing Co. 進藤雄三・宝月　誠訳『社会状況の分析——質的観察と分析の方法——』恒星社厚生閣、一九九七。

Maines, D.R., 1996, On Postmodernism, Pragmatism, and Plasterers: Some Interactionist Thoughts and Queries, *Symbolic Interaction,* 19（4）:323-340.

Plummer, K., 1990a, Herbert Blumer and the Life History Tradition, *Symbolic Interaction,* 13（2）:125-144.

———, 1990b, Staying in the Empirical World: Symbolic Interactionism and Postmodernism, *Symbolic Interaction,* 13（2）:155-160.

———, 1994, Review of N.K. Denzin's Symbolic Interactionism and Cultural Studies, *The Sociological Review,* 42（1）:154-156.

Richardson, L., 1992, Trash on the Corner: Ethics and Technography, *Journal of Contemporary Ethnography,* 21:103-119.

———, 1994, Writing as a Method of Inquiry, in Denzin and Lincoln（Eds.）, *Handbook of Qualitative Research*（1st edition）, 516-529.

Sanders, C. R., 1995, Stranger than Fiction, *Studies in Symbolic Interaction*, 17:89-104.

Schatzman, L., and A.L. Strauss, 1973, *Field Research : Strategies for a Natural Sociology*, Englewood Cliffs, NJ : Prentice-Hall. 川合隆男監訳『フィールド・リサーチ』慶應義塾大学出版会、一九九九。

Schmitt, R.L., 1993, Cornerville as Obdurate Reality, *Studies in Symbolic Interaction*, 15:121-145.

Snow, D.A., and C. Morrill, 1993, Reflections on Anthropology's Ethnographic Crisis of Faith, *Contemporary Sociology*, 22:8-11.

———, 1995a, A Revolutionary Handbook or a Handbook for Revolution?, *Journal of Contemporary Ethnography*, 24 (3) :341-348.

———, 1995b, Ironies, Puzzles, and Contradictions in Denzin and Lincoln's Vision for Qualitative Research, *Journal of Contemporary Ethnography*, 24 (3) :359-362.

Van Maanen, J., 1988, *Tales of the Field : On Writing Ethnography*, Chicago : University of Chicago Press. 森川　渉訳『フィールドワークの物語』現代書館、一九九九。

Whyte, W.F., 1993, *Street Corner Society* (4th edition), Chicago: University of Chicago Press. 奥田道大・有里典三訳『ストリート・コーナー・ソサエティ』有斐閣、二〇〇〇。

好井裕明・桜井　厚編、二〇〇〇、『フィールドワークの経験』せりか書房。

第八章　成員カテゴリー化装置分析の新たな展開

山田富秋

山田富秋（やまだ・とみあき）
1955年　北海道生まれ
1983年　東北大学大学院文学研究科博士課程修了
現　職　京都精華大学人文学部教員
著　書　『エスノメソドロジーの想像力』（共編著）せりか書房，1998年
『会話分析への招待』（共編著）世界思想社，1999年
『日常性批判――シュッツ・ガーフィンケル・フーコー』せりか書房，2000年，ほか

一　本論の見取図

最初に、会話分析の位置づけをめぐるエスノメソドロジー内部での議論を整理しよう。会話分析は実際に話された会話をデータとして、会話的相互行為に関する経験的発見を蓄積してきた。しかしながら、こうした「実証的」な外観はエスノメソドロジーのインデックス性の主張と相容れないように見える。エスノメソドロジーは、たとえば高速道路の渋滞といった社会現象を、まさにその現象に独特の「個性原理（haecceity）」を記述するという方法によって、いわば「生きられた現象」を直接捉えようとする。ところが、この「個性原理」を記述せよという「独特の様式への適合性要件（unique adequacy requirement）」は、コンテクストに内在した記述を要請するために、当該のコンテクストを離れて、他の類似した会話現象を横断的に比較し、そこから経験的発見を蓄積していく会話分析の方法とは矛盾をきたすように見えるのである。

この問題に対して、最近何らかの解決策を提示しようとする動きが現れている。ひとつはH・ガーフィンケルの「個性原理」や「独特の様式への適合性要件」という研究方針に沿って、会話分析に「成員カテゴリー化装置（以下MCDと略す）」の分析を組み込んでいくS・ヘスターとP・イグリンたちの試みである（Hester & Eglin, 1997）彼らはH・サックスの実証的な方向性（脱コンテクスト化）を批判することで、コンテクストに内在した「個性原理」の記述として成員カテゴリー化装置を捉え直そうとしている。もうひとつは、サックスの「醒めた、蓄積的」研究への志向性をそのまま承認しようというD・シルバーマンの試みである。彼は自分はどちらの側に立つこともしないという。彼が提案するのはエスノメソドロジー内部で政治的な闘争を行うことではなく、むしろ現在の社会科学の前提を超えていくようなサックスの「美学」を評価することによって、エスノメソドロジー内部に「不調和（アノマリー）」なものをそのまま受け入れようとする（Silverman, 1998）。

まず、会話分析をめぐる論争を整理することで問題点を明確にし、それからヘスターたちの解決策を具体的な会話例を提示しながら説明しよう。この作業によって、シルバーマンの提唱するように、MCDと会話分析を共存させることが、これまで私が主張してきた「権力作用」の分析に大きく貢献することを最後に主張したい。

二　会話分析の位置づけをめぐる論争

会話分析の方法的立場に対する容赦ない批判は、M・リンチとD・ボーゲンの批判である。G・サーサス（Psathas）が述べているように、会話分析の研究方針は「無心の観察」（unmotivated observation）にある（Psathas, 1995, Chap.4）。すなわち、テープレコーダーやビデオに記録した会話をトランスクリプトに書き起こし、それを何度も繰り返し眺めながら、会話の細部にまで注意を凝らす。そして、その会話現象が産出される方法について、会話のシークェンスに沿って微細な形式的特徴を記述するというやり方である。これは実際の会話記録の緻密な観察に基づいて会話現象を記述し、それを再現してみせる（observation-description-replication）ことである。リンチたちはサックスが考案したこの方法を「原初的な自然科学（primitive natural science）」と呼ぶ。それは観察されたことを記述することで、その記述に基づいて、誰でも観察された現象を再現できる、そういった科学である（Lynch and Bogen, 1994, esp. note. 29）。

この立場を採用すれば、確かに実際の会話現象を無視した抽象化は避けられる。しかし他方では、観察された現象の再現性を基準として、数多くの観察を比較しながら、そこに共通に見られる規則性や形式的構造を抽出する一般化への方向性は必然的にでてくるし、発見された規則性を蓄積して体系化する方向性も免れない。つまり、それはエスノメソドロジーがT・パーソンズを代表とする「構築的分析」の特徴として批判してきた抽象化と、発見された規則性の蓄積と体系化をメルクマールとする経験科学の方向である。リンチたちはこれこそ会話分析がエスノメソドロジーから離脱して、客観的な経験科学へと向かう誤った道だと断罪する。なぜなら、会話分析はエスノメソドロジーのように、メンバーの方法をコンテクストに受肉した「個性原理」として記述するのではなく、会話現象の科学者つまり専門家として、会話の一般的規則を蓄積していこうとするからだ。リンチたちによれば、会話分析はサックスが最初提唱していた「誰にでも」観察された現象を再現できるという次元を途中で放棄してしまい、会話分析というパラダイムに参加する専門家によってのみ再現できるようになってしまったという。そこから、サックスがはじめは維持していた、理論と日常世界の連続性が分断され、会話分析の専門家による科学的研究と、しろうとの会話参加者という二分法が確立されたとする（Cf. Lynch and Bogen, 1994, Lynch, 1993.5)。

では、どうやって会話分析とエスノメソドロジーとを仲裁することができるのだろうか？　この点について私は、別なところで暫定的な解決の方向を示唆しておいた（山田、一九九五）。すなわち私が着目したのは、会話分析が明らかにするものは、自然科学をモデルとした「脱コンテクスト化」された規則群ではなく、私たちがメンバーとして了解可能な道徳的・規範的秩序であるという点である。たとえば、会話分析の有名な概念として「隣接対（adjacency pair)」がある。これは「問い／答え」の隣接対のように、「問い」という第一対部分が作られれば、それを聞いた会話参加者に、それと同じ行為タイプに属する第二対部分、つまり「答え」を会話のつぎの順番において作らせる条件を生み出していく。その意味で、シークェンスにまたがった行為の投企性を可能にする条件でもある。しかし、これを自然科学の規則のように考えると、誤った道を歩むことになる。L・ジェユッシは言う。「例えば、あいさつ／あいさつの隣接ペアを取り上げるなら、私たちはあいさつが必ずしもあいさつを引き出さないことが実際にあることを知っている。しかし、ここで言われていることは、それが経験的規則であるということではない。むしろ重要なことは、あいさつが返礼として返ってくるという期待は、それがルーティンな実践的・道徳的秩序（practico-moral order）に属することがらとして期待されているということである」（Jayyusi, 1991:242）。

私たちはあいさつしたのに返礼がなければ、それを非礼と考え、無視されたと怒るか、あるいは、非礼をしなければならない何らかの理由をあれこれと推論するかもしれない。つまり、会話分析の発見した「規則」とは、経験的に確かめられる実証的「概念」というよりはむしろ、それに従ったり、従わなかったりすることが、それぞれの行為に対応した「実践的・道徳的」な解釈（実践的推論）や、具体的な社会的結果を生み出していくという意味で、アプリオリな性格をもったものである。つまり、会話分析の明らかにする「規則」とは経験的規則ではなく、私たちがメンバーとしてコミットしなければならない規範的で道徳的な秩序なのである。したがって、会話分析が発見し、蓄積してきた会話の形式的特徴とは、J・クルターの言う「論理文法」に近いものとして考える必要があるだろう（Coulter, 1979）。なぜなら、論理文法分析はメンバーの道徳的秩序への規範的コミットメントが会話という活動を通してどのように達成されているのか明らかにする営みであるからだ。そして会話分析が発話のシークェンスに重点を置いた分析をするなかで、MCDの分析こそメンバーの規範的なコミットメントを慣習的な文法として明らかにする道を開くものである。

三　成員カテゴリー化装置（MCD）と会話分析

サックス亡き後の会話分析の指導者であるシェグロフはMCDに批判的である。つまり、もしMCDをシークエンスにおける位置づけから切り離して考えると、それは恣意的なものにならざるをえず、単に常識を繰り返すだけのものになるからだという。したがって、会話分析のようなシークェンス分析を行わないならば、MCDについての分析は、会話参加者自身がそれを実践しているというよりは、むしろ、分析者の恣意あるいは権限に依存するだけのものになってしまう。MCDの「カテゴリー付帯活動」という概念についてシェグロフは言う。「泣くという活動が赤ちゃんに結びつけられるという観察は、（中略）発見ではない。それはただ単にいくらかの常識を明らかにしているだけなのである。したがって、この観察は単なる主張であるため、分析者の権限に依存するかぎりでは実際は主張できないものである。それは何か別な仕方で証明する必要がある（後略）」（Schegloff, 1992:xlii）。そして、こうした恣意性から、サックスは「カテゴリー付帯活動」という概念を放棄したとまで言う。同様にヘスターたちも、会話分析は多くの後継者によって現在見るような広大な研究領域へと発展したが、カテゴリー化の研究の方はそれに匹敵するような展開はないという。会話分析は会話シークェンスにおける発話の位置（順番）を考察の中心に置くことで、MCDの側面を不当に犠牲にしてきたのだという。

しかし、サックスが本当にMCDの分析を放棄したかどうかについては反論がある。それはD・R・ワトソンの議論である。彼はサックスがかなり多くの仕事をMCDに費やしているだけでなく、(a)サックスは社会的活動としてカテゴリー化を考えていたのであって、固定した文化の枠組みとしてMCDを考えていたわけではないこと、(b)カテゴリーは脱コンテクスト化された意味の貯蔵庫ではなく、むしろ、カテゴリーが意味を持つのは特定のコンテクストにおいてのみであること、(c)カテゴリーの使用は心理的プロセスの何らかの反映ではなく、公共的な文化リソースに依存していること、(d)サックスにとって重要なのはカテゴリーの内容ではなく、それが使われる手続きであること、以上の四点を挙げて、シェグロフの批判に答えている（Watson, n.d.）。

ワトソンのサックスの評価とは対照的に、ヘスターたちはシェグロフが警戒するような脱コンテクスト化されたMCD分析の方向性をサックスのうちに認めており、それをMCDの「物象化」と呼んだ（Hester and Eglin, 1997:14ff）。サックスによる成員カテゴリー化「装置」の一般化は、認識人類学の想定する抽象的な「文化」と親和性を持つ。ところが、それと同時に彼らは、サックスの中に「物象化」と背反する方向も読みとる。それはMCDを具体的なコンテクストにおいて考える姿勢である。彼らはこの傾向を積極的に評価し、それをエスノメソドロジーの研究方針である「独特の様式への適合性要件」に結びつけることで、コンテクストにおけるMCDの分析、つまり「実践としての文化（culture in action）」の分析を組み立てようとする。つまり、「成員カテゴリー化装置はメンバーの実践的行為や実践的推論のその場における達成物としてみなさなければならない」（Hester and Eglin, 1997:27）のである。

ワトソンもヘスターたちもMCDと会話分析を別個の研究分野とはみなさず、むしろ両者の組み合わせによって、さらに緻密な分析が可能になると主張する。さらにまた、実際の会話を分析すれば、両者は緊密に結びついていることがわかるという。たとえば、いま教壇で発話している者を「教師」としてカテゴリー化する作業によって、その人物が発問し、生徒からの回答を評価するというシークェンスに沿った会話の組織化が理解できるようになり、しかも、その資格証明ともなっていることがわかる。つまり、会話のシークェンス的組織化とカテゴリー化作業とは、分かちがたく結びついているのである。ワトソンもまた、シークェンス分析を中心とする会話分析も、会話のトランスクリプトに発話者のカテゴリー化をほどこす時点で、不可避的にMCDを分析のリソースとして使っていると主張する（Watson, 1997）。

これまで、ＭＣＤが会話分析やエスノメソドロジーの中で軽視されてきた歴史を考えるなら、ワトソンたちの主張もうなずける。しかしながら、重要なことはシルバーマンが言うように、また別の党派をエスノメソドロジーの中に作ることではなく、実践的・道徳的秩序が具体的なコンテクストにおいて、どのようにして協働で作り出されているのか、それを多元的に明らかにするためなら、「不調和」なものでも何でも認めていく姿勢だろう。ＭＣＤをめぐる論争はこのくらいにして、彼らがどのようなＭＣＤ分析を実践しているのか、具体的な会話をめぐって検討することにしよう。

四　「実践としての文化」としての成員カテゴリー化装置

成員カテゴリー化装置（ＭＣＤ）とは人びとを記述するのに使用できる社会的タイプないしは分類のことである。たとえば、「母親」であるとか「政治家」であるとかいったカテゴリーはすべてこれに入る。ヘスターたちの整理によれば、サックス以降、具体的な「〇〇銀行」とか、もっと抽象的な「法制度」といった集合体や、「信号機」とか「ボジョレーワイン」などの人間以外の対象もここに加えられるようになった。そして、サックスの定義にしたがえば、ＭＣＤは「次のような成員カテゴリー集合のことである。すなわち、それは少なくとも一つのカテゴリーを含むものであり、少なくとも一人の成員を含む母集団に適用される。そして、この時なんらかの適用規則が用いられることにより、少なくとも一人の母集団成員と一つのカテゴリー装置の要素とが組み合わされることになる。したがって、装置とは集合に適用規則を加えたものである」（Sacks, 1972, 訳九七頁）。

ヘスターたちの議論を追うことにしよう。MCDとは、私たちの常識に訴えれば、ある成員とある成員が一緒に組み合わされるものとして聞こえるが、他の成員はそのようなものとしては聞こえないということだ。たとえば、「家族」というMCDには「母親」と「娘」等々が組み合わされるが、「トランペット奏者」とか「マルクス主義フェミニスト」は「家族」というMCDには組み合わされない。その中でヘスターたちが重要視するのは、サックスが集合Rと呼んだ「標準化された関係対（standardized relational pair）」である。これは「夫−妻」「友人−友人」といったカテゴリー対であり、XとYというカテゴリー成員の対関係が「標準化」されている。つまり、任意の成員Zをとっても「XとYがそれぞれとの対関係におけるそれぞれの位置について一致した見解をもつ時、XとYの間で成立する権利・義務関係のなんたるかをも、Zは、XとYと同じように知っている」（Sacks, 1972, 訳一〇七頁）。

つまり「標準化された関係対」はカテゴリー成員の権利・義務を一般的に推測させる装置になる。したがって、これは「医者−患者」「先生−生徒」などの関係対にも拡大して考えられる。ところが、ヘスターたちはサックスのMCDの考え方の根底にある除外という考え方に異議を唱える。たとえば、「家族」というMCDは「トランペット奏者」を除外しているとたったいま説明した。ところが、これはMCDの適用規則が、実際に適用される前から決まっていることにはならないだろうか。彼らがサックスのMCDの「物象化」を批判するのはこの点である。MCDは自然な組み合わせを持つというよりは、むしろコンテクストが変われば（たとえば吹奏楽団を構成する一家の話なら）、「トランペット奏者」でもじゅうぶん「家族」のMCDに入ることがあるように、MCDは構成要素として何も除外しないし、逆に、何でもかまわないのである。同様に「標準化された関係対」も文化によってあらかじめプログラムされたものではまったくない。むしろ、コンテクストにおいて喚起され、相互反映的にその場の成員の権利や義務を推論させていくものである。

彼らはまた「カテゴリー付帯活動」というサックスの概念を、後に続く研究者たちの成果を踏まえて、「述部（predicates）」というもう少し広い概念に展開させる。それはある成員カテゴリーが付与されれば、それに基づいて慣習的に想起される活動、権利、義務、知識、能力等々のことを意味する（Hester & Eglin, 1997:5）。そして、彼らの仕事で注目に値することは、このようにしてMCDの概念をサックスのもともとの概念よりも広く展開していったとき、MCDの分析はメンバーの道徳的コミットメントと慣習的な論理文法の解明に大きく貢献することである。そして、MCDが実際の会話だけでなく、書かれたテクストにも頻繁に現れることを考えれば、会話のシークエンスだけにMCDの分析を限る必要はなくなる。これによって、新聞や小説など書かれたテクストまでMCDの分析を広げることができる。その意味で新聞の見出しについて彼らが行ったエスノメソドロジー的なMCD分析をひとつだけ簡単に検討することにしよう。

「婚約破棄――神経質な若者がガス自殺を図る」

私たちは、この新聞の見出しを、ある若者の婚約がフィアンセによって破棄され、それによって彼は非常に不幸な気分になったので自殺を図ったと読む。それはどのようなMCDによって可能になるのだろうか。ヘスターたちの分析で興味深いのは、この見出しについて、⑴カテゴリー、⑵述部、⑶課題、と三つの側面に分けて分析していることだ。まず⑴カテゴリーでは「若者」を学生とか失業者とカテゴリー化するのではなく、「婚約した者（フィアンセ）」と「婚約された者（フィアンシー）」という「標準化された関係対」の片方の在任者（対偶）として読むことが必要になる。ヘスターたちによれば、それによってつぎに「婚約」と「自殺」をめぐる文法を使って、人物と行為と理由を特定化することができる。ここで彼らがMCDから慣習的に想起される「(2)述部」のことを、クルターのようにウィトゲンシュタイン的な「文法」ということばを使っていることに注目したい。

具体的に、ここでの「標準化された関係対には、恋愛関係にある、結婚を予定している、婚約指輪をはめている、一緒に行動する、等々のことが慣習的に結びついている」し、さらに、それは「結婚、献身、貞節、子ども、お祝いといった未来の状況を投企する」という。そして、これらは「婚約」という概念の文法、つまり述部であるといえう。これと反対に、婚約破棄は苦痛、怒り等々を未来に予想させる。さらに「自殺」もまた、このカテゴリーに結びついた述部、つまり「慣習的な文法」をもっており、自殺するには慣習的な理由がある。ここではフィアンセに捨てられた婚約者は自殺する理由があることになる。しかも、「神経質な」という形容が、自殺に向かわせる心理的傾向を相互反映的に説明することになる。そして、その結果がガス自殺である。そして最後の(3)課題は、これを悲劇的な物語として読むことである。それは結婚して祝福されたかもしれない、これからの将来があるはずの若者が自殺を図ったという読み方である（Hester & Eglin, 1997:38-43）。

競合する道徳的に危険なカテゴリー化：「仕事」と「遊び」

ヘスターたちのMCD分析を実際の会話に適用してみよう。これから紹介する会話は、NHKラジオの「牛舎の窓から世界が見える」と題されたインタビューの一部である。ここでは牧畜を営む家族へのインタビューがなされている。

［トランスクリプト規則］
①文頭の番号は発話の順番（ターン）を指すのではなく、分析の際のレファランスである。
②まる括弧（・・）は、オーバーラップや小声などの理由でうまく聞き取れない箇所である。
③半角括弧内の数字（0.3）は、おおよその秒数を示す。
④発話中のコロン（：）は音の引き延ばしを示す。この数が多いほど（：：：）音が長く引き延ばされる。
⑤//は、これらの発話がそこからオーバーラップを開始することを示す。
⑥半角イコール＝は、発話と発話とのあいだにほとんど間合いがないことを示す。
⑦半角ハイフン-は、音が突然切れることを示す。
⑧完全に聞き取れる吸気は（.hh）で示し、呼気はピリオドなしの（hh）で表示した。

01 インタビュワー：　（そっか）そういう話をうかがうと、その-まさしくご主人のかずゆきさんがなさってたお仕事にあったら、あ（0.1）、これかってなんか（0.1）、ぽ：んとなんかこうわかるものって、そういうのあっ-ありました。
02 妻：　いや、そうは思いませんでした＝
03 インタビュワー他と夫：＝ははは
04 妻：　これ-この仕事だっていうんじゃなくって//生き方がこう、おんなじ求めて
05 インタビュワー：　ふ：ん
06 妻：　るものがおんなじだっていうのはよくわかるんですね。//だから、変な人だ

07インタビューワー：　うん
08妻：　なとは思ってたけど//　：　あｰ、求めてるものは何かっていうのは//こう、
09インタビューワー：　うん　うん
10妻：　探してるのは何かっていうのは//わかるわけですよね：//うん。
11インタビューワー：　うん　うん
12妻：　うん、で自分もおんなじだから//だｰどこらへんで何を感じて何をやってるかちゅうのは
13インタビューワー：　うん
14妻：　よくわかるわけです。だから、こういっしょに//生きて
15夫：　（だから・）農業をその仕事仕事っていうけ
　ど、仕事と思ってないもね//ぽｰ今でも。
16妻：　う：：ん
17インタビューワー：（はあ、そうですか）
18妻：　なんかひとつの//ライフスタイルな、私たちのライフスタイルな（.hh）
19夫：　う：ん
20妻：　だけで：//ふ：ん
21インタビューワー：　はｰん（hh）
（中略）

41インタビューワー：　このすぐなんでも、お仕事は何ですかって、
　こういう（.hh）　//聞き方したらちょっとちがうぞっていう感じです//かね：。
42夫：　　　　　　　　　う：ん　　　　　　　　　　　　　そそそ。う：ん＝
43インタビューワー：　う：ん＝
44夫：　　　　　　　　だ：子どもは//うちら見て遊んでると思ってるしね。
45インタビューワー：　　　　　う：ん
　（0.5）
46夫：　　　　　　　　えっへへ//ははは
47インタビューワー：　　　　　ははは
48夫：　　　　　　　　うちらにとっては一生懸命してるんだけども//子どもにとってはお父さんが
49インタビューワー：　　　　　　　　　　　　　　　　　　　　はあ
50夫：　　　　　　　　毎日遊んでてって＝
51インタビューワー：　＝うん＝
52妻：　　　　　　　　＝じいちゃんもそう思って//るね：。
53夫：　　　　　　　　　　　　　　　　　　あ：じいちゃんもそう思ってるか　ははは（笑い）
54妻：　　　　　　　　あいつらわけのわからんことを（やってるって）
55インタビューワー：　好きなことをやってる（っていう意味）なんですね：＝
56妻：　　　　　　　　＝きょうもなんかお客さんきて//わけのわからん（ことやって、はは）

57夫：　　　　　　　　　　　　　　　　　はははは
58妻：　　　　　働いとらんとって。//ははは。ははは。
59夫：　　　　　　　　　　　　　　　　　ははは。はははは。
60インタビューワー：私たちもそう思われてるかもしれません。

ここで分析したいことは二つある。ひとつは03の笑いの現象と46以降の笑いの連鎖をMCDから分析することである。ここでは最初にワトソンの指摘するように、トランスクリプトの発話者を「インタビューワー」「夫」「妻」というふうにカテゴリー化してしまっている。そのため、こうしたMCDがどのようにして会話のシークェンスから作り出されるのか分析する前に、これらのMCDによって提供される知識に基づいて、読者はこのラジオ・インタビューの置かれたコンテクストについて一定の想起が可能になっていることも重要である。この会話を「制度的状況の会話」（好井、一九九九）として会話シークェンスから特徴づけると、01でインタビューワーがゲストの二人に対して質問をしてから、その後に続くゲストの会話が最後までインタビューワーの質問に対する答えになっている点で、ラジオ・インタビューという制度を構成していると言えるだろう。

それでは、ここで03の笑いを考えよう。01のインタビューワーの問いを見ると、これまでゲストによってなされた話を「定式化」し、その定式化に基づいて「ご主人のかずゆきさん」という呼びかけをしている。ここからMCDとして「妻と夫」という「標準化された関係対」が呼び起こされ、これまで話を語っていたのは「主人」と対になる「妻」であることが聞き手に推測される。そして「妻と夫」という標準化された関係対が確立されると、そこからさまざまな「述部（predicates）」が慣習的に想起されることになる。ここで想起されている「夫と妻」をめぐる慣習的文法は何だろうか。インタビューワーの問い「ご主人のかずゆきさんがなさってたお仕事にあったら（中略）ぽ・・んとなんかこうわかるもの」があると表現されているように、ここでは二人がまだ「夫と妻」という関係になるまえのことを示唆しているように見える。すると、夫婦になるまえの男女は、互いに惹かれ合うことで結婚し、夫と妻になるという時間的に前後関係にある事態が想起されているのではないだろうか。ところが、この慣習的想起に対して02の答えが「いや、そうは思いませんでした」という意外なものであったため、間髪をおかずその場にいた人たちから（これは任意のZに対しても「標準化」されているため、夫がその場にいると仮定しなくても）笑いがおこっていると解釈できる。

ところで、笑いとはどのような活動だろうか？　G・ジェファーソンによれば、笑いとは「不愉快なもの、いかがわしいもの、わいせつ性（obscenity）」に直面したときになされる活動だという（Jefferson, 1979）。その意味では結婚する前に妻が夫に惹かれないというのは意外なだけではなく、その場にふさわしくない「不愉快なもの」と位置づけられる可能性もある。まとめると、「夫と妻」の標準化された関係対がMCDとして確立され、そこから慣習的な述部がこの会話のコンテクストにふさわしいかたちで想起されることによって、妻の答えが意外なものとして相互反映的に特徴づけられ、その結果03の笑いが起こっていると解釈できる。

つぎに「仕事と遊び」をめぐる標準化された関係対について分析しよう。ここで興味深い割り込みは14の妻に対する15の夫の割り込みである。これは明らかに潜在的完結点を無視した割り込みになっている。なぜこのような割り込みが起こったのだろうか。それはインタビューワーに対しては「夫」と「妻」というカテゴリーではなく、ともにインタビューを受ける者として自己をカテゴリー化しているからではないだろうか？　つまり、インタビューワーの前では二人とも牛飼いに従事して「インタビューを受ける者」という同じカテゴリーに包摂されているのである。この観点から見るなら、二人は「インタビューを受ける者」として同一であり、どちらがインタビューワーに答えてもかまわないという意味で、取り換え可能である。

しかしながら、ここにはもう少し微妙な出来事が起こっている。それは夫の「仕事」に出会ったときにぽ・んとわかるものがあったかというインタビューワーの質問自体に、「そもそも仕事ではない」ということを夫が伝えたがっているということだ。ここには「インタビューを受ける者」を分裂させる契機がはらまれている。それは「妻」は「仕事」というインタビューワーのカテゴリー化をそのまま受け入れて答えているのに対して、「夫」はそれを「妻」の答えに割り込んでまで拒絶しようとしているからだ。それでは「夫」はどのようなカテゴリー化をしようとしているのだろうか。夫の15「農業をその仕事仕事っていうけど、仕事と思ってないもね」はインタビューワーのカテゴリー化の否定だが、それに続く新たなカテゴリー化は妻の18-20「なんかひとつのライフスタイルな、私たちのライフスタイルなだけで」という発話によってなされている。ふつう慣習的に想起される「仕事」と対になる標準化された関係対の対偶は「遊び」だと思われる。しかしながら、ここで呈示された対偶は「ライフスタイル」あるいは「生き方そのもの」である。ここで想起される慣習的文法は、「仕事」とは好きか嫌いかを問わず、生活のために強いられる労働としての仕事であり、それと対照的な対偶「ライフスタイル」は、仕事が非常に好きで、仕事というより自分の生き方と一体化してしまった営みである。こうして夫の否定に続く、「仕事」と対照的な「ライフスタイル」という妻のカテゴリー化によって、夫と妻は分裂することなしに「インタビューを受ける者」としてふたたび一体化したと言えるだろう。

しかしながら、「仕事とライフスタイル」という標準化された関係対は慣習的に広く受け入れられているかというとそうではない。それは46からの笑いの誘いに見られるように、子どもにも「じいちゃん」にも、すぐに「仕事と遊び」という標準化された関係対に変形されてしまうのである。たとえ自分たちがそれを「ライフスタイル」とカテゴリー化しても、単なる「遊び」として解釈されてしまう危険性にいつも直面している。48「夫」の「うちらにとっては一生懸命してるんだけども、子どもにとってはお父さんが毎日遊んでてって」の発話に見られるように、「仕事と遊び」という標準化された関係対から想起される文法は、遊びとは責任の伴わないもので、つらい仕事というよりはむしろ楽なものであるといった特徴だろう。それは55「好きなこと」に「一生懸命」打ち込んでいく「ライフスタイル」というカテゴリーを転覆させてしまう。さらにまた、「子ども」に対して「大人」であるお父さんという標準化された関係対もここで働いている。それはこのコンテクストでは、「働くものとしての大人」に対して、労働から免除されている子どもという対だろう。以上のように、「ライフスタイル」が「遊び」に変形される危険性もまた「いかがわしいもの」であるため、46以降、笑いの連鎖が起こっていると解釈できる。

これを会話のシークェンスからもう一度捉え直してみよう。まず最初に笑いだしているのは誰だろうか。それは46の夫である。これは牛飼いを「ライフスタイル」ではなく「遊び」に変形して、その危険性を笑う実践である。つまり自嘲的な笑いの誘いと解釈できる。しかし、インタビューワーがすぐにこの誘いにのって笑ってしまうと、「遊び」というカテゴリーにまつわる道徳的危険性をここに持ち込んでしまうことになる。たとえば、彼らは仕事をしているのではなく、適当に遊んでいるというニュアンスも伝えてしまう。したがって、この会話の44において、夫が「子どもはうちら見て遊んでると思ってる」という発言をするが、これに対するインタビューワーの評価はすぐに来ないで、沈黙する。この沈黙の意味は、聞き手であるインタビューワーがそれをどう評価していいか迷っていると解釈できる。なぜなら、すでに「仕事と遊び」の文法を用いて解釈したように、「大人が遊んでる」というのは必ずしも肯定的評価を生まないからだ。そこで、つぎの46を見ると発言した本人から最初に笑いがくる。

これがジェファーソンのいう「笑いの誘い」である。47を見ると、インタビューワーがこの誘いに乗っていることがわかる。また、53以降のシークェンスを見ると、笑いの誘いと受け入れが観察される。ここでは54「わけのわからんことやってる」という否定的評価が笑いと一緒に発話されることで、いったんは呈示された否定的評価をその場で同時にあいまいにするという洗練された技術を見ることができる。インタビューワーの発話が理解できるのはこの文脈である。55「好きなことをやってる」という発話は、夫の笑いと同時に生起しているため、その否定的ニュアンスを打ち消すための発話であると解釈できる。また同様に、60の発話もこの夫妻の自己卑下的な笑いに対する打ち消しの要素を持っているだろう。

MCDの分析と会話分析を超えて

ここから批判的エスノメソドロジーまでは遠くない。というのも、日常世界の規範的秩序が同時にポリティカルな場所でもあることに注目すれば、論理文法分析をフーコーの「権力作用」の概念と結びつけることで、日常性に働く微細な権力を解明することができるようになるからだ（山田、二〇〇〇a、二〇〇〇b）。そしてMCDの分析を通して明らかになる「慣習的な論理文法」としての規範的知識は批判的エスノメソドロジーや「権力作用」の分析に不可欠なものと言えよう。実際、ヘスターたちのような厳密な定義や手続きを欠いてはいるが、好井裕明や私が行ってきた「実践的推論」の分析はMCDの分析として位置づけることもできるのではないだろうか（好井、一九九六、山田、一九九三）。そして近年の批判的なフィールドワークの実践とMCD分析を結びつけていけば、さらに繊細で注意深い分析が可能になり、そこから豊穣な経験的研究領域が広がっていくだろう（好井・桜井、二〇〇〇）。

参考文献

Coulter, J., 1979, *The Social Construction of Mind,* Mcmillan. 西阪　仰訳『心の社会的構成』新曜社、一九九八。

Hester, S. & Eglin, P.（eds.）, 1997, *Culture in Action : Studies in Membership Categorization Analysis,* University Press of America.

Hester, S. & Eglin, P., 1997, The Reflexive Constitution of Category, Predicate and Context, in Hester & Eglin（eds.）, *Culture in Action :Studies in Membership Categorization Analysis,* University Press of America, pp.38-43.

Jayyusi, L., 1991, Values and moral judgement:communicative praxis as moral order, in Button, Graham（ed.）, *Ethnomethodology and the Human Sciences,* Cambridge U.P.

Jefferson, G., 1979, A Technique for Inviting Laughter and its subsequent Acceptance, Declination, in Psathas, G.（ed.）, *Everyday Language,* Irvington.

Lynch, M., 1993, *Scientific Practice and Ordinary Action,* Cambridge U.P.

Lynch, M and Bogen, D., 1994, Harvey Sacks's Primitive Natural Science, *Theory, Culture & Society,* Vol.11., pp.65-104.

Psathas, G., 1995, The Methodological Perspective of Conversation Analysis, in *Conversation Analysis*: The Study of Talk-in-Interaction, Qualitative Research Methods Series 35, Sage Publications. 北澤　裕・小松栄一訳『会話分析の手法』マルジュ社、一九九八。

Sacks, H., 1972, An Initial Investigation of the Usability of Conversational Data for Doing Sociology, in David Sudnow（ed.）, *Studies in Social Interaction, Free Press.* 北澤　裕・西阪　仰訳「会話データの利用法——会話分析事始め」『日常性の解剖学』マルジュ社、一九八九。

Schegloff, E.A., 1992, Introduction, in Sacks, H., *Lectures on Conversation,* vol.1, p.xlii.

Silverman, D., 1998, *Harvey Sacks : Social Science and Conversation Analysis,* Oxford University Press.

Watson, D.R.（n.d.）, Categorization and the later work of Harvey Sacks, cited in Silverman, D., 1998, *Harvey Sacks : Social Science and Conversation Analysis,* Oxford U.P., pp.129-30.

Watson, R., 1997, Some General Reflections on 'Categorization' and 'Sequence' in Hester & Eglin（eds.）, *Culture in Action : Studies in Membership Categorization Analysis,* University Press of America.

山田富秋、一九九三、「解放運動に対する『被害者意識』の推論構造——人権意識調査の自由回答項目のテクスト分析——」『解放社会学研究』七、日本解放社会学会。

——、一九九五、「会話分析の方法」岩波講座『現代社会学　第三巻　他者・関係・コミュニケーション』岩波書店。

——、二〇〇〇a、『日常性批判——シュッツ・ガーフィンケル・フーコー』せりか書房。

――――、二〇〇〇b、「エスノメソドロジーとフーコーを架橋する」『文化と社会』第二号。

好井裕明、一九九九、「制度的状況の会話分析」好井裕明・山田富秋・西阪　仰編『会話分析への招待』世界思想社。

――――、一九九六、「『施設に暮らす障害者』というカテゴリー化」『解放社会学研究』十、日本解放社会学会。

好井裕明・桜井　厚編、二〇〇〇、『フィールドワークの経験』せりか書房。

第九章　エスノメソドロジーのイメージをめぐって

好井裕明

好井裕明（よしい・ひろあき）
1956年　大阪府生まれ
1985年　東京大学大学院社会学研究科博士課程単位取得退学
現　職　広島国際学院大学現代社会学部助教授
著訳書　『排除と差別のエスノメソドロジー』（共著）新曜社，1991年
K. プラマー『セクシュアル・ストーリーの時代』（共訳）新曜社，1998年
『批判的エスノメソドロジーの語り』新曜社，1999年，ほか

一　はじめに

エスノメソドロジーが日本に紹介、導入され、すでに三〇年がすぎた。この間、エスノメソドロジーをもとにした理論文献や多くの社会問題やコミュニケーション領域におけるエスノメソドロジー的解読が蓄積されている。たとえば、二〇年ほど前のわたしの姿。日本語で読める文献もほとんどなく、読みづらいガーフィンケルの英語と格闘しつつ、「エスノメソドロジーとは何か」という問いをたて、自問自答し、いわば〈なま乾き〉の論考を平然と産み出していた姿を思い出し、隔世の感がある。

後でも述べるように、エスノメソドロジーがわたしにもたらした最大の衝撃は「わたしが生きてある日常、さらにその大部分をしめる自明性の領域がもついろいろな意味での豊穣さ」であり、「自明性領域の解読」、さらには「解体、変革の可能性」をエスノメソドロジー的実践がもっているということだ。この驚きは、いまも基本的に変化はない。「自明性領域の解読が社会学的探求の基本的トピックであること」。わたしがエスノメソドロジーを日本に紹介し、つたないながらも実際の調査研究に試行しようとしていたとき、この主張は、それ自体、ある新鮮さをもって社会学研究者に聞こえていたように思う。

そしていま、「〈あたりまえ〉を問い直す」ことは、社会学を勉強し研究するうえで、まさに〈あたりまえ〉となっている。たとえば、社会学のすぐれたテキストである『社会学になにができるか』（奥村、一九九七）の第一章で奥村　隆は社会学的探求の基本として、そのことを、わたしたちが普段暮らしている「社会」への実感や「社会」の立ち現れのありようとの絡みで明確に論じている。昔は、まだまだ生硬であったエスノメソドロジーの主張が、ある新鮮さ、驚きをもって聞かれ、いまは〈あたりまえ〉の主張として、伝統的社会学の考えとの絡みで、より柔軟に語られる。エスノメソドロジーの〈精神〉が日本の社会学に受容され、その全域に拡散、浸透していったのか。一見して、そのように見える。もしそうであれば、わたしはとてもうれしい。しかし、残念ながら、それは幻想であるようだ。

もし、エスノメソドロジーの主張が単に社会学という業界内で通用する〈整理する知〉としてではなく、研究者がそれぞれに抱いている現実への関心との絡みで十分〈腑に落ちている〉ならば、もっと個別具体的な領域や社会問題、文化研究のなかでエスノメソドロジー的実践は活かされているはずだ。エスノメソドロジー的な影響が内包された調査研究がもっと多く産み出されていてもいいはずだ。しかし、現実はそうではない。あいかわらずエスノメソドロジーは、ある囲みのなかで〈どうぞ好きにやっていたら〉という形で生かされているように見える。

最初、本論で、わたしはまだ日本できちんと紹介されていないある作品に集中し、その内容を紹介するとともにエスノメソドロジーのフィールドワークを論じようと考え、作業を進めていた。しかし、作業を進め、論述内容を構想するなかで、エスノメソドロジーが日本の社会学で生かされている〈ある囲み〉のことが気になってきたのだ。この〈囲み〉は、エスノメソドロジーが安住するには気色悪いものであるし、とても恣意的なものだ。エスノメソドロジーのフィールドワークを論じるのは別の機会にまわし、先にこの〈囲み〉について考えてみることにする。〈囲み〉とは、いわばエスノメソドロジーのイメージであるし、「エスノメソドロジーとは何か」をめぐる〈常識的理解〉といえる。

二　ミクロ分析の手法として

エスノメソドロジーは「ミクロ」分析の手法だという〈常識的理解〉がある。先日も典型的な体験をしたばかりだ。あるシンポジウムの打ち合わせ会合。これまでわたしがおこなってきた差別、排除現象のエスノメソドロジー的解読に対して、ある社会学研究者が次のような「評価」を与えてくれた。

あなたのエスノメソドロジーは、単にミクロな場面やデータを解読して、結果、社会学にとってどんな意味があるのか疑いたくなるようなものとはちがい、読んでいて面白い。それはなぜかといえば、扱っているものはTVドキュメンタリーのミクロな場面であったり、会話断片であったりだが、その分析の背景にある発想や差別や排除という対象はマクロにつながっているからだ。方法はミクロだが対象はマクロであり、わたしにいわせれば、あなたのエスノメソドロジーはミクロ－マクロ社会学にはいるよ。社会に対するイメージも、単なる素朴な生活実感からくるミクロ実感主義でもないしね、と。

その研究者は、社会学の方法と対象についてミクロ－マクロの軸をたて、十字を切ってわたしのエスノメソドロジーを分類してくれていたようだ。そして、彼にとって問題なのは方法も対象もミクロとなるミクロ－ミクロ社会学であるようだ。わたしは、ありがたい「評価」の言葉を聞きながら、なるほどこんな大雑把な把握の仕方があるのかと〈感動〉しつつ、「そんなところに勝手に整理しないでほしいよな」と思っていた。

確かに、エスノメソドロジーは会話断片、相互行為の身体的なありようなど、微細な部分を手がかりとして研究を始めていく。エスノメソドロジーは、会話を分析したりビデオデータを解読するうえでとても洗練された独創的な方法をもち、ミクロ分析の手法としては優れたものだ（たとえば、好井・山田・西阪、一九九九、サーサス、一九九八などを参照）。しかし、それだけで簡単に社会イメージが喪失された「ミクロ」だなどとエスノメソドロジー自体を整理できるのだろうか。

わたしの研究を「評価」してくれた研究者は、まだまだエスノメソドロジーにとって〈良心的〉であるかもしれない。なかには、エスノメソドロジーが呈示してきたこれまでの成果を意図的に無視したり、率直かつ正直に、小さな些細な、つまらない現象にこだわる手法だとして切り捨てて論じようとする研究者もいる。ただこれは、そのように論じる研究者の硬直した社会観、社会学的想像力の貧しさのあらわれであり、基本的には無視していいものだ。

それより、わたしが問題にしたいのは、「ミクロ」という表現を使用する背後にある漠然とした「マクロ」社会分析への優先志向であり、その裏返しとしてのエスノメソドロジー的研究実践への〈理由なき反抗〉〈理由なきわかったふり〉とでもいえるものだ。

「ミクロ」という言葉でエスノメソドロジーを解釈し、整理しようとするとき、その研究者は、エスノメソドロジストが相互行為や一片の会話にこだわり、微細に解読しようとして、ビデオデータを「つぶさに見る」営み自体をどれほど詳細に理解しているのであろうか。

たとえば、エスノメソドロジーの優れた成果として串田秀也の一連のコミュニケーション分析がある（串田、一九九七a、串田、一九九七b、串田、一九九九、串田、二〇〇〇など）。串田は、自らの生活場面から、学生たちの協力を得て、あるいは自らフィールドに何度も出かけ、そこで〈自然な部分〉となりつつ、膨大な量の日常的相互行為のビデオ映像を集めている。彼はそれをいったん〈あら起こし〉して、あら起こししたデータを読み通し、気になる部分をさらにビデオを「つぶさに見て」、会話分析的な解読を試みていくという。

映像を集める作業、それを〈あら起こし〉する作業、あら起こししたデータを読み通す作業、さらにある部分を焦点化し、会話分析に耐え得るデータトランスクリプトを作成し、解読していく作業。結果として、彼の論考で扱われているのは、確かにある会話の断片であったり、相互行為の微細な部分であったりする。しかし、そうした緻密な会話分析をうみだす作業には膨大な時間と労力が含まれており、トータルな営みとしてのエスノメソドロジーは、はたして「ミクロ」なものだろうか。社会イメージが欠落したミクロ実感主義の社会学だろうか。

もちろん、分析にかける時間や労力の問題ではない。串田が気になる会話や相互行為の部分を発見し、それを微細かつ丹念に読みとくとき、決して「ミクロ」な発想でおこなわれているのではない。串田の一貫した関心はコミュニケーションという問題である。そして、彼が論考で明らかにしている他者との相互行為に見られる身体的な関与のありようや、会話参加者のあいだで営まれるさまざまなコミュニケーション戦略、カテゴリー化の様相は、いわば会話や相互行為という日常生活を構成する重要な場で、人びとがいかにして、その場その場で意味がある「社会」を構築しているのかを例証しているものだ。かつて、浜　日出夫は「社会は細部に宿る」ことを端的に論じており（浜、一九九二）、串田の分析はその優れて具体的な検証とでもいえるものだ。

エスノメソドロジーは、その社会観からして、けっして「ミクロ」ではない。「細部に宿る社会」を、まさにその細部から読み解こうとする。人びとが日常的な営みのなかでいかに「社会」をつくりあげているのかを「つぶさに見よう」とする。人びとが生きてある状況を超越し、外部から一貫して説明する道具をもってくる営みでもないし、安直に、「ミクロ－マクロ」の枠を設定して社会イメージを分類したり、調査で得たデータそれ自体を「見よう」とする志向を曖昧にするものでもない。

確かにエスノメソドロジーはミクロ分析の手法として洗練された内容をもつ。ただ、「対面的な相互行為や会話断片という些細な現象のみを扱っている」という憶断から、その分析にすでに内在している「社会」への志向を見ようとしないとすれば、それは明確に誤った見方だといわざるをえないだろう。ミクロだから限界があるのではない。ミクロであるからこそ、エスノメソドロジーでしかできない「社会」の解読がある。このことを今一度確認しておきたい。

エスノメソドロジーは細部にこだわり、「細部に宿る社会」を解読しようとする。エスノメソドロジーをミクロというとしても、あなたがたが考えているような「ミクロ」ではないと。

三　フィールドワークの技法として

エスノメソドロジーはフィールドワークの洗練された技法である。わたしはこのことをエスノメソドロジーの〈常識的理解〉としてより安定できれば、と考えている。確かにエスノメソドロジーの文献を読めば、電話での会話録音の断片であったり、実験室的な状況で得られたデータが扱われたりしており、社会調査という実践とは一定の距離があるような印象を与えるかもしれない。しかし、それは明らかに誤った印象なのである。

人びとが生きている現実に出かけ調査をする営み。さまざまなテーマや関心から社会学研究者はフィールドにでかけていく。個人からじっくりと生活史や運動の語りを聞き取ることもあるし、ある集まりの場面を観察し、ビデオ録画する場合もあろう。調査する形は関心と同様、まったく多様だが、一つだけ、調査する実践に共通の事実がある。それは「介入する」という事実である。調査とは、人びとの暮らしに土足であがりこみ、暮らしをかき乱し、人びとのさまざまな思い込みにケチをつける営みなのである。「介入しない」調査などあり得るのだろうか。どんなに丁寧にかつ慎重に手続きをふみ、調査される人びとと関係をつくるとしても、「介入する」事実にかわりはない。いわば、調査する存在がフィールドになんらかの形であらわれる瞬間から「介入する」事実は産み出されていく。

伝統的な社会調査論では、たとえば調査を受ける者や現実とどのように良好な関係をつくるかといった調査倫理の次元で「介入する」事実が語られてきた。その方向性はいかにして「介入する」事実を解消できるのか、あるいは、どのようにして「介入していないように」みせかけることが可能か、といったものである。つまり「介入する」という事実は否定すべきものなのだ。それは、円滑な社会調査の進行にとって雑音であり、回避すべきもの、最小にすべきもの、あるいは見えないよう聞こえないよう分からないように隠蔽すべきものとして扱われてきたのである。

しかし、調査する営みがなかば自然なふうに引き起こしていく「介入する」事実は、回避したり、最小にしたり、隠蔽したりする否定的な現象であろうか。わたしは、まったくそうは思わない。たとえば、それは調査に対して研究者が自明に抱いている前提的な知識や関心の限界を端的に示してくれる場であったり、フィールドへの理解が鮮烈な形で試される試練であったり、新たな調査主題や方法が一気に開発されていくチャンスであったりする。いずれにしても、「介入する」という事実は、それ自体として解読する意味に満ちた現象なのである。

ここまで述べてきて、わたしは以前やってしまったできごとを思い出す。ある被差別部落で生活史の聞き取りをわたしていたときのこと。地区にある会館に来てもらい、一人ひとり聞き取りをしていた。ある年配の男性の語りをわたしは聞いていたのだが、過去の解放運動への批判、当時の指導者へのスキャンダル的な中傷めいた批判、その裏返しとしての奇麗事がずっと語られていた。わたしともう一人が話を聞いていたのだが、わたしはだんだん腹が立ってきたというか、いらだってきた。こんな話を普段から、むらの人たちに語っていたとすれば、聞いている人はどんな気分だろうか。ふとそのようなことが気になり、思わず「あのー、すいませんがあんたの話を聞いているともう息苦しくなると、みんな思いませんか」と言ってしまったのだ。この発言は、見事な「介入する」行為だ。〈聞き取りの常識〉からすれば、やってはいけないことだろう。なぜなら、相手の語りを率直に批判することであり、たとえば、「何を言うてるんだ」と相手の怒りを誘い出し、聞き取るという調査を壊してしまう危険性があるからだ。でも、わたしは言ってしまっていた。幸いというか、男性はわたしの批判に一瞬正直驚いた様子だったが、少し間をおき、実はそうなんだといわんばかりに、様子や雰囲気がガラッと変わり、これまで語っていた奇麗事とは対照的に、むらのなかで自分がしめている位置への不満や問題など、まさに自分の暮らしをめぐる語りを展開していったのである。

この「介入する行為」をわたし自身、エスノメソドロジー的に読みといてはいない。ただ今記憶をたどって振り返ってみると、「唐突に」批判的なコメントを相手に浴びせたわけではない。わたしは相手の語りを聞き、相手の聞き取りへの関与のありよう、情緒的な変化などを細かくモニターしながら、批判的なコメントができるであろうこと、また、いつどのタイミングで語りに割り込んでいけるのかなどを、その場その場で微細に考えていたと思う。そして「唐突に」見えるかもしれないが、状況を微細に分析しつつ、「ある確かさをもって」批判的コメントを相手に語っていたのである。

さて、こうした「介入する」という事実に焦点をあてるとき、調査する者がフィールドに対して行使する権力という問題が浮上する。さらにいえば、調査者が権力を行使し、被調査者がその力の犠牲となるといった単純な構図ではなく、調査する-受けるという共働行為のなかで、新たに生起していく権力作用の様相が主題化されていくし、権力作用という磁場で、せめぎあう人びとの姿、影響される現実構築のありようが解読すべき対象として切り出されてくるのである。

そして、エスノメソドロジーは、そうした「介入する」調査でのやりとりの録音や状況のビデオ録画をもとにして、詳細なトランスクリプトを作成し、調査する「わたし」の実践までも反省的に解読できる技法なのである。たとえば、桜井 厚は被差別部落でこれまで多くの生活史聞き取りをおこなってきている。彼は、聞き取りの最後に「警察の尋問みたいやな」と捨てぜりふを残した女性の生活史聞き取りデータを会話分析の装置を用いつつ詳細に解読し、聞きたいことと語りたいことの狭間にある力のせめぎあいを、ライフヒストリー・インタビューの管理をめぐる争いとして呈示する（桜井、二〇〇〇）。

ライフヒストリーのインタビューは、日常会話の進行とはまったく異なるありようをみせる。語り手が今ここで、生きている時間から語ろうとする内容を聞き手はカレンダー的な標準時間で整序し、標準時間の流れにそって問いかけようとする。標準時間という枠で語りを統制する行為は、語り手の自由な、あるいは恣意的な想起を強力に締めつけていく。そこには明らかに力のせめぎあいがあり、語り手はさまざまに抵抗をしめしている。

今ひとつの統制は「差別－被差別」という枠だ。聞き手のなかにある「部落差別」「解放運動」「被差別体験」など差別をめぐる前提的な知が、聞き取りの流れのなかで、執拗な権力として聞き手を捉えていく。この枠は語り手にも力を行使していくし、その意味で「差別－被差別」の枠は、差別問題を調査する営みにとって、回避し得ない権力作用の磁場なのである。桜井はこの事実も丁寧にデータをもとに例証していく。

もちろん、この枠は固定されたものではないし、内容も時代とともに変容するものだ。そして、もっとも興味深いのは、たとえば、聞き取りをするという営みのなかで、枠自体や枠に付随しているさまざまな知が試され、相対化され、時には厳しく指摘され、捨て去られることを要請されたり、逆に、新たな知が添付されたりしていくという事実だ。こうしたダイナミックな動きこそ、差別問題研究の醍醐味であり、エスノメソドロジーが「見えるような形で」整理し、解読すべきトピックなのである。

また倉石一郎は在日朝鮮人の若い世代のアイデンティティ・ポリティクスを研究している。倉石は彼自身の聞き取りを詳細に解読しつつ、自らがはまってしまっている権力行使の様相を端的に示していく。相手が自分の生きてきたストーリーを語るさいに聞き手としての「わたし」が、聞き取りの〈隙間〉、つまり相手が一定語りおえて、語る内容を変えていこうとする〈隙間〉で、さまざまに語りの統制をしていることを具体的なデータから例証する。その統制の背後にあるのが「解放の物語」であり、「抵抗の物語」であるのだ。聞き手自身のなかにそうした物語への志向があるとするならば、それが聞き取りのなかで語り手がつくりあげようとするストーリーの構築や転移にたいしていかに権力的に作用しているのか。倉石は、そのことを反省的に解読している（倉石、二〇〇一）。

今ひとつ興味深い分析を紹介しておこう。それは郡上おどりという伝統文化の丹念なフィールドワークをしている足立重和の論考だ（足立、二〇〇〇）。ここで足立は、郡上おどりという伝統文化を保存、継承していく人びとがいかにしてその文化が昔からの一貫した形であるのか、昔から伝わる踊りが一つであるのか、を説明する「実践的推論」のありようを検討している。

わたしが興味深いと思ったのは、郡上おどりという文化を保存していくうえで回避し得ない「伝統の政治学」の解明が、足立自身の「介入する」会話の詳細な解読をとおしてなされていることだ。彼はフィールドワークするなかで、おどりに「郡上おどり」と「昔おどり」の二つがあることに気づき、「踊りには二つあるのではないか」という疑問を保存する人びとに端的に問いかけていく。この問いかけは、保存する人びとにとって脅威となろう。なぜなら、実際、形態の異なるおどりが存在し、それを人びとが守っているからだ。「形態の異なるおどりが二つあるが、〈郡上おどり〉は昔から一つであること」をいかに自然なかたちで説明するか。そのことは保存する人びとにとって大きな問題なのだ。足立は彼自身が「介入した」会話のなかで使われていく説明の推論や言葉、カテゴリーなどを手がかりとして、語りの場で推論が構築されるさまを読み解いているのである。

最近になり、自らの調査実践をもとにして「介入する」事実それ自体を焦点化し、詳細に解読しつつ、調査する「わたし」の実践をも含めて反省的に捉え返していこうとする論考が少しずつみられるようになった。伝統的な社会調査の見方に囚われているひとは、こうした論考を読んでも調査者自身の自己反省的な営みであり、社会調査にとって些細な部分にしかすぎないと思われるかもしれない。もちろん、「介入する」場面や営みで語られている内容に関係なく、方法的な次元のみで詳細な自己反省をしても、あまり生産的ではない。

しかし、調査する者や調査するという現実の自明性領域を解読するというエスノメソドロジーの技法を用いるとき、すでに方法的次元は軽く超越し、調査する内容や関心にまで探求するベクトルは向けられている。こうした探求をすることで、たとえば以前に抱いていたフィールドへの関心に孕まれているさまざまな歪みが露呈するかもしれない。そのために調査自体はいったん立ち止まり、根本的な変革をせまられるかもしれない。しかし、いずれにしても、それは調査という実践を豊穣なものにする契機といえるのではないだろうか。フィールドワークの技法としてのエスノメソドロジーがどのようにあるべきか。これはより精緻に述べるべき課題であることは確かなようだ。

四　日常生活を批判する実践として

エスノメソドロジーは日常生活を批判する実践である。このイメージはわたしがエスノメソドロジーという社会学に出会って以来、一貫して理解の根底にあるものだ。

伝統的社会学の前提となっていた日常生活世界、常識的知の世界それ自体を主題化し、その構成を明らかにした現象学的社会学は、人びとの暮らしや日常に社会学的実践が近づくうえで、とても意義深いものであった。ただ、それはやはり学的営みの囲いのなかでおこなわれるものであり、人びとの日常に介入する知ではなかった。

しかし、エスノメソドロジーは学的営みも乗り越え、それ自体をも解読の対象とし、人びとの日常に降り立とうとする。自明性の領域に対して、安直な前提的知を携え、説明のための理論装置で武装して乗り込むのではない。ただそこでつねに生成、消滅をくりかえす人びとの生を、端的にみつめ、自明性のなかに埋もれている人びとの社会学的実践を具体的に記述しようとする。みつめ、記述しようとするエスノメソドロジストは、いったいどのような存在なのか。乗り込んでいく自明性は、まさにエスノメソドロジスト自身もそのなかで生きている領域であり、記述しようとしている主体や主体の営みすべてが、記述されるべき対象となる。まさに一匹のヘビが自分の尻尾にかぶりつき、少しずつ飲み込もうとしているイメージだ。科学という場所から安定して日常を分析し語るのではない。エスノメソドロジストに安定した場所などない。探求する日常のなかでつねに不安定であるし、記述、解読した言説からつねに襲われる危険性がある。エスノメソドロジストは、人びとの日常に介入することを〈快感〉とし、介入することから翻って受けてしまう不安定さ、傷つきやすさ、さまざまな衝撃を新たな〈快感〉をもってうけいれるのだ。

かつて、大学院生の頃、エスノメソドロジーの面白さに囚われ、ある研究会でエスノメソドロジーという営みのイメージを興奮して語ったことがある。いまは代表的な社会学研究者として活躍している人がわたしの報告を聞き、

「好井君、エスノメソドロジーがあなたのいうようであれば、それはとても不安定なもので、科学という営みの臨界といえるかもしれないね」というコメントをしてくれた。これは的確なコメントであり、いまも印象深く、わたしのなかに響いている。

「わたし」の生活や暮らしまでもトータルに含みこんだ自明性領域を微細に解読していこうとするエスノメソドロジー。この実践を引き受けていこうとする「わたし」とは、いったい「何」であればいいのだろうか。

山田富秋は最近の論考でフィールドワークのポリティクスを語っている（山田、二〇〇〇）。そこでは、山田は従来のフィールドワークがもっていた啓蒙主義的前提を批判するグブリウムとシルバーマンの所論を受け、権力作用のフィールドワークこそが、今後必要となるフィールドワークのかたちであることを主張する。自明視された日常は権力作用によって編成されたものであり、調査者はフィールドにおいて自らがなんらかのかたちで組み込まれている権力関係の布置までも批判的に、自己言及的に解読する必要があると。まさにエスノメソドロジー的フィールドワークの要請だ。

確かにそのとおりだとわたしも思う。しかし、権力作用のフィールドワークをおこなう「わたし」はどのような存在であるのか。先ほどの問いが浮上する。山田は論考の結論で、そのことにふれる。彼は「自明視された日常性に介入する」ための戦略として、「転移する主体」「文脈に応じて柔軟に『転移する主体』を構築すること」という答えを借りてくる。この答えは、ゲイスタディーズを構築しようとする風間　孝が、ホモフォビア言説に対して有効な抵抗を組織する「主体」のありようとして構想するものだ（風間、一九九八）。

わたしは山田の結論部分を読みながら、納得しつつも、不満を抱いていた。答えを誰かから借りてきても別になんとも思わない。それが適切であり、実践にとって有効であればいいわけだ。「転移する主体」の構築は、読んで

〈納得〉した。でも、「文脈に応じて柔軟に『転移する主体』」とは具体的にどのように「構築」できるのか。また、そうした「主体」のありようとは「わたし」の日常のなかで、どのように立ち現れるのか。実際に「わたし」がそうした「主体」をどのように生きるのかをめぐる山田自身の語りが空白になっていることが〈不満〉であったのだ。

この〈空白〉は、フィールドワークという次元にだけ限って問題となるのではない。日常生活を批判する実践としてのエスノメソドロジーを語るとき、この〈空白〉はやはり埋める必要があろう。不十分ながら、少し埋めてみよう。

最近、わたしは日常生活批判としてのエスノメソドロジーのイメージを、そして、その具体的なフィールドとなる「差別の日常」のことを述べてきている（好井、一九九九a、好井、一九九九b、好井、二〇〇〇）。「差別の日常」とは何か。詳しくは、わたしが書いたものを読んでいただきたいのだが、一言でいってしまえば、日常、さりげなく、またあたりまえのようにふるまい語られる差別であり、排除の営みのことであり、日常、自明性の領域に守られながら、差別や排除をめぐり生きているわたしたちの姿のことだ。

確かに世の中には、さまざまな差別が存在する。それらは、人びとの日常のなかで、ほとんどが「問題」として整理され語られている。こうした整理の仕方は回避し得ないことでもあり、仕方がないといえよう。そして、差別が「問題」としてどのように公共的な空間で語られ、消費されていくのか、という問題は、まさに日常生活批判のエスノメソドロジーにとって興味深い探求対象であることは確かだ。

ただ、もっとはるかに問題であり、興味深い事実がある。それは、「問題」として整理された差別をめぐる知と絶妙な形で〈距離〉をとりつつ、わたしたちが日常を暮らしている姿である。

たとえば、ある男性社会学研究者を想定してみよう。彼はフェミニズムの主張を理解できるし、固定化された性別役割は問題だと公言している。しかし、一方で家のことをきちんとこなすパートナーがいて、プライベートな空間では安定して固定化された性別役割を生きている。このケースは簡単だろう。言っていることとやっていることが完璧に分離しているからだ。どのようにして、こうした〈暮らし分け〉ができているのか。そのエスノメソドロジー的な解読作業がもし可能となれば、うえにあげた〈距離〉の具体的なありようが一つ明らかになるだろう。ただ難しいのは、こうした〈暮らし分け〉を見事に生きている男性ほど、自らの日常に孕まれた矛盾や差別性に気づこうとしないし、自明性に居直っているということだ。

もう少し微妙な場合を想定してみよう。別の男性社会学研究者は、実際にパートナーと家事を分担し、子育ても自分ができることをこなしている。ただ、彼はよく、いろいろな場で自分が家事分担していることを語ろうとする。会議や研究会の場、夕刻遅くなろうとすると、彼は「すみません、今日は、当番なんで失礼します」と語り、同僚や参加者の〈あぁ、よくやっているね〉〈いや、彼も大変だね〉などのまなざしを浴びながら退席していく。なぜ、彼はわざわざ「当番なんで」と早く帰宅するわけを周囲に向かって語りだすのだろうか。「当番であること」、それは彼の暮らしのなかでは〈自然なこと〉であるはずが、なんらかの機会で〈特別なこと〉として周囲に解釈できるように語ってしまう。この「いやらしさ」は一体なんだろうか。もちろん、先にあげた男性に比べれば、ましだという考え方もできよう。しかし、いずれのケースもジェンダーフリーが実践できていない「差別の日常」を生きている姿に基本的にかわりはない。

ただ、わたしは「当番なんで」と言ってしまう男性のなかに働く推論や実際の彼のふるまいに、「差別の日常」を読みとくきっかけがあると考えている。おそらく、平然とそうした〈いいわけ〉を語ることはないだろう。語る瞬間、彼は、ある〈こわばり〉にとらえられているはずだ。語っている自分の姿を「わたし」がどう理解しているのか。「わたし」と周囲にいる人びととの関係をどう捉えているのか。「家事」と「仕事」を天秤にかけながら、「まだ仕事をしているあなたたち」は「家事当番で抜けるわたし」をどう評価するだろうかと不安になったり、などなど。これは明らかに「わたし」が、日常を生きているなかで、あるカテゴリーから別のカテゴリーへ自分を書き換えるときに生じてしまう葛藤であり、その葛藤をなんとかして自明性の領域へ沈み込ませようととりつくろう「わたし」の姿である。

そして、こうした葛藤や（カテゴリーとの）せめぎあいをごまかさず、「つぶさに見つめ」、どのように「わたし」がその場その場でとりつくろっていくのかを詳細に解読し、解体していく実践こそが、日常生活批判のエスノメソドロジーなのである。

ようやく「転移する主体」の話につながった。「転移する主体」とは、日常暮らすなかで、いわば状況に働くさまざまな力に影響されることなく、自らがもつ力を行使し、そのつど、「わたし」にあてはめるカテゴリーを書き換えることができる主体のことだ。カテゴリー間にある恣意的な序列や、カテゴリーを決められた形に強制していく規範や権力などを、いったん「わたし」のなかにとりこんだあと〈意味なきもの〉にして、気持ちのよいカテゴリーをうみ出し得る主体のことだ。でも、そんな主体など、簡単にできはしない。だからこそ、「差別の日常」を読みとき、そうした主体形成を阻む〈何か〉を「わたし」の目の前にとりだす必要がある。

五　エスノメソドロジーのイメージ

またまた、変な文章を書いてしまった。でも、「ミクロ分析の手法」「フィールドワークの技法」「日常生活を批判する実践」というイメージは、社会学研究者にぜひとも理解してほしいエスノメソドロジーのイメージだ。科学批判としての科学的実践をめざすエスノメソドロジーもさかんなようだが、わたしはそうした方向になんの興味も関心もない。

さて、この論考をどのようにして閉じようかと考える。閉じることはやめにしよう。ある現実のエスノメソドロジー的な解読の可能性を指摘して、開けっ放しのままで終わることにしよう。

「残りの人生、またやりなおしですわ」。この論考を書きながら、わたしの頭にはずっと、ある年配の男性が語る言葉が響いていた。島根県出雲市に、薬にたよらず痴呆性老人のケアを実践する「小山のおうち」という施設がある。そのケアの様子を印象深くまとめた『心を開いて、笑顔を見せて』というTVドキュメンタリー。施設では痴呆症の老人に〈自分が物忘れしていること〉をわからせ、そのうえで〈物忘れはこわくない〉〈それが自分の今の姿であること〉をわからせようとさまざまな実践をする。物忘れからくる不安やストレスを取り除き、自分が「いま、ここで」生きていることを実感できるとき、老人たちから痴呆の症状といわれている徘徊やさまざまな行動は消えていくという。

老人たちが残りの人生をつねに現在形で暮らせるようなケアがさまざまにおこなわれていく。実際、ドキュメンタリーでは施設に通いはじめた頃と数年たった今との老人たちの姿や表情、生きる様子の変化が端的に示されている。最初、物忘れが怖くて一言も他人の前でしゃべろうとはしなかった男性。施設に通うことで、その恐れは消え、痴呆は進みつつも、「いま、ここで」生きていく意味を見出し、表情や姿はほころんでいく。

先にあげた言葉。この男性がドキュメンタリーの終わりでつぶやいたものだ。わたしは録画しているドキュメンタリーを何度もこれまで見返したが、この言葉を聞くたびに鳥肌がたつ。なんと重みのある、意味にみちた言葉だろうかと。

この施設では、明らかにわたしたちの日常とは異質なコミュニケーションがあり、専門的な実践がおこなわれている。たとえば、出口泰靖はこの施設で研修した体験から優れた論考を生み出している（出口、二〇〇〇a、出口、二〇〇〇b）。そこには、痴呆性老人に対する福祉的現実、福祉的あるいは医療的モデルでの対応の問題性が鋭く指摘され、「小山のおうち」的なケアの可能性が論じられている。わたしはそれはそれでとても興味深いと思う。

しかし、もし彼が「小山のおうち」での研修体験をビデオ映像としてもっているとすれば、ぜひその詳細なエスノメソドロジー的解読をおこなってほしいと思う。痴呆症老人が「呆けゆく」人として「いま、ここで」生活できるとき、その日常の姿はどのような「方法」からつくられているのか。施設のケアや実践、施設の普段のやりとりにどのような「エスノメソッド」があるのか。福祉の文脈で解読するのではない。日常生活批判という視角から解読できよう。その解読を終えて、初めて「残りの人生、またやりなおしですわ」という言葉の意味が、わたしたちの〈腑に落ちる〉のではないだろうか。ぜひ出口さんに解読してほしいと思う。それとも、こんな関心をもつわたしがフィールドワークしてやるべきなのだろうか。

参考文献

足立重和、二〇〇〇、「伝統文化の説明――郡上おどりの保存をめぐって」片桐新自編『歴史的環境の社会学』新曜社。
出口泰靖、二〇〇〇a、「『呆けゆく』人のかたわら（床）に臨む」好井裕明・桜井　厚編『フィールドワークの経験』せりか書房。
――――、二〇〇〇b、「『痴呆性老人』臨床のフィールドワーク――私たちはなぜ呆けゆく人の声に耳を傾けないのか……――」『月刊ブリコラージュ』九月号。
浜　日出夫、一九九一、「社会は細部に宿る」西原和久編『現象学的社会学の展開』青土社。

風間　孝、一九九八、「表象／アイデンティティ／抵抗」風間　孝／キース・ヴィンセント／河口和也編『実践するセクシュアリティ』動くゲイとレズビアンの会。

倉石一郎、二〇〇一、「ライフ・ヒストリー・ナラティヴの分析戦略に関する試論――知の生産活動〈場〉へのコントロールの視点から――」『解放社会学研究』第一五号。

串田秀也、一九九七a、「会話のトピックはいかに作られていくか」谷　泰編『コミュニケーションの自然誌』新曜社。

――――、一九九七b、「ユニゾンにおける伝達と交感――会話における『著作権』の記述をめざして」谷　泰編『コミュニケーションの自然誌』新曜社。

――――、一九九九、「助け舟とお節介――会話における参与とカテゴリー化に関する一考察」好井裕明・山田富秋・西阪　仰編『会話分析への招待』世界思想社。

――――、二〇〇〇、「モニターのこちら側のフィールドワーク」好井裕明・桜井　厚編『フィールドワークの経験』せりか書房。

奥村　隆編、一九九七、『社会学になにができるか』八千代出版。

サーサス、G（北澤　裕・小松栄一訳）、一九九八、『会話分析の手法』マルジュ社。

桜井　厚、二〇〇〇、「語りたいことと聞きたいことの間で」好井裕明・桜井　厚編『フィールドワークの経験』せりか書房。

山田富秋、二〇〇〇、「フィールドワークのポリティクス」好井裕明・桜井　厚編『フィールドワークの経験』せりか書房。

好井裕明・山田富秋・西阪　仰編、一九九九、『会話分析への招待』世界思想社。

好井裕明、一九九九a、『批判的エスノメソドロジーの語り』新曜社。

――――、一九九九b、「『エスノメソドロジーの権力分析の第二章』に向けて――〝差別の日常〟という主題」『情況』一二月号別冊、情況出版。

――――、二〇〇〇、「差別と日常――『普通であること』の権力をめぐって」藤田弘夫・西原和久編『権力から読みとく現代人の社会学・入門』［増補版］有斐閣。

第十章　数量化の実践——「よい」記録の組織上の「よい」理由——

西阪　仰

西阪　仰（にしざか・あおぐ）
1957年　東京都生まれ
早稲田大学大学院文学研究科博士課程中退
現　職　明治学院大学社会学部教員
著訳書　『相互行為分析という視点』金子書房，1997年
J. クルター『心の社会的構成』新曜社，1998年
『心と行為』岩波書店，2001年，ほか

二〇〇〇年のアメリカ大統領選は各方面からさまざまな注目をあびた。なんといっても終盤での「混乱」は、私たちにいろいろなことを気づかせてくれた。もちろん、アメリカの民主主義のあり方について、ここでもう一つ新たなコメントを試みようというわけではない。誰でも知っていることが再確認されたことを再確認したい。どんな選挙でも、投票された投票用紙が（無効票も含め）すべて数え上げられ、数のもっとも多い候補者が当選する。最後の一票まで数え上げれば、まったく同数でないかぎり、必ず当選者が決まるはずだ。実際すべての選挙は、得票数が一の位まで発表され、当選者と次点者の得票差も一の位まで発表される。さて、「誰でも知っていること」は、たとえばこんなふうに定式化できるだろう。

・おそらく「厳正」に投票が行なわれ、何らかの手段で「厳密」に集計がなされるにしても、どこかでつねに間違いが起こる可能性がある。

・とりあえず「厳正」かつ「厳密」に投票が行なわれ、票集計が行なわれているかぎり、かりに間違いが起こったとしても、それは数にして僅かであろうし、大局的には間違いは相殺され、結果として出てきた数は、おおむね（投票者の選好、利害、など何と呼ぶべきかは別として）現実の全体的な布置を反映しているはずである。

こんな言い方をすると実際に選挙で集計に携わる人は、「選挙はそんないい加減なものではない」と立腹するかもしれない。たしかに、選挙は実際の目的に照らして十分「厳正」かつ「厳密」に行われている。ただ、いま記したことは、別に私が勝手に言っていることではないというのが、ここでのポイントである。アメリカ合衆国における選挙のやり方のうちに、このような間違いの可能性に対する対処方法が体系的に用意されていた。つまり、僅差の場合に集計方法を替えた再集計を要求することができるのだ。このようなことがなぜ制度的に可能なのかといえば、それは集計結果が僅差である場合には誤差が相殺されていないかもしれないこと、つまり、いつも小さな間違いが起きている可能性のあることを、みんな知っているからにちがいない。

小選挙区制と中選挙区制と比例代表制のいずれが適切かといった、あるいは、州ごとに選挙人を選出するやり方が合理的かといった、選挙制度の合理性についての判断を、ここで下そうというわけではない。とりあえず、一定程度合理的な選挙制度のもとで、投票および票集計が（実際上の目的に照らして）「厳正」「厳密」に行なわれているということを出発点に置いておこう。このことを否定する必要はない。むしろ、このような「厳正」「厳密」さという特徴が、そのつどの偶然的な条件のもとでどのようにしてなし遂げられているのか、これが問題である。(1)

さまざまなことが報告されていた。明らかになったことは、個人の選好なり利害が、そのまま（文字どおり）機械的に数字に変換されるわけではないということである。そもそも投票用紙の上に候補者名を特定してその投票用紙を投票箱に入れるという投票なるものは、それ自体「達成（achievement）」である。(2) 第一に、それはさまざまな偶然的条件のもとで、さまざまな努力の上に成り立っている。自分の支持する候補者名を投票用紙の上に発見し、そして（数箇所のミシン目になっている部分のうち）どこを指で押し破るべきかを発見し、そしてさらに押し破ることを完遂しなければならない。個人の選好を数の上に反映させるということは、このような過程を経て達成されることにほかならない。しかも、この作業は、一定の解釈もしくは判断の作業をともなわなければならないこともある。とくに、今回のケースでは、左右見開きになっている投票用紙の、両頁にそれぞれの候補者の名前が記されていて、しかも、左右でそれがぴったり一致していなかったと報道されている。だから、右頁の候補者名だけを見ていると、左頁上の間違った場所を指で押してしまいかねないというのだ。さらに投票者は、ミシン目をどこまで破るか、あるいは、破りきったのをどこまで確認するか、という問題に直面しなければならないかもしれない。そのほか、どこに投票用紙を入れるかの判断など、投票にはさまざまな作業がかかわりうる。第二に、にもかかわらず、これらの作業は、あくまでも投票するための努力であって、投票自体は、その作業の結果達成されるものである。このようにして投票箱のなかに投げ込まれた投票用紙は、ゴミ箱に投げ込まれた同じような紙切れとは、決定的に違う意味をもつ。投票は投票用紙の制度的に重要な能力を達成する。したがって、その結果はもはやほとんど動かしがたいものとなる。しかし他方、投票は達成であるがゆえに、同時につねに取り消し可能（defeasible）でもある。(3) 実際、件の投票用紙の曖昧さについては、有権者の側から選挙の一部を無効化するための訴えが起こされた。裁判所が認めるならば、実際に投票は無効化するということもありうるわけだ（結果が取り消し可能であるからといって、その結果はいつも暫定的であり、究極的に未決のものであるわけではない。決定ずみであることと取り消し可能であることは、じつは矛盾しない）。

同じことは、集計についても言える。集計も達成である。そのときにも、そのつどの偶然的な条件のもとでさまざまな判断の作業が行なわれなければならないだろう。いつ機械集計から手作業に切り替えるべきか、誰がどうやってそれを決めるか。候補者名の横のミシン目の部分が中途半端に押し切られている投票用紙をカウントするべきかどうか、などなど。その結果としての集計は、やはり制度的に重要な能力を達成する。そして、それはやはり取り消し可能である。

このアメリカ大統領選は、たしかに極端な場合である。しかし、たまたま不規則的なことが起こったから、そのような判断や解釈の作業が必要となったにすぎない、などということはない。そのような作業をそのつど必要とする何らかの偶然的な条件は、消去不可能なものとしてどこにでもあるはずだ。この小論で考えようとしているのは、何らかの状態を数字で「適切」に表象することが、どのようになし遂げられるのか、である。私たちは、各候補者の得票数は、端的に投票の結果を表現し、投票の結果は人びとのある側面を（実際上の目的に照らして）適切に表現していると考えている。一方、「投票の結果」を精確に表現することも、「人びとの状態」を適切に表現することも、いずれも偶然的条件のもとでなし遂げられたものにほかならない。(4) このことについて、二つの例を手がかりに若干考えてみたい。その前に、このような考察が、エスノメソドロジーの創始者であるガーフィンケルのどのような議論をどう展開したものであることを、簡単に述べておこう。

一　適合性の問題

外来患者が最初に病院にコンタクトしてきたあと、その病院に患者として受けられていく条件を考えようとする研究がいろいろある。かつてガーフィンケルは、エゴン・ビトナーと一緒に、カリフォルニアの精神科の病院における自分たちの調査を踏まえながら、当時行なわれていたそのような研究がもちいている方法に対して「方法論的」考察を加えている。(5) ガーフィンケルたちはここで、既存の研究がもちいている数量化のやり方の「方法論的適合性（methodological adequacy）」を問題にしている。たとえば、かれらが検討している諸研究では次のような問いを立てる。男と女でどちらが後々まで患者として受け入れられる率が高いか、紹介の有無（あるいは誰からの紹介か）は患者として受け入れられる率に関係しているか。数を調べ、その結果をたとえば有意性の検定にかければ、患者として受け入れられる率に関して男女差は有意でないけれども、紹介のあり方の違いは有意であることがわかる。有意性のテストという考え方にまつわる諸問題はおくとして（後述参照）、とりあえず、患者の選択にさいし紹介のあり方が一つの基準となっている可能性がこうして浮かび上がる。しかし、ガーフィンケルたちがまず問題にするのは、次の点だ。このような研究がまず答えようとしている問いは、「『そのつど受け入れられる人びととそのつど弾かれる人びととは、特定の属性について差別化可能か』という問いである。この問いは、患者選択の研究がほんらい答えたいと思っている問いなのだろうか。つまり、それは『患者を選択するさいに〔病院のスタッフが〕実際にもちいている基準は何か……』という問いと同じだろうか」（二四二頁〔強調は引用者〕）。研究者が何かを研究しようとして、特定の現象（たとえば、病院のスタッフがもちいている患者選択の基準）に方法的に接近しようとするとき、たとえば、その現象を厳密に定義しなおし、その定義にもとづいて現象を数値に表わし、その数値を一定の計算式の上にのせていく。そうすることで、現象を曖昧さなく描き出そうというわけである。しかし、そのような操作を行なうなかで、おうおうにして、もともと捉えようとしていた現象と、そのようにして扱われている現象とが異なったものとなってしまうのだ。もともとの捉えたいと思っていた現象と、実際に扱われている現象とが一致しているかどうかという問題、これが「適合性の問題」である。

実際、病院における患者の受け入れを調べようとしたら、最初に、誰が受け入れられた患者で、誰が拒絶された患者かを、はっきりと確定しなければならないように思える。そこで何をするかというと、患者のカルテが保管されている事務室に駆け込み、どの患者が何回診察を受けているかなどを調べようということになる。しかし、ここにすでに落とし穴があるのだ。いまだ「内部」にとどまっている患者と、すでに「外部」に出てしまった者とは、じつは、そうはっきりと区別できるとはかぎらない。

> 「内部」と「外部」とが非連続的であるのは、この二つの地位が、病院の事務管理上の責任との関連で病院スタッフによって定義されるかぎりでのみである。他方、「内部」と「外部」が医療的責任との関連で定義さ

れなければならないところでは、「内部」「外部」という二つの地位にとって本質的なことは、次の点にほかならない。つまり、決定が下されなければならないまさにその時点においては、そのつどの患者がその後どうなるかは後になってみなければわからないということ、これである（二五三頁）。

だから、研究者が「内部」にとどまっている患者と「外部」に出てしまった者とを「非連続的」な事柄として扱うかぎり、じつは、研究者がほんらい研究しようとしていたこと、すなわち、患者を病院の「内部」にとどめておくべきかの決定がどう下されるかということ、このことに直接関与している当人たち（つまり医者たち）の観点を排除してしまっている。

「内部」と「外部」を本質的に非連続的なものとして扱うことによって、研究者たちは、データの上に一定の特徴を押し付けることになる。その特徴は、まさしく、かれらが病院での経験を記述するために採用している方法によって産み出されたものにほかならない。このような人為的な特徴は、実際の患者選択手続きの諸特徴といささかも一致しないものかもしれない（二五四頁）。

「適合性の問題」をこのように捉えるかぎり、それは、あくまでも研究者にとっての方法論的な問題であろう。しかし他方、ガーフィンケルたちが「適合性の問題」を定式する文脈は、じつは私がいま行なったのといくらか違っている。かれらは次のような議論を展開する。数値の上では同じであっても（たとえば有意性の検定の結果は同じであっても）、そこから獲られる「知見」は、どのような「基本的考え方（conception）」のもとでその数値上の結果が眺められるかによって、異なってくるはずだ。たとえば、患者選択について男女差が有意ではなかったとき、患者選択において男女差は考慮されていると積極的に考える理由は（とりあえず）ないという「知見」が獲られたと考えるか、それとも、最初の男女比を維持するような形で男女差が考慮されている可能性が否定されなかったという「知見」が獲られたと考えるかは、研究者の予めもっている基本的な考え方に依存する。(6)

> 自分たち［研究者たち自身］の方法が実際の患者選択活動に対応したものでありたいと願うならば、重要なことは、病院において人びとを取捨選択していく実際の活動にもっとも精確に対応した基本的考え方を選ぶことであるはずだ。適合性の問題が無視しえないゆえんである（二四六頁）。

たしかに、ガーフィンケルたちはここから、研究者たちはどのような基本的考え方を選べばよいかを論じていく。しかも、そこから、ある一つの「モデル」が提案される。そのかぎりにおいて、かれらの議論は、あくまでも「方法論」の議論である。しかし、「知見」が「基本的考え方」に依存しているという考え方は、研究者の方法を当人たちの基本的考え方に一致させるという方法論上の問題を提起するだけではない。むしろ、当人たちの基本的考え方はどのようなものであるのかということとともに、それは実際の活動のなかでどのように参照され、当人たちが自分たちの実際の活動を組織していくなかでその考え方をどのように活用しているのか、といった事柄が、それ自体研究するに値する現象として浮かび上がってくる。そして、このような課題を引き受けているのは、じつは、この「方法論的適合性」の研究が収められている同じ書物（『エスノメソドロジー研究』）の直前の章である。(7)「病院で『悪い』記録がつけられる組織上の『よい』理由」と名づけられたその章（Garfinkel, 1967b）で、（ふたたびビトナーとともに）ガーフィンケルは、記録というものは、単に現実を表象するための手段であるだけでなく、むしろ、人びとが自分たちの実際の活動を組織するための資源であり、その活動の一部であり、その活動を離れては意味をもたないものであることを示そうと試みている。第七章で報告されている研究のために、かれらはカリフォルニアの精神科の病院を訪れ、そこに保存されている患者の記録を調べる。ところが、その記録はどれもかれらの研究のための素材としてはきわめて不完全で、記入されていたりいなかったりする項目がたくさんある。これでは患者全体の状態を捉えることは不可能だというわけである。しかしながら、もちろん、この記録は、いずれも病院の医療スタッフたちにとってはどれも合理的な記録である。たとえば、医者は、カルテに通常書き込むべきことをあえて書くことを控えたり、あるいは余計なことを書き足したりすることで、病院の他の成員（医療スタッフ）に、診断が困難であること、診断が不確定であること、患者の主訴に疑問があることなどを示唆することができる(8)。記録の書き手と読み手は、病院の組織上のさまざまな事情を手がかりとしつつ、病院の組織的活動（診断、患者の選択、処方など）を組織するための手段として記録をもちいていくのだ。

病院の記録上のさまざまな事項は、けっして、病院スタッフと患者の関係を記述するために集められた項目ではない。それは、病院の成員が患者と病院の関係で実際上の問題として何か馴染みのないことに遭遇したとき、その関係を病院における通常の馴染みある事柄として位置づけていくための手段なのである。この意味で、病院の記録は、記述というよりも、契約のようにもちいられている。というのも、契約は、関係を記述するものでも、関係を記述するためにもちいられるものでもないからだ（二〇三頁）。

医療スタッフによる記録は、たとえば、患者の訴えを診断のカテゴリーによって「コード化」することである。それは、たしかに、数量化ではない。しかし、ガーフィンケルたちの提起した「適合性の問題」は、単に方法論の問題ではなく、成員自身の実践的な問題として再定式できることが、以上の議論から示唆されている。数量化は、一方で記述のための手段であるにしても、他方でその記述は、必ず特定の活動を組織するための手段でもあるはずだ。医療スタッフにとって、自分たちの活動に「適合的」な（組織上「よい」理由にもとづく）コード化はいかにして可能かということが、おそらく実践的な問題であったのと同様、数量化も、そのつどの活動にとって適合的なものとして組織されている。この数量化の適合的な特徴がその当の活動のなかでどのようになし遂げられるか、これがエスノメソドロジー的な問題となるはずである。

二　野球——個別化の実践

野球ほど、やるほうにとっても、また観るほうにとっても数量化が意味をもつスポーツはない。このことはすでに言われていることだ。(9) 実際、新聞で前日の試合の結果が報じられるとき、チーム全体の成績だけではなく、各選手の詳細な成績が数字で表現される。また、日本野球機構は年次ごとに、数字で表現された公式の記録を発表しているし、シーズンの変わり目には、必ず「データブック」のようなものが書店に並ぶ。おそらく野球と数字の関係は、さまざまな歴史的偶然によって支えられているのだろうが、それはここでのテーマではない。あそこまで詳細な記録により選手を表象することは、どのような活動を構成しているのか、そして、そのように性格づけられる表象は、それ自体どのように組織されているのか。これがここでのテーマである。

野球の記録で特徴的なことは、⑴数値が固有名と結びついていること、および⑵数値による選手の序列化（通算本塁打の順位、通算奪三振数の順位、年間奪三振数の順位など）が行なわれることである。野球の場合、個々の選手の記録が数値で表現される点がきわだっている（表－1）。それは、おそらく野球というスポーツの特徴ともかかわりがあるように思える。野球では、ボールをパスしながら攻め込むということがないため（そういう意味での「パス」という概念をもっていないため）、チームプレーが重要でありつつも、個人の技能に依拠している面が大きいようにみえる。だから、各選手の「成績」を数値化しやすいということがあるにちがいない。しかしながら、これは話の半分であろう。選手の成績がさまざまな数の組み合わせで表現されることにより、つまり打者の場合なら、打率、打点、本塁打数、三振数などの数の組み合わせでその打者としての能力が表現されることにより、個人の技能が焦点化され、個人の技能に依拠した野球というスポーツの特徴が構成されるという面もあるはずだ。いずれにしても、数量化は、個々の選手の技能を語るという活動を構成し、数量化により個々の選手の技能は、「無限に豊かな話題」[10]として構成される。公式記録係によってつけられた記録はデータベースとして保存され、その時々の目的に応じて再構成することができる。たとえば、イチロー選手の対左投手の打率と対右投手の打率とを比較したり、イチロー選手のツーストライク後の打率を算出したりすることもできる[11]。こうして、イチロー選手が左打者であるにもかかわらず対左投手の打率のほうが高いことに驚き、あるいはそこからイチロー選手対策を練り、またツーストライクを取られてもなお三割以上の打率を維持していることに（他の選手の同じデータとくらべながら）感心することができるのだ。このように数量化は個々の選手の技能について無限に語る可能性を開いている。

表－1　通算本塁打数

順位	選手	本塁打
1	王　貞治	868
2	野村克也	657
3	門田博光	567
…	…	…

$$G=\left(\frac{H+BB+HP}{AB+BB+HP}+\frac{3\,(TB-H)}{4AB}+\frac{R}{H+BB+HP}\right)-\left(\frac{H}{AB}+\frac{BB+HB}{AB+BB+HB}+\frac{ER}{H+BB+HB}-\frac{SO}{8\,(AB+BB+HB)}-F\right)$$

H：安打，BB：四球，HP：被死球，TB：全出塁，AB：打数，R：得点，HB：死球，ER：自責点，SO：奪三振，F：野手の守備．上段は，攻撃の効率を表わし，下段は相手の攻撃の効率および投手と野手の守備の効率を表わす．Gは，攻撃の効率から守備全般の状況を引いた，いわば当該試合［ゲーム］勝利のための効率である．

選手の技能を数値で表象するのは、その当の選手自身でもある。江夏　豊はある雑誌のインタビューで、阪神タイガーズに入団した当時の自らの「ノーコンぶり」を次のように記述している。「230イニングでフォアボールを70個出し」た（実際にはその年の四球は八八だった）、つまり「3回に一個」だった、と（中村、二〇〇〇、一〇〇頁）。これは回想だから、当時彼がほんとうにこのような数字によって自己の技能を表象していたかはわからない。しかし、数量化が選手の自己記述のためにも無限の話題を可能にすることはたしかだろう。このことは、各選手があるいはチームが自分たちの技能・技術を磨き上げていくための重要な資源となっている。かつてのドジャーズの監督ブランチ・リッキーが、アラン・ロスのアドバイスのもとに、打者と投手の側のさまざまな変数に（適当な係数により）重み付けをして、勝利の方程式を作ったことは有名である（上の式）。

　この式自体はさまざまなデータをもとにしつつも、おそらくは単に私たちの「素朴な直観」を頼りに作り上げられたものにちがいない。が、いったんこのような数式が定式化されるならば、こんどはこの数式にもとづいて、自分のチームのどこが弱点で、勝利のためにはどこを補えばよいかが語れるようになるわけである（**Gigerenzer *et al.*, 1989, p.239**）。このように、野球における数量化は、観戦ゲームとしてのプロ野球（おそらく大学野球・高校野球も）という活動全体（プレーする側、観る側、その他評論家等々を含む全体）をなし遂げていくための重要な実践にほかならない。

　プロ野球の公式記録は、データベースとして体系的に集められているという意味では、あのカリフォルニアの病院における記録とくらべれば、たしかに「よい」記録であるにちがいない。しかし、数量化は、まずは、プロ野球という活動の有能（competent）な参与者（選手であれ観衆であれ）が、その当の活動（プロ野球）において行なわれるさまざまな事柄を「馴染みのあるものとして」捉えていくための手段である。個々の数字は、数量化がこのような実践として行なわれるなかで、はじめて意味のあるものとなる。もちろん参与者の（とくに観衆の側の）参与者としての有能さ（competence）にはさまざまな程度の差があるにちがいない。しかし、数量化の実践は、「ノーコンぶり」を適切に表わすのに「3回に一個」の四球という数字を有能にもちいることができる能力、あるいは少なくとも、「3回に一個」の四球という数字を「ノーコン」の適切な証拠として有能に理解することができる能力に依存している。その意味で、数量化の実践は、プロ野球という活動への有能な参与に埋め込まれている。

最後に、データの収集について。言うまでもなく、データベースの作成は、最初に安打を数える、三振を数えるといった「数える」作業が行なわれることに負っている。冒頭の大統領選挙の場合と同様に、この「数える」作業も単純ではない。それは、やはり消去不可能な偶然性に依存している。このことは、元公式記録員（宇佐美徹也）の次の回想からよくわかる（宇佐美、二〇〇〇）。東映の張本　勲が二塁へ強いライナーを打ったとき、二塁手はまったく動かないまま頭上に上げたグラブで打球を弾いてしまった。当たりはよかったけれど、二塁手の正面で、しかも二塁手はまったく動かなかったわけだから、「失策（エラー）」の記録で問題ないと判断し、スコアボードにも「失策」のランプを点灯した。しかし、試合後、張本が抗議にやってきたというのだ。

張本は「確かに正面だったが、あの打球はホップするように伸び〝空中イレギュラー〟しているのです。内野手の正面に飛んでも当たりがよければ強襲安打に記録するのですから、外野に飛んだ打撃にも、それがあって不思議じゃない」と真剣な顔で抗議した。あの時〝空中イレギュラー〟という言葉を初めて聞いた（一一一頁）。

そして、これに続けてこう述べている。「確かに、そうした打球だったら、あの時、安打にしてもよかったかもしれない」と。

三　心理学――一般化の実践

野球における数量化が、徹頭徹尾、選手もしくは球団の固有名と結びついていたのに対して、（ある意味では逆説的にも）個人を扱うはずの心理学においては、個人間の差異は徹頭徹尾、消去されている。たしかに、心理学全体がこのような一般化への志向を強めてきたのは、けっして旧い話ではない。カート・ダンジガーによれば、数量化を積極的に取り入れたゴルトンは、まだ個人間の差異に関心をもっていた[12]。しかし、ここでのテーマは、やはり歴史ではない。心理学における数量化の実践が一般化の実践としてどのように行なわれているのかを明らかにしたいと思う。

具体的な例から入っていこう。一九七七年の『応用心理学雑誌』に載った三人の執筆者による「顔の記憶」もしくは「顔の認識」に関する論文を取り上げる（Brown *et al.*, 1977）[13]。著者たちは、三つの実験について報告しているが、ここではとりあえず実験2を見ていこう。それはおおむね次のとおりだった。ある部屋に被験者（「目撃者」）を集めてそこで「犯人」に会わせる。一時間か一時間半後、被験者にいくつかの顔写真を提示し、その一つ一つについてその顔がかの「犯人」であるかどうかを聞く。さらにその一週間後、被験者に一列に並んだ四、五人の人物を提示し、その一人一人についてその人物がかの「犯人」であるかどうかを聞く。この実験の刺激（人物）は、五つのグループから構成されていた。⑴犯人で写真提示された者、⑵犯人で写真提示されなかった者、⑶犯人ではなく写真提示だけされた者、⑷最後に列にだけ加わった者。以上の四グループは（二名の例外をのぞいて）すべて最後の列に加わったが、そのほかに、⑸犯人ではなく写真提示だけされ、最後の列にも加わらなかった者たちもいた。さて結果は次のように報告されている。

・一時間（半）後の写真提示において正しく名指された犯人の平均比率は.72で、間違って（犯人と）名指された非犯人の平均比率は.45だった。信号検出（signal detection）分析によれば、犯人と非犯人の間のd′は.71で、有意だった（p<.01）。

・一週間後の列の提示において（正しくであれ間違ってであれ）犯人として名指された平均比率は、グループ⑴は.65、⑵は.51、⑶は.20、⑷は.08だった。二グループごとのd′を算出すると表－2のようになった（すべてp<.01）。

表－2　条件間d′

グループのペア	d′
(1) vs. (2)	.36
(1) vs. (3)	1.22
(1) vs. (4)	1.78
(2) vs. (3)	.86
(2) vs. (4)	1.42
(3) vs. (4)	.56

執筆者たちがここから導き出していることは、いくつかある。第一に、列の提示に先立って写真提示が行なわれた場合、犯人であるか否かにかかわらず、写真提示された人物は、列の提示にさいして犯人として名指されやすい。第二に、列の提示において、犯人と非犯人の間のd′は、いずれも写真提示の場合（.71）とくらべて高い。つまり、実物のほうが精確に「認識」できる。

ここで問題にしようとしていることは、数量化の手続きや推論の不備ではない。(14) あるいは、数量化の「方法論的な適合性」でもない。心理学という活動のなかでこのような数量化の実際上の適合性（心理学の実際上の目的に照らしての適合性）が、どのようにして達成されているのかを見ていこう。

野球の場合とくらべて、心理学における数量化できわだっているのは、被験者の固有名の徹底的な抹消である。単に被験者が匿名化され、一塊の集団として扱われているだけではない。たとえば、表－1（通算本塁打数）では、選手が左側の列に書き込まれ、それに対応する数値が右側の列に書き込まれている。それに対して、表－2（条件間d′）では、刺激が左側の列に書き込まれ、それに対応する数値が右列に書き込まれている。写真提示における平均値も、表にするとすれば、同じような形を取らざるをえないだろう。つまり、犯人（グループ⑴）か非犯人（グループ⑶および⑸）かが左列で示され、右列にそれぞれに対応する、「犯人」として名指された割合の平均値が示されることになるだろう。これは、単に被験者が集団として扱われているだけではない。たとえ表－1（通算本塁打数）の左列にチームなり、あるいは特定の選手群（名まえが「あ」から始まる選手の集合）が書き込まれ、それに対応する通算本塁打数が右列に示されたとしても、本質的な点は変わりない。野球において数量化が個別化の実践であるのは、数値が、それが対応づけられる左列の選手もしくはチームを差異化するからにほかならない（アラン・ロスの「勝利の方程式」の場合も、そのねらいは、その時々の特定のチームの勝利の効率を表わすことにあり、けっして野球における「勝利」一般の特徴を表わすことにあるわけではない）。それに対して心理学の場合、数値により差異化されるのは、（たとえば「顔の認識」のための）条件（刺激）のほうである。一方、個々の被験者は、各条件に対するばらばらの反応の数としてのみ数値のなかに表現される。それぞれの反応がどの被験者のものであるかは、数値から復元不可能である。個別の被験者（個人であれ集団であれ）の特徴は、いかなる形でも数値に表われない。心理学における数量化が一般化の実践であるというのは、この意味においてにほかならない。

ここから二つのことを指摘しておこう。第一に、「顔の認識」の条件が差異化されるということは、先ほどの野球の場合と同様、「認識」(あるいは「記憶」であれ「知覚」であれ何であれ)の条件は「無限に豊かな話題」となる。さまざまな演算をとおして、条件について無限定的に多数のことを話題とすることができるようになる。たとえば個々の条件についての平均比率を算出し、それについて語ることができるし、さらに、たとえば二つの条件間のd´を算出し、それを比較することができる。心理学とは、この無限に豊かな話題について無限定的に多数のことを語る(あるいはその語りを聞く・読む)活動の全体だと言ってよい。

第二に、条件を差異化することは、とりもなおさず、それが条件となっている当のもの(「認識」「記憶」「知覚」など)、すなわち「心」にかかわる事柄を、それが誰の「心」であるかにかかわりなく、基本的に同じような何かとして想定することである。まず「認識」なる何かがあり、それがどういう条件のもとでどのようになされるかが探究されるわけである。心理学における数量化の実践は、いわば「心理」なるものを知識の一つの「対象」として構成する実践である。どの人の「心理」も基本的に同じであり、その同じ何かを中心に、心理学の活動は編成されている。

人間の「心理」なるものを知識の「対象」とするという心理学の構えを、心理学の「基本的な考え方(conception)」と呼んでもよいだろう。この基本的な考え方は、いくつかの(それぞれが不可欠のものではないにしても)要素を含んでいるように思う。一つは、ジェフ・クルターのいう「物象化(reification)」である。「心理」、あるいは「認識」「記憶」「知覚」などが、たとえば中枢神経の機能に物象化される。たとえば「認識」(日常概念としての)は、そのつどのさまざまな状況内の諸事情にもとづいて(自分もしくは他人に)適用される概念である。実際、久しぶりに会った高校時代の同級生をそのとき「認識できた」と言うかもしれないけれど、しばらく一緒にビールを飲んでいるとき、相手の顔を見るたびに相手を「認識できた」とは、おそらく言わない。にもかかわらず、先ほど紹介した「顔の認識」の実験は、このような状況内の諸事情とは一切無関係に刺激の一般的な特性だけにもとづいて設定されている。(15)

もう一つは、「心理」の働きを「暗黙の（素朴な）理論化」と捉える考え方である。「心理」が一般的な形で対象化できるのであれば、それの働きは基本的に一般的な定式に従ったものであるように考えたくなる。一方、研究者が自分の研究にもちいている、統計的手法を含めたさまざまな分析方法や計算式は、自分たちの（研究者としての）思考を、ある意味で整理し形式化したものである。とすれば、「心理」の働きは、それが一般的なものであるかぎり、多かれ少なかれ、研究者のもちいる分析方法に従っているとみなしてよいように思えてくる。ただ、「心理」は、心理学者のような専門家ではないから（またp値を算出するための表ももっていないから）、そのような分析方法を雑駁にいくらか精密性を欠いた形でもちいているかもしれない。けれども、しかし、それでも何らかの、たとえば統計的手法のようなものを使って、性能の劣った理論化をしているにちがいない、というわけである。実際、先ほどの例のなかで算出されているd′は、もともと人間はネイマン＝ペアソン派統計理論に従って信号検出を行なうという考え方にもとづいている。先の実験に即して言えば、人びとは犯人か非犯人かの「認識」を統計分析に従って行なっているというわけである。(16)

「心理」なるものを知識の対象とする基本的考え方に従って、被験者の反応を、さまざまな刺激の諸特徴に対応した形で数えること、このことをとおして心理学という活動（実験をし、論文を書き、あるいは論文を読むといったあらゆる活動を含む）の全体は組織される。心理学における数量化の実際上の適合性は、このような活動が秩序だって行なわれるかぎり、まさしくその活動をとおして達成される、その活動の特徴である。心理学という活動も、その具体的な展開におけるさまざまな偶然性から自由ではない。実際、「適切」なデータを「適切」に集めるためには、「適切」に実験をデザインし、「適切」にそれを遂行していかなければならない。丁寧なマニュアルを作り、それをそのまま実施していこうとしても、（たいていの場合初経験である）被験者とのやりとりのなかでさまざまな偶発的な事態にさらされることになる。そのような消去不可能な偶然性に依拠しながら、「適切」なデータ収集をなし遂げていくこと、[17] そしてさらに、やはりさまざまな偶然性に依拠しながら、それを数え数量化していくこと、このことによって数量化の（心理学という活動における）実際上の適合性は達成されるのである。このような数量化はそれ自体、心理学の活動全体を、まさしく「心理」なるものが「知識の対象」として置かれている活動として組織するための重要な実践にほかならない。

心理学において集められるデータも、やはり体系だった「よい」記録であるにちがいない。しかし、ここでもふたたび、この「よい」記録は、有能なしかたで心理学という活動に参与するための資源であるし、また同時に、有能なしかたで心理学という活動のなかで参照され、もちいられることによってはじめて、意味を与えられる資源である。おそらく、（一般化された）「心理」なるものが「知識の対象」であることをやめたとき、つまり、どういう個人もしくはどういう集団がどういうときに何をどう認識し記憶し知覚するか、ということだけがもっぱら語られるようになるとき、この「よい」記録は、倉庫のなかに積まれたままほこりをかぶることになるだろう。

（1）問題のこのような定式化は、ガーフィンケルの一九六七年の著書『エスノメソドロジー研究』の第一章（Garfinkel, 1967a）にならっている。
（2）「達成（achievement）」については、Ryle, 1963およびCoulter, 1989参照。
（3）「取り消し可能性（defeasibility）」については、Hart, 1951およびCoulter, 1979参照。
（4）私は皮肉を言っているわけではない。ヴィトゲンシュタインも述べているように「精確さ」は、あくまでもその時々の実際上の目的に応じてさまざまでありうる。実際、天文学者が天体間の距離を測るのにメートルまで言わなかったからといって、かれらの測定が不精確であるわけではない（Wittgenstein, 1958, §88）.

（5）このガーフィンケルらの研究は、ガーフィンケルの一九六七年の著書『エスノメソドロジー研究』に第七章（Garfinkel, 1967c）として収められている。

（6）以上の記述はガーフィンケルたちの記述（二四三頁）に即しつつ、いくらか書き換えてある。かれらは、あたかも有意差がない場合に帰無仮説が受け入れられるかのようにみなしているふしがある。

（7）「エスノメソドロジーの研究」としてはかなり異質にみえる「方法論的適合性」の章は、その直前の章（第六章）のためのコンテキストとなっていると言えば、そうも言えなくないようにもみえる。それでも、まるで本論はあくまでもこちらと言わんばかりに、明らかに早い時期に書かれたもののほうをあとの章に配しているのはなぜか。最後の「科学的活動と常識的活動の合理的特徴」に関する章とのつながりのためか。私はわからない。いずれにしても、エスノメソドロジーの文献のなかで、「『悪い』記録」論文（第六章）が頻々と取り上げられるのに対して、この「方法論的適合性」論文（第七章）を取り上げているものは、ほとんど見当たらない。

（8）この点については、クリスチャン・ヒースとポール・ラフが最近の書物（Heath & Luff, 2000）の第二章で具体的な事例の詳細な分析を試みている。かれらの分析によれば、近年のコンピュータ・システムの導入は、さまざまな症例に関するデータベースの構築という点からするならば、規模においても精度においても、旧来のカルテのシステムとくらべ、はるかに「よい」ものであるにちがいない。しかし、実際には、医者は診療室における患者とのやりとりの最中に、（たとえば処方箋を作ろうとするとき）コンピュータから体系的なデータの入力を要求され、しばしば患者とのやりとりを中断せざるをえないという「弊害」が生じている。また、手書きの記録で利用可能だった「記入事項の体系的な省略」は不可能になり、記録の作成もまた読み取りもかえって煩雑になってきている。このようなデータベース構築の動機が、高価なシステムを一挙に導入するために製薬会社からの経済的援助をあてにしてのことであるならば、これこそ、病院における「よい」記録の組織上「悪い」理由にほかならないというわけだ。

（9）たとえば、ギガレンツァーらの確率論の歴史研究の第七章二節（Gigerenzer *et al.*, 1989）参照。

（10）「無限に豊かな話題」については、ハーヴィ・サックスの一九六六年の講義（Sacks, 1992）参照。

（11）『別冊宝島五四一　プロ野球　記録と記憶』宝島社、二〇〇〇、一五頁参照。

（12）Danziger, 1990参照。その他、心理学の一般化志向の歴史については、Gigerenzer *et al.*, 1989の第六章なども参照。

（13）この論文を取り上げる特別な理由はない。あくまでも一つの例である。

（14）一九六〇年代、心理学界において有意性の検定が知見の「科学性」にとって中心的役割を果たしていた最中に、有意性検定をそのような中心的基準とみなす傾向に対してさまざまな批判が心理学の主要雑誌に掲載された。たとえば、「大量の被験者が扱われるならば、ほとんどどんな平均値の比較も有意差があることになる」ことがすでに指摘され、とくにp値がどの範囲にあるかが主要雑誌において論文掲載の重要な条件となることで、心理学研究の進展が阻害されているとの嘆きも聞かれた（Nunnally, 1960およびBakan, 1966. またLykken, 1968も参照）。有意性検定の機械的な適用は、ガーフィンケルが「方法論的適合性」の問題として捉えた問題と直結している。しかし、ここで試みたいのは、あくまでも、心理学における数量化の実践がそれでも秩序だったものとして行なわれている、その秩序の解明である。

(15) そもそも、「認識」は「達成（achievement）」を表わす概念であって、何か出来事や過程や状態の名まえではない。つまり、何かを「認識する」とは、それによって一定の能力もしくは資格を獲得することにほかならない。だから、「認識」を神経系の作用の名まえだとみなす考え方を、クルターは「物象化の誤謬」と呼んだのだ（Coulter, 1989など）。一方、この節で紹介した実験だけでなく、およそ認知心理学の「認識」に関する実験は、じつは「認識」に関する実験になっていない。とにかくすべての問いに「イエス」か「ノー」で答えさせることで、被験者がどのような条件のもとで「言い当てる」蓋然性が高まるかについて調べているにすぎないように、私には思える。

(16) Gigerenzer & Murray, 1989の第二章参照。ギガレンツァーとマレーは、統計分析が心理学に取り入れられる歴史と、認識が「直観的統計学」とみなされるようになる歴史との交差を描いている。かれらが試みているのは、道具から理論が産まれるという「仮説」の検証であるが、私が本論で述べてきたのは、心理学という活動の基本的構えがどのような構成になっているかである。ちなみに、私たちはたしかにさまざまな知識をもって生活をしているが、この知識がすべて性能の劣った「理論」であるとみなすのは、端的に誤りである。この点については、ライル（Ryle, 1963 前掲書）の「やり方の知識」と「命題的知識」の区別に関する議論を参照のこと。また、心理学の基本的考え方については、私自身の近著（西阪、二〇〇一）で詳細に論じた。

(17) この点については、やはり私自身の近著で詳細な分析を試みている（西阪、二〇〇一、第五章）。

参考文献

Bakan, D., 1966, The test of significance in psychological research, *Psychological Bulletin*, 66: 423-437.

Brown, E., K. Deffenbacher and W. Stugill., 1977, Memory for faces and the circumstances of encounter, *Journal of Applied Psychology*, 62: 311-318.

Coulter, J., 1979, *The Social Construction of Mind*, Macmillan. 西阪　仰訳『心の社会的構成』新曜社、一九九八。

———, 1989, *Mind in Action*, Polity Press.

Danziger, K., 1990, *Constructing the Subject*, Cambridge University Press.

Garfinkel, H., 1967a, What is ethnomethodology. In *Studies in Ethnomethodology*, pp.1-34, Prentice-Hall.

———, 1967b., 'Good' organizational reasons for 'bad' clinic records. In *Studies in Ethnomethodology*, pp.186-207, Prentice-Hall.

———, 1967c, Methodological adequacy in the quantitative study of selection criteria and selection practices in psychiatric outpatient clinics.

In *Studies in Ethnomethodology,* pp.208-261, Prentice-Hall.

Gigerenzer G. and D.J. Murray, 1989, *Cognition as Intuitive Statistics,* Lawrence Erlbaum.

Gigerenzer, G., Z. Swijtink, T. Porter, L. Daston, J. Beatty and L. Krüger, 1989, *The Empire of Chance : How Probability Changed Science and Everyday Life,* Cambridge University Press.

Hart, H.L.A., 1951, The ascription of responsibility and rights. In A.G.H. Flew（ed.）, *Logic and Language,* First Series, pp.145-166, Basil Blackwell.

Heath, C. and P. Luff, 2000, *Technology in Action,* Cambridge University Press.

Lykken, D.T., 1968, Statistical significance in psychological research, *Psychological Bulletin,* 70:151-159.

中村　進、二〇〇〇、「江夏豊　インタビュー」『別冊宝島五四一　プロ野球　記録と記憶』九六－一〇一頁、宝島社。

西阪　仰、二〇〇一、『心と行為』岩波書店。

Nunnally, J., 1960, The place of statistics in psychology, *Educational and Psychological Measurement,* 20 : 641-650.

Ryle, G., 1963, *The Concept of Mind,* Peregrine Books.

Sacks, H., 1992, *Lectures on Conversation,* Vol. 1. Basil Blackwell.

宇佐美徹也、二〇〇〇、「プロ野球・記録秘話」『別冊宝島五四一　プロ野球　記録と記憶』一〇一－一一五頁、宝島社。

Wittgenstein, L., 1958, *Philosophische Untersuchungen,* Werkausgabe Bd. 1, Suhrkamp Verlag, 1980.

第十一章　実証的・経験的研究の伝統と合理的選択理論

——集合行為・社会運動研究を中心に——

木村邦博

木村邦博（きむら・くにひろ）
1958年　静岡県生まれ
1988年　東北大学大学院文学研究科社会学専攻博士課程修了
現　職　東北大学大学院文学研究科教授
著　書　『考える社会学』（共編著）ミネルヴァ書房，1991年
　　　　『数理の発想でみる社会学』（共著）ナカニシヤ出版，1997年，ほか

一　はじめに

アメリカ社会学における理論と実証

アメリカ社会学の特徴のひとつとして、実証的研究・経験的研究の伝統を挙げることができる（もっとも、今日ではアメリカ社会学だけの特徴と言えないかもしれない）。特に、統計的調査・エスノグラフィー・実験など方法はさまざまであるけれども、また理論的背景も多様であるけれども、理論と結びついた形での実証的・経験的研究が数多く行われてきたことが、特筆に値する。

アメリカ社会学において実証的・経験的研究が重視されてきたことは、社会学における「半パラダイム」（partial paradigm）を析出しようとした、R・H・ウェルズとJ・S・ピクー（Wells and Picou, 1981）の研究結果からも窺うことができる。「半パラダイム」というのは、T・クーン（Kuhn, 1970）の「パラダイム」概念に修正を加えたもので、十分に発達した理論を欠いているという点で「不完全」であるけれども、存在に関するモデル、問題発見に関するモデル、方法論的範例、価値などがひとつのまとまりをなし、特定の専門領域の研究者の多くに共有されているという意味で、「専門分野の型」（disciplinary matrix）となっているもののことである（Wells and Picou, 1981:39, 48）。ウェルズとピクーは、一九三六年から一九七八年までにアメリカ社会学会機関誌、*American Sociological Review*（*ASR*）に収録された論文（七〇七本）をデータ・セットとし、どのようなタイプの論文がどのような頻度で現れているかを示している。[1] その集計結果（Wells and Picou, 1981:100-103）によると、理論と関連した経験的研究は全体の五一・二％、理論を活用した形でない経験的・歴史的研究は八・五％を占めている。特に理論と関連した経験的研究は大幅な増加傾向にあり、一九三六−四九年では三三・六%だったのが、一九五〇−六四年には五四・〇%、一九六五−七八年には六六・二%となっている(他方で、理論を活用した形でない経験的・歴史的研究は減少傾向にある)。*ASR*収録論文がアメリカ社会学の研究動向を代表するサンプルとはたして言えるのか(cf. Wells and Picou, 1981:81-83)、データ自体がすでに古いものになり一九八〇年代・九〇年代の傾向がおさえられていない、などという問題はあるけれども、以上の結果はアメリカ社会学の特徴や動向をよく表しているものと見なせるだろう。

社会学の理論的伝統(cf. Collins, 1994)のうち、近年、実証的・経験的研究の伝統と結びつきを強めているのが、合理的選択理論である。(合理的選択理論については、Coleman and Fararo (1992)、佐藤(一九九八)、盛山(一九九二)、盛山(一九九七)、海野(一九九三)などを参照)。本論では、アメリカ社会学において、合理的選択理論が実証的研究・経験的研究とどのような形で関わり合いながら発展してきているのかをレビューする。しかしながら、(アメリカ社会学に限定されないけれども)家族・人口、宗教、ジェンダー、組織、犯罪・逸脱、比較歴史社会学、政治社会学、人種・エスニシティ、医療社会学など、さまざまな実質的領域の経験的研究に対して合理的選択理論が持っている意義については、すでにM・ヘクターとS・カナザワ(Hechter and Kanazawa, 1997)が論じている。そこでここではむしろ、方法論的な観点から、実験・計量的社会調査・史料分析・参与観察・エスノグラフィーなどの手法と合理的選択理論とがどのように結びついて、どのような研究成果を上げてきたかをレビューすることにしたい。このレビューを通して、アメリカ社会学における実証的・経験的研究の伝統と合理的選択理論との融合から、われわれが何を学ぶことができるかを考察しよう(2)。

ただし、それでも、話が散漫にならないように、主に集合行為・社会運動研究の分野における成果を中心に(それ以外の分野の研究も若干含めて)紹介することにしたい。この分野では特に、実証的・経験的研究の方法のうち、実験、社会調査データの計量分析、歴史的資料の分析といったさまざまな方法を用いた研究が多く行われているからである。(また、ヘクターとカナザワによるレビューの内容ともあまり重ならないからでもある)。そこでまず、具体的な研究のレビューにはいる前に、合理的選択理論と集合行為・社会運動研究との関わりについて概観しておくことにしよう。

合理的選択理論と集合行為・社会運動研究

合理的選択理論にもとづいた研究の中でも、集合行為・社会運動の研究に対して特に大きな影響を与えたのが、M・オルソンの『集合行為論』(Olson, [1965] 1971) である。オルソンは、納税者や消費者など、利害関心を共有している人びと(潜在的受益者)の集団が大規模な場合、その集団の利害の実現が困難であることを指摘した。このような現象は政治学・社会学においてそれまで有力な位置を占めてきた圧力団体論やマルクス主義的階級理論などの「伝統的な集団理論」によって説明することができない。それらの理論においては、ひとりひとりの行為者が自分の利益のために行為するという仮定から、共通の利益を持つ行為者はその共通の利益をめざして行為するということが導ける、と考えられているからである(Olson, [1965] 1971:1-2, 16-21, 訳一―二頁、一五―一九頁)。

そこでオルソン(Olson, [1965] 1971, chaps.1-2) は、経済学における公共財理論を援用し、合理的行為者モデルの適用を試みた。集団の成員に共有された目標の実現(たとえば納税者にとっての税率の引き下げの実現)は、その集団にとっての公共財(public good) としての性質を持つ。公共財とは非排除性(non-excludability) をもつ財、すなわち、それを供給するための費用を負担しなかった者もそれから得られる利益を享受することが可能な財のことである。集団目標の実現が公共財であることから、フリーライダー問題が生じることになる。フリーライダー

（free rider）とは、他の行為者の貢献によって集団目標が実現されることを期待して自分は集合行為に参加しないという意思決定をする者（「ただ乗り」をする人）のことである。フリーライダーが数多く出現することによって、集団目標が実現されにくくなると考えられるのである。

オルソン（Olson,［1965］1971）は、フリーライダー問題を生じにくくし、集団目標の実現を可能とする要因として、㈠集団規模が小さいこと、㈡選好や資源に関する行為者の異質性の存在、㈢強制や「選択的誘因」（selective incentive）などの制度的くふう、という三つを挙げている。ここで「選択的誘因」というのは、公共財から得られる利益とは異なる報酬で、集合行為に貢献した者だけにその貢献の度合いに応じて与えられるもののことである。強制や処罰は「負の」選択的誘因と考えることができる（Olson,［1965］1971, p.51, 訳四三－四四頁）。

オルソンは経済学者であるけれども、彼の理論は学問領域の枠を越え、社会学・政治学・社会心理学などにも波紋を引き起こした。社会学では、合理的選択理論、マイクロ－マクロ・リンク、社会的ジレンマなどの研究を発展させる原動力のひとつとなった。同時に、特にアメリカ社会学において、資源動員論（ex. Gamson,［1975］1990; McCarthy and Zald, 1977; Oberschall, 1973; Tilly, 1978）という社会運動の政治社会学的理論が発展する契機ともなった。資源動員論は、オルソンが問題にした「集団の失敗」を、政治的抗議運動を中心とした社会運動における運動集団・運動組織の失敗という現象に即して考えようとしたものという側面を持っている。この理論の特徴は、社会運動集団に参加する人びとの行為や社会運動集団の活動の「合理性」を強調すること、社会運動への人びとの動員にあたって、人びとの間での資源の分布や社会的ネットワークが重要なことを指摘すること、社会運動集団と政府・外部支援者・対抗運動集団との相互作用が社会運動の成否を規定している点に注目すること、などである。このような理論・視点はそれまで社会運動の理論として影響力を持っていた大衆社会論、相対的剥奪論、N・スメルサー（Smelser）やH・ブルーマー（Blumer）の集合行動論に対する批判を意識したものである（Jenkins, 1983; McAdam, McCarthy and Zald, 1988; Morris and Herring, 1987; Oberschall, 1978）。資源動員論は、近年、政治的機会構造（political opportunity structure）（ex. Tarrow, 1994）や社会運動のフレーミング（framing）（ex. Gamson, Croteau, Hoynes and Sasson, 1992; Snow and Benford 1988; Snow, Rochford, Worden and Benford, 1986）に関する議論と結びつきを深め、社会運動の統一的な理論を構築しようという流れに合流した形になっている（McAdam, McCarthy and Zald, 1996）。

二　合理的選択理論と実験研究——公共財供給をめぐって——

オルソン自身、数理モデルを用いて議論を展開している。また、オルソン以外の研究者も、ゲーム理論などの道具を用いてオルソンの理論を定式化し、彼が主張するような命題が導き出されるか検討してきている（オルソンの数理モデルの問題点と、オルソン理論のゲーム理論的定式化については、たとえば**Kimura**（1989）, **Kimura**（1995）を参照）。このような形で構築されてきた数理モデルから導かれた帰結は、実験の形で検討することが原理的に可能であるものが多い。実際、このような数理モデルを意識しながら、社会的ジレンマに関する社会心理学的研究や公共財供給に関する実験経済学的研究の分野で数多くの実験が行われてきた（これらの分野の研究に関するレビューとしては、**Kollock**（1998）, **Yamagishi**（1995）などを参照）。社会学者の中でも、G・マーウェル（Marwell）を中心にした研究グループがオルソンの理論から導かれる命題を実験によって検証することを試みている（Marwell and Ames, 1981）。

マーウェルとR・E・エイムズ（Marwell and Ames, 1979）は、フリーライダーに関するオルソンの考察のうち、集団規模と利害関心・資源の異質性とに関する命題を検討するための実験を行った。実験参加者は、手持ちの資源のうち、どのくらいの割合を公共財に投資するか決定する（残りの資源は私的財に投資することになる）。実験参加者全員での公共財への投資量の合計がある一定の値（「供給点」）以上になると、公共財から得られる利益の利益率が、私的財に投資した場合よりも大きくなる。実験の結果、次のようなことが明らかになった。㈠公共財への投資額の平均値は、供給点の値を上回っており、オルソンをはじめとする経済学者の予想よりも「ただ乗り」が起こりにくい。㈡しかし、少人数で利益率に異質性がある集団は、そうでない集団に比べて、公共財への投資量が大きい[3]。以上の結果を解釈する中で、彼らは、公共財への貢献に関する人びとの意思決定の過程において「公正」（fairness）の規範が重要な役割を果たしているのではないかと推察している。

G・アルファノとマーウェル（Alfano and Marwell, 1980）は、公共財の性質のうち、分割が可能か不可能かということに注目し、この性質の違いによって公共財供給にどのような影響がもたらされるのかに関する実験を行った。公共財には、公園のように分割が不可能なものもあれば、年金の給付金のように分割されて私的消費が可能なものもある。この分割可能性／不能性（divisibility / nondivisibility）という性質は、公共財の性質の中でも特に注目されることが多い競合性／非競合性（rivalness / nonrivalness）あるいは消費の結合性（jointness in consumption）の有無（ある人の消費によって他の人の消費量が減少するか否か）と密接な関わりを持っている。アルファノとマーウェルはこのような性質によって公共財供給問題に違いが生じるか否かについてオルソンが考察していないことを指摘するとともに、公共財が分割不能であることは個人にとっての公共財の価値を減少させるので、公共財供給への貢献も減少するのではないかと予想した。彼らはさらに、マーウェルとエイムズがこれまで用いてきた投資ゲームを用いながら、公共財からの利益が分割されて個人のものになると教示される「分割可能」条件と、公共財から得る利益が集団全体のプロジェクトのために用いられると教示される「分割不能」条件との比較を行った。結果は予想に反し、分割不能条件の方が公共財へのひとりあたりの投資量が大きい、というものだった。

マーウェルらの研究グループによる実験は、フリーライダーに関する仮説を直接的に検討したものとして興味深い。また、経済学的なモデルから予想されるよりもただ乗りが少ないことを説明する際に、「公正」に関する人びとの観念に注目していることも、示唆に富んだ議論であると言えよう。

しかしながら、彼らの実験で用いられている利得関数は、M・オルソンの数理モデルとも対応していなければ、オルソンの問題提起を受けて構築されたゲーム理論的モデルとも対応していない。特に、アルファノとマーウェル（Alfano and Marwell, 1980）が取り上げた、競合性／非競合性あるいは分割可能性／分割不能性という公共財の性質の問題に関しては、その後、ゲーム理論的定式化による考察がいくつかなされている。それらの研究では、典型的には、分割可能な（それゆえ競合的な）公共財のケースが囚人のジレンマによって表され、分割不能な（それゆえ非競合的な）公共財のケースがチキン・ゲームによって表されることが多い。そして、このような定式化からは分割不能な公共財よりも分割可能な公共財の方がフリーライダー問題が深刻になる、という予想を導くことができるのである。

また、合理的行為者モデルにもとづく予想よりもただ乗りが生じにくいのは人びとが公正さを意識しているからだという議論にも問題がある。第一に、人がどのような状況のときにどのようなことを「公正」と判断するか、ということに関する考察が詰められていない（社会心理学や実験経済学では、このことについて蓄積がある）。第二に、マーウェルらの議論はあくまで解釈の可能性のひとつにすぎない。他の解釈（たとえば、実験者に対する印象操作を意識しての行動であるという解釈）も可能であり、そのようなライバル仮説の排除を試みた実験が行われているわけではない。以上の点にも注意しておく必要があるだろう。

三　合理的選択理論と社会調査研究――社会運動参加の誘因をめぐって――

オルソンの理論によれば行為者の合理性を仮定すると社会運動（集合行為）に参加する行為者はいないことが予想されるにもかかわらず、特に一九六〇年代以降、公民権運動、学生運動やフェミニズム運動などのさまざまな社会運動が生起し、人びとがそれに動員されていった。このような事態を目の前にして、「行為者の合理性」という前提をオルソンと共有する資源動員論はその説明を迫られることになった。

この説明を試みようとする中で、社会運動への人びとの動員にあたって選択的誘因はそれほど重要ではなく、むしろ連帯感や道徳的誘因などの方が有効に作用している、という主張がなされるようになった。そして、社会運動の実証的研究においてこのような仮説を支持するような経験的なデータが蓄積されることになった。

連帯感や道徳的誘因の重要性に関する議論を、オルソンの理論の基礎と考えられている「功利主義」的論理を批判する形で理論的に展開したのが、B・ファイアマンとW・A・ギャムソン（Fireman and Gamson, 1979）である。ここで彼らが「功利主義」と呼んでいるのは、人びとが自己利益のみにもとづいて意思決定をし、行動しているという考え方のことである。彼らは社会運動集団の構成員間の連帯から生じるアイデンティティや運命を共有しているという感情や集団を防衛しようという気持ちに注目し、人びとは自分が連帯感を抱いている集団に対する「忠誠心」と公共財供給に対する「責任感」から社会運動（集合行為）に参加する、という理論を打ち出している。

このような理論的考察と呼応する形で、資源動員論の視角ないしこれに修正を加えた視角から、社会運動への参加に関して社会調査を行い、それによって得られたデータを計量的に分析する実証研究も盛んに行われた。たとえば、F・J・ウォルシュとR・H・ウォーランド（Walsh and Warland, 1983）は、スリーマイル島原子力発電所事故の後で生じた抗議運動に積極的に参加した「活動家」と、抗議運動の一般的目標に賛同しながらも社会運動組織に対して時間的にも金銭的にも貢献しなかった「フリーライダー」との違いがどのような要因によって生じるのかを調査票調査を実施し、ロジスティック回帰分析などを用いて検討している。彼らはこの分析から、次のような知見を得ている。フリーライダーの比率が高いという点ではオルソンの理論が支持されるように見える。しかし、活動家になるかフリーライダーになるかに寄与している要因としては、オルソンの指摘するような自己利益志向よりも、連帯やイデオロギー、不満などが重要であることが示唆される。

社会運動参加に関する調査データを用いたこのほかの研究でも、参加への動機づけとしては、オルソンの指摘する選択的誘因よりも、コスト・ベネフィットの計算にのらない誘因の方が重要であることが指摘されている。そのような誘因には、たとえば集団目標それ自体に関わる「集合的誘因」、社会運動組織の主張を広く知らしめて組織の地位やイメージを向上させるという「規範的誘因」、立法府や行政府に働きかけるということに関わる「ロビイングの誘因」などがあるとされている（ex. Knoke, 1988）。

以上のような研究によって、社会運動・集合行為に参加する人びとにどのような誘因が働いているかが具体的に明らかにされてきた。この点では確かに、オルソンの議論からさらなる展開があったと言える。しかし、これによってオルソンの理論が反証されたとか、オルソンの理論にかわる理論的展開の道が開かれたかというと、そうは言えない。

理論的な面で見ても、ファイアマンとギャムソン（Fireman and Gamson, 1979）のモデルの基本的な考え方はオルソンの考え方と全く同じであると言ってよい。彼らは「功利主義」と「利己主義」を混同しており、彼らの批判は「功利主義」（より正確に言えば合理的行為者モデル一般）に対して向けられたものであるとは言えない（佐藤、一九九一、二六七‐二六九頁）。実際、彼らは自分たちの議論を数学的に定式化しているが、そのモデルはまさに、行為者の合理性を仮定した主観的期待効用モデルそのものなのである。

また、実証的な面で、連帯感や規範的誘因、ロビイングの誘因などの重要性が示されたといっても、それがオルソンの言う「選択的誘因」と異なるものと言えるかどうか考えていくと、単なる定義や解釈の問題にすぎなくなってしまう。（この問題は、オルソン自身の「選択的誘因」の概念と、その背後にある「合理性」に関する考え方が微妙に揺れていることに起因している面もある。Olson,［1965］1971:60-61, 61-62, n.17, 160, n.91, 訳七〇‐七一、七七‐七八、二二二‐二二三頁を参照）。ファイアマンとギャムソン（Fireman and Gamson, 1979）も述べているように、連帯感や責任感などもまた選択的誘因の一種であると見なすことは、無意味なトートロジーとなるかもしれない。しかし、連帯感であれ、規範的誘因であれ、ロビイングの誘因であれ、これらを選択的誘因に含めるか否かは基本的に定義の問題にすぎない。これらを含めることが適切かどうかを議論をしたところで、それだけでは社会運動への参加のプロセスやメカニズムを理解するための理論の発展に寄与するところは何もないのである。

四　合理的選択理論と歴史的資料の分析——社会運動集団の成功／失敗をめぐって——

歴史社会学的研究と合理的選択理論との関係をめぐっては、主に方法論的な観点から、激しい論争が行われてきた（たとえば、Kiser and Hechter（1991）と *American Journal of Sociology*, 104（3）:722-871［1998］の誌上シンポジウムを参照）。一見すると、合理的選択理論と歴史社会学的研究とは相容れないものに思われるかもしれない。しかし、合理的選択理論の影響を受けて登場した資源動員論においては歴史社会学的なアプローチによる研究も活発に行われた。その中でも、歴史的資料をもとにアメリカ合衆国における政治的抗議運動集団の成功／失敗を左右する要因を検討したギャムソン（Gamson,［1975］1990）の研究は、オルソンの提起した問題を直接的に取り上げているところがある点で、合理的選択理論と歴史的資料の分析との結びつきを考える上で重要な位置を占めていると言える[4]。

ギャムソンはまず、一八〇〇年から一九四五年までの間にアメリカ社会に登場した政治的抗議運動集団のリストを作成し、そこに含まれる四六七の集団の中から系統抽出法により六四の集団を抽出した。そのうちさらに十分な情報を集めることができた五三の集団を最終的に標本とした。この五三の集団のそれぞれについて、歴史的資料にあたりながら、その性格に関するデータ・セットを構築した。このデータ・セットには、抗議運動の成果、暴力的手段の使用の有無、集団目標の性質、組織構造、構成員の出身階層、他の組織・集団との関係、などに関する情報が収められている（Gamson,［1975］1990, chap.2 and Appendices c-e）。

ギャムソンのデータでは、社会運動集団・組織の成功／失敗が「受容」と「新たな利益の実現」という二つの変数で表されている。「受容」とは政治的抗議運動集団が、影響力を行使しようとする相手である政府や企業などの敵対者から、正当な利害を正当に代弁していると見なされることを指す。これに対し、「新たな利益の実現」とは政治的抗議運動の主張が抗議運動が行われている間やその後に実現してその運動の潜在的受益者に利益が与えられるようになったことを指す[5]（Gamson,［1975］1990:28-29）。

ギャムソン（Gamson, ［1975］ 1990）の分析から、社会運動の成功に寄与するという要因について、たとえば次のような結果が得られている。㈠敵対者に取ってかわることを目標にする集団よりも、敵対者に働きかけてその政策や組織を変更させようとすることを目標にする集団の方が成功しやすい。㈡単一のイシューに焦点を絞った集団の方が、複数のイシューを追求する集団よりも成功しやすい。㈢暴力を用いず、ストライキやボイコットなど敵対者を拘束する手段も用いなかったのにもかかわらず、逮捕の対象になってしまった集団が最も成功しにくい。㈣官僚制的な機構を持つ集団や中央集権的な集団の方が成功しやすい。㈤分派活動が行われた集団は成功しにくい。㈥政治的抗議運動を行っている間に戦争が起こると、その集団は成功しやすい。しかし、オルソンの議論と特に関わるのは、その集団の掲げる目標が普遍主義的なものか否か、選択的誘因が提供されているか、といった性質とその集団の成功／失敗との関係についてである（Gamson, ［1975］ 1990, chap.5）。

オルソン（Olson, ［1965］ 1971:159-60, 訳一九八頁）は、自分の理論は慈善的な活動を行う団体にはあてはまらないだろうと考えていた。ギャムソンはこれに疑問を提起した。自分たちの利害を追求する集団でも、得られるか得られないかが、ひとりひとりの尽力とは無関係であるようなもののために成員が貢献するようにさせるにはどうしたらよいか、という問題に直面している。この意味で、成員からの支援は個人的な利益では説明できず、どんな集団でも「慈善的」な側面を持つのではないか、とギャムソンは指摘した（Gamson, ［1975］ 1990:61）。

そこで、ギャムソンは普遍主義的な目標を掲げる集団とそうでない集団とで、成功／失敗しやすさに違いが見られるかどうか検討した（Gamson, ［1975］ 1990:61-63）。ここで目標が普遍主義的であるというのは、その目標の実現の恩恵を誰もが受けることができる、あるいはその恩恵を受けるのが抗議運動組織の構成員以外である、ということを表す。抗議運動組織の構成員だけが目標の実現から得られる利益を享受できる場合には、その目標は普遍主義的でないということになる。
カイ二乗検定を行うと、「受容」を用いた場合であっても、「新たな利益の実現」を用いた場合であっても、「目標の普遍性と社会運動集団の成功／失敗との間に関連がない」という帰無仮説が棄却されない[6]（Gamson,［1975］1990:62, Figure 5-1）。このように社会運動集団の目標の普遍性と成功／失敗とにほとんど関連が見られないという事実を、ギャムソン（Gamson,［1975］1990:62-63）は、フリーライダー問題に関するオルソンの理論が抗議運動組織全般に適用できることを示すものと解釈した。

他方、オルソンの理論の中でも重要な位置を占めている選択的誘因の効果については、オルソンの主張を支持する結果が得られた。「受容」で見ても、「新たな目標の実現」で見ても、選択的誘因を用いた集団の方が用いなかった集団よりも成功しやすいのである（Gamson,［1975］1990:69, Figure 5-3）。

ギャムソンの研究は、歴史的資料から作成したデータ・セットを計量的に分析することにより、オルソンの理論の妥当性を検討したものとして興味深いものである。しかし、この研究には、いくつか問題がある。

第一に、厳密に考えると、ギャムソンの分析・考察がオルソンの理論と十分に対応しているとは言い難い。特に、「目標の普遍性」という変数に関して言うと、それは社会運動組織構成員の自己犠牲的な性格を表しているだけではないと考えることができる。集団目標が普遍主義的であることは、オルソンが考えていた（潜在的受益者の数という）意味での「集団規模」が大きいことを含意しているとも言える[7]。それはまた、集団目標の実現という公共財の排除性や競合性という性質にも関わってくる。以上のような観点からデータ分析の結果を見直した方が、オルソンの議論やそれを展開した研究との対応関係が明確になるはずである（木村、二〇〇〇a、二八六－二八七頁を参照）。

第二に、方法論上の問題として、サンプリング・バイアスの問題、小標本という制約から生じる問題もある。サンプリング・バイアスの問題とは、ギャムソンのデータ・セットに含まれている社会運動集団・組織が、ある程度「成功」したり（失敗したとしても）歴史家の関心を引いたりして記録されやすかったものに偏っているのではないか、ということである。この点についてはギャムソン自身も指摘している（Gamson,［1975］1990:22）。

小標本という制約から生じる問題とは、次のようなことである。ギャムソンの標本に含まれる社会運動集団・組織の数はわずか五三なので、変数の組み合わせによっては、三重クロス集計表をつくるだけでサンプリング・ゼロ・セルが頻出してしまう。たとえば、選択的誘因の有無、目標の普遍性、受容（あるいは新たな利益の実現）の三重クロス集計表を作成するとしよう。このデータでは普遍主義的な社会運動集団・組織で選択的誘因を供給しているものはひとつもない。そのため、選択的誘因が提供された集団の中で、目標の普遍性と社会運動の成功／失敗との関連を見ようとしても、それができないことになる（木村、二〇〇〇a、二八八頁）。

ギャムソンのデータは公開されており（Gamson,［1975］1990, Appendix e）、他の研究者が再分析を行い、社会運動集団・組織の成功／失敗に寄与する要因をさらに検討している（Gamson,（［1975］1990, Appendix a）に再録された論文や Frey, Dietz and Kalof（1992）を参照）。そのような研究では、判別分析、因子分析、パス解析、線型確率モデルなどの多変量解析の手法が適用されている。しかし、ギャムソンのデータのように標本のサイズが小さい場合に、このような多変量解析の手法を用いることが適切かどうか熟考してみる必要があるだろう。

五　合理的選択理論と参与観察・エスノグラフィー

管見の限りでは、公共財供給・集合行為に関するオルソンの理論を検証したり反証したりするために、参与観察やエスノグラフィーなど、いわゆる「質的研究法」を用いてアプローチした研究はない。そもそも、合理的選択理論の視点から参与観察やエスノグラフィックな研究を行おうとすると、そこで扱われる事例はきわめて限られており、条件が異なる場合との比較が困難なことが多い。そのため、解釈がアド・ホックなものにならざるを得ない。合理的選択理論全般に対して、説明がアド・ホックなものになりやすいという批判がよくなされる（たとえば、Green and Shapiro（1994, chap.3）、盛山（一九九七、一四五－一四六頁）などを参照）けれども、参与観察・エスノグラフィーから得られたデータに理論を支持する証拠を求めようとすると、この「弱点」が特に出やすいのである。

参与観察・エスノグラフィーと合理的選択理論とをうまく結びつけ、豊かな成果を生み出すには、むしろ、これらの研究手法を用いて行われた既存の研究によって得られた知見を参照し、その知見にもとづいて数学的なモデルの構築、フォーマライゼーションを行う、ということが必要であろう。このような試みを通して、記録・記述された現象の背後に潜むプロセスやメカニズムに対する考察が深まり、さらにどのような情報を集める形で参与観察やエスノグラフィックな研究を展開していけばよいかについて、指針が得られると考えられるからである。

実際に、このような形でのフォーマライゼーションの試みがいくつか行われてきている。たとえばA・オバーシャル（Oberschall, 1979）は、参与観察にもとづいて官庁職員の間での地位分化プロセスとその潜在的機能を記述したP・ブラウ（Blau, 1963）の研究をもとに、社会的交換の数理モデルを構築した。またJ・D・モントゴメリー（Montogomery, 1994）は、E・リーボウ（Liebow, 1967）のエスノグラフィーの中で指摘された、アンダークラスの黒人男性に見られる規範と行動との乖離を、合理的選択と認知的不協和というアイディアにもとづくモデルによって説明しようとした。以下では、今後の展開が特に期待される、モントゴメリーの研究の方を詳しく紹介することにしたい。

リーボウ（Liebow, 1967）は、アンダークラス（底辺層）に属する黒人の男たちに関するエスノグラフィーの中で、彼らが家族を捨ててしまうのはなぜか、という問いを取り上げている。これは、彼らが（当時の）社会全体の規範と異なる文化・規範を持っているからではない。むしろ彼らは社会全体に共有されている規範を守ろうとしている。それは、「男には家族が一定程度の水準で暮らせるようにする責任がある」という規範である。しかし、彼らの働き口は限られており、この責任を果たせるだけの収入が得られず、挫折感を味わうことになる。この挫折感から逃れるために物理的にも感情的にも家族から離れていくのである。

モントゴメリー（Montgomery, 1994）は、以上のような議論を合理的選択と認知的不協和の理論にもとづく二段階意思決定の数理モデルにより定式化した。アンダークラスの男は自分自身の消費の水準と妻子の消費の水準とに配慮している。この関心の度合いに応じて、自分の収入を自分自身の消費と妻子の消費とにどのような割合で配分するか決定する。しかし、ここで収入が十分でないと、妻子の生活水準が社会的に望ましいと見なされている水準に達せず、認知的不協和（Festinger, 1957）を経験することになる。そのような場合、次の段階で妻子への配慮の度合いを変化させて認知的不協和を低減する。第二段階まで見通した上で最適な意思決定を行うとすると、規範的要請が強ければ強いほど（すなわち妻子に保証すべき最低限の生活水準が高ければ高いほど）、低収入の男が妻子に対するサポートの水準を低下させることが起こり得る、という帰結が導かれる。

モントゴメリーはこの数理モデルの展開の可能性について、いくつかの方向を示唆している。その中で、福祉や子育て支援に関わる法律の効果の分析が必要であることを指摘している。その分析を行うにあたっては、一方でリーボウの研究以外のエスノグラフィーから得られる知見を参照することが重要である。それとともに他方で、数理モデル上で規範的要請の強さを様々に変化させたときに、児童扶養世帯扶助（Aid to Families with Dependent Children, AFDC）の増額とアンダークラスの男が行う妻子へのサポートとの関係がどのように変化するかについて、命題を演繹できるような形でモデルの改良を行うことも大切である（Montgomery 1994:481, 487, n.25）。以上のようなモントゴメリーの考えは、合理的選択理論にもとづく数理モデルとエスノグラフィックな研究とが相互に触発しあいながら展開していく道を指し示したものであると評価することができるだろう。[8]

六　結びにかえて

社会運動・集合行為の領域以外にも、合理的選択理論と経験的・実証的研究とを結びつけようとした試みで、紹介すべきものは多い。たとえば、日本女性の教育と就業行動に関するM・C・ブリントンの研究（Brinton, 1993）は、問題設定、仮説の構想、実証のどの側面をとっても、この種の試みの模範となると言える。彼女は、経済発展を遂げた他の多くの社会と異なり、日本では教育年数が長い女性ほど就業率が低くなる、という「謎」を取り上げた。高等教育を受けた女性が就業を継続しない傾向があることは教育経済学理論では説明できないし、資本主義社会における家父長制を強調するフェミニズム理論では国や社会による違いを説明することが難しい。そこでブリントンは、日本でこのような傾向が見られるのは、親が職業での世界での性差別を認識し、男の子の場合と女の子の場合で大学教育に異なったものを期待するようになり、この親の期待を子ども（特に女の子）が受け入れることで性別役割ステレオタイプが再生産されるからだ、という仮説を提示した。彼女は官庁統計や自らが日本で実施した調査票調査などから、自説を支持するデータを引き出している。[9]

本論でのレビューから、アメリカ社会学における合理的選択理論と経験的・実証的研究との結びつきに関して、まず指摘できるのは、そこに知的な意味での「貪欲さ」や「柔軟さ」がよく現れている、ということである。実験、調査票調査、史料分析、参与観察、エスノグラフィーなど、用いられている手法を問わず、さまざまな経験的・実証的研究の知見と合理的選択理論とが結びつけられようとしている。このような積極的な姿勢はわれわれも見習うべきことであると言えよう。

しかし同時に、理論と実証がうまくかみ合っているかといえば必ずしもそうではないことも、このレビューでは示してきた。その背景には、とにかく、どんな些細なことでもよいから今までとは違う研究にしなければならないという「新奇性」に対する強迫観念、あるいはそうすることこそが科学なのだという誤解、「カーゴ・カルト・サイエンス」（Feynman, 1985）に対する信仰があるのかもしれない。

過度の一般化になりかねないことを承知の上で言えば、以上に述べた長所と短所は集合行為・社会運動研究の場合に限られるものでもなければ、アメリカ社会学に特有なものでもない。ヨーロッパや日本でも合理的選択理論にもとづいた実証的・経験的研究が、様々な領域で活発に行われている。そこでも以上に述べてきたことが、多かれ少なかれあてはまるだろう。しかし、それだからこそ、アメリカでの動向をレビューし、そこでの経験から学ぶ意味があると言えるのである。

（1）彼らが用いた論文の類型（大分類）は、（A）理論と関連した経験的研究、（B）理論を活用した形でない経験的・歴史的研究、（C）理論の展開・考察、（D）方法論、統計的手法、文献レビュー、概念の明確化、（E）その他（古典的理論家の評伝など）、である。

（2）何をもって「アメリカ社会学」を定義するかは、難しい問題である。以下では便宜的に、アメリカ合衆国の研究・教育機関に所属している研究者が行った（広義の）社会学的研究を検討の対象にしたい（ただし、研究領域全般のレビューに関しては、アメリカ合衆国以外の研究者によるものも取り上げる）。

（3） マーウェルとエイムズはさらに、「供給点」がない場合や公共財・私的財への投資の利益率を大きくした場合、投資ゲームを時間をおいた上で繰り返した場合でも、以上とあまり違いのない結果が得られることを確認している（Marwell and Ames, 1980）。

（4） このほか代表的なものとしては、社会運動集団と政府との関係と集合行為への動員過程との絡み合いに注目しながら、フランスにおけるストライキや集合的暴力に関する官庁統計・新聞記事など、さまざまな歴史的資料を分析したC・ティリー（Tilly, 1978）の研究などを挙げることができる。

（5） 実際には、「受容」と「新たな利益の実現」の間に正の関連がある（$r = 0.58$）。

（6） ただし、社会運動組織の目標が普遍的であると、普遍的でない場合に比べて、敵対者から受容される割合が若干ではあるが小さくなる傾向がある（$r = -0.17$）。

（7） 集団規模の効果の問題に関連して、ギャムソンはオルソンの「好条件集団」（privileged group）に関する議論の考察も行っている。オルソンの言う「好条件集団」とは、集団規模が小さいおかげで、たとえ自分ひとりで負担をすべて背負わなければならないにしても公共財供給に貢献しようとする誘因が、少なくともひとりの行為者にある集団である（Olson, ［1965］ 1971:50, 訳四二頁）。しかし、ギャムソンは、スポンサーやパトロンが存在した集団を「好条件集団」と定義し、スポンサーやパトロンの有無と社会運動集団の成功／失敗との関係を分析している（Gamson, ［1975］ 1990:63-66）。ここでも、オルソンのもともとの理論とギャムソンの分析とがずれていることを指摘せざるを得ない。

（8） 同時にこれは、合理的選択理論が政策科学的研究においていかなる役割を果たし得るかについて、示唆したものであるとも言えるだろう。

（9） ブリントンの仮説でうまく説明できない傾向があること、別の仮説の可能性があることについては、木村（二〇〇〇b）を参照。

参考文献

Alfano, Geraldine, and Gerald Marwell, 1980, "Experiments on the Provision of Public Goods by Groups. Ⅲ. Nondivisibility and Free Riding in 'Real' Groups", *Social Psychology Quarterly*, 43 (3) :300-309.

Blau, Peter M., 1963, *The Dymanics of Bureaucracy*, revised ed., Chicago: University of Chicago Press.

Brinton, Mary C., 1993, *Women and the Economic Miracle: Gender and Work in Postwar Japan*, Berkeley: University of California Press.

Coleman, James S., and Thomas J. Fararo, eds., 1992, *Rational Choice Theory: Advocacy and Critique*, Newbury Park: Sage.

Collins, Randall, 1994, *Four Sociological Traditions*, New York: Oxford University Press.『ランドル・コリンズが語る社会学の歴史』友枝敏雄（訳者代表）、有斐閣、一九九七。

Festinger, Leon, 1957, *A Theory of Cognitive Dissonance*, Stanford: Stanford University Press. 末永俊郎監訳『認知的不協和の理論』誠信書房、一

九六五。

Feynman, Richard P., 1985, *Surely You're Joking, Mr. Feynman!*, New York: W.W. Norton. 大貫昌子訳『ご冗談でしょう、ファインマンさん』岩波書店、一九八六。

Fireman, Bruce, and William A. Gamson, 1979, "Utilitarian Logic in the Resource Mobilization Perspective", pp.8-44 in *The Dynamics of Social Movements: Resource Mobilization, Social Control, and Tactics*, edited by Mayer N. Zald and John D. McCarthy, Massachusetts: Winthrop Publishers. 牟田和恵訳「功利主義理論の再検討」塩原　勉編『資源動員と組織戦略――運動論の新パラダイム――』新曜社、一九八九、九三－一四三頁。

Frey, R. Scott, Thomas Dietz, and Linda Kalof, 1992, "Characteristics of Successful American Protest Groups: Another Look at Gamson's *Strategy of Social Protest*", *American Journal of Sociology*, 98 (2) :368-387.

Gamson, William A., [1975] 1990, *The Strategy of Social Protest*, 2nd ed. Belmont, California: Wadsworth Publishing Company.

Gamson, William A., David Croteau, William Hoynes, and Theodore Sasson, 1992, "Media Images and the Social Construction of Reality", *Annual Review of Sociology*, 18:373-393.

Green, Donald P., and Ian Shapiro, 1994, *Pathologies of Rational Choice Theory: A Critique of Applications in Political Science*, New Haven: Yale University Press.

Hechter, Michael, and Satoshi Kanazawa, 1997, "Sociological Rational Choice Theory", *Annual Review of Sociology*, 23:191-214.

Jenkins, J. Craig, 1983, "Resource Mobilization Theory and the Study of Social Movements", *Annual Review of Sociology*, 9:527-553.

Kimura, Kunihiro, 1989, "Large Groups and a Tendency Towards Failure: A Critique of M. Olson's Model of Collective Action", *Journal of Mathematical Sociology*, 14 (4) :263-271.

———, 1995, "Game Theoretical Formulations of the Olson Problem", *International Journal of Japanese Sociology*, 4:99-117.

木村邦博、二〇〇〇a、「オルソン問題の理論から実証へ」木村邦博編『合理的選択理論の社会学的再構成』平成九－一一年度科学研究費補助金（基盤研究（B）（1））研究成果報告書、二六九－二九二頁。

———、二〇〇〇b、「労働市場の構造と有配偶女性の意識」盛山和夫編『ジェンダー・市場・家族』（日本の階層システム 4）東京大学出版会、一七七－一九二頁。

Kiser, Edger, and Michael Hechter, 1991, "The Role of General Theory in Comparative-Historical Sociology", *American Journal of Sociology*, 97 (1) :1-30.

Knoke, David, 1988, "Incentives in Collective Action Organizations", *American Sociological Review*, 53 (3) :311-329.

Kollock, Peter, 1998, "Social Dilemmas: The Anatomy of Cooperation", *Annual Review of Sociology,* 24:183-214.

Kuhn, Thomas S., 1970, *The Structure of Scientific Revolution,* Chicago: University of Chicago Press. 中山茂訳『科学革命の構造』みすず書房、一九七一。

Liebow, Elliot, 1967, *Tally's Corner: A Study of Negro Streetcorner Men,* Boston: Little, Brown and Company.

McAdam, Doug, John D. McCarthy, and Mayer N. Zald, 1988, "Social Movements", pp.695-737 in *Handbook of Sociology,* edited by Neil J. Smelser, Newbury Park: Sage.

McAdam, Doug, John D. McCarthy and Mayer N. Zald, eds., 1996, *Comparative Perspectives on Social Movements,* Cambridge: Cambridge University Press.

McCarthy, John D., and Mayer N. Zald, 1977, "Resource Mobilization and Social Movements: A Partial Theory", *American Journal of Sociology,* 82 (6) :1212-1241. 片桐新自訳「社会運動の合理的理論」塩原　勉編『資源動員と組織戦略――運動論の新パラダイム――』新曜社、一九八九、二一―五八頁。

Marwell, Gerald, and Ruth E. Ames, 1979, "Experiments on the Provision of Public Goods. I. Resources, Interest, Group Size, and the Free-Rider Problem", *American Journal of Sociology,* 84 (6) :1335-1360.

———, 1980. "Experiments on the Provision of Public Goods. II. Provision Points, Stakes, Experience, and the Free-rider Problem", *American Journal of Sociology,* 85 (4) :926-937.

———, 1981, "Economists Free Ride, Does Anyone Else?: Experiments on Provision of Public Goods. IV", *Journal of Public Economics,* 15:295-310.

Montgomery, James D., 1994, "Revisiting *Tally's Corner*: Mainstream Norms, Cognitive Dissonance, and Underclass Behavior", *Rationality and Society,* 6 (4) :462-488.

Morris, Aldon, and Cedric Herring, 1987, "Theory and Research in Social Movements: A Critical Review", *Annual Review of Political Science,* 2:137-198.

Oberschall, Anthony, 1973, *Social Conflict and Social Movements,* Englewood Cliffs, New Jersey: Prentice-Hall.

———, 1978, "Theories of Social Conflict", *Annual Review of Sociology,* 4:291-315. 鵜飼孝造訳「崩壊理論から連帯理論へ」塩原　勉編『資源動員と組織戦略――運動論の新パラダイム――』新曜社、一九八九、五九―九一頁。

———, 1979, "Social Exchange and Choice", pp.158-175 in *Qualitative and Quantitative Social Research: Papers in Honor of Paul F. Lazarsfeld,* edited by Robert K. Merton, James S. Coleman, and Peter H. Rossi, New York: Free Press.

Olson, Mancur, [1965] 1971, *The Logic of Collective Action: Public Goods and the Theory of Groups,* Cambridge, Massachusetts: Harvard University

Press. 依田博・森脇俊雅訳『集合行為論――公共財と集団理論――』ミネルヴァ書房、一九八三。
佐藤嘉倫、一九九一、「社会運動と連帯」盛山和夫・海野道郎編『秩序問題と社会的ジレンマ』ハーベスト社、二五九－二八〇頁。
――――、一九九八、「合理的選択理論批判の論理構造とその問題点」『社会学評論』四九（二）：一八－三五。
盛山和夫、一九九二、「合理的選択理論の限界」『理論と方法』七（二）：一－二三。
――――、一九九七、「合理的選択理論」井上　俊・上野千鶴子・大澤真幸・見田宗介・吉見俊哉編『現代社会学の理論と方法』（岩波講座現代社会学別巻）岩波書店、一三七－一五六頁。
Snow, David A., and Robert D. Benford, 1988, "Ideology, Frame Resonance, and Participant Mobilization", pp.197-217 in *International Social Movement Research,* vol. 1, edited by Bert Klandermans, Hanspeter Kriesi, and Sidney Tarrow. Greenwich, Connecticut: JAI Press.
Snow, David A., E. Burke Rochford, Jr., Steven K. Worden, and Robert D. Benford, 1986, "Frame Alignment Processes, Micromobilization and Movement Participation", *American Sociological Review,* 51 (4) :464-481.
Tarrow, Sidney, 1994, *Power in Movement: Social Movement, Collective Action, and Mass Politics in the Modern State,* Cambridge: Cambridge University Press.
Tilly, Charles, 1978, *From Mobilization to Revolution,* New York: McGraw-Hill. 堀江　湛監訳『政治変動論』芦書房、一九八四。
海野道郎、一九九三、「合理的選択理論の基礎概念――社会的ジレンマ研究を支える諸概念に関する検討――」海野道郎編『社会的ジレンマに関する数理社会学的研究』平成三－四年度科学研究費補助金（総合研究（A））研究成果報告書、一－一八頁。
Walsh, Edward J., and Rex H. Warland, 1983, "Social Movement Involvement in the Wake of Nuclear Accident: Activists and Free Riders in the TMI Area", *American Sociological Review,* 48 (6) :764-781. 大畑裕嗣訳「スリーマイル原発事故と市民の対応」塩原　勉編『資源動員と組織戦略――運動論の新パラダイム――』新曜社、一九八九、一九七－二三五頁。
Wells, Richard H., and J. Steven Picou, 1981, *American Sociology: Theoretical and Methodological Structure,* Washington, D.C.: University Press of America.
Yamagishi, Toshio, 1995, "Social Dilemmas", pp.311-335 in *Sociological Perspectives on Social Psychology,* edited by Karen S. Cook, Gary Alan Fine, and James S. House, Needham Heights, Massachusetts: Allyn and Bacon.

第十二章　規範をめぐる合理的選択モデルの展開

三隅一人

三隅一人（みすみ・かずと）
1960年　福岡県生まれ
1987年　九州大学大学院文学研究科博士課程単位取得退学
現　職　九州大学大学院比較社会文化研究科助教授
著訳書　ブラッドリー＆ミーク『社会のなかの教理』（共訳）九州大学出版会，1992年
『社会のメカニズム』（共著）ナカニシヤ出版，1999年
『理論社会学の現在』（共編著）ミネルヴァ書房，2000年，ほか

一　はじめに

合理的選択理論は、とりわけ一九八〇年代以降、活発な展開を呈してきた。その展開を特徴づけるのは国際性と学際性である。社会学的合理的選択理論の国際的なコミュニケーション・メディアとして、一九八九年に創刊された ***Rationality and Society*** のここ十年間の投稿者をみても、合衆国以外が十五ヶ国以上に分散して約三割、社会学以外の専門が六割強を占めている。(1) 知識社会学的に考えれば、こうした特徴は資本と労働力移動のグローバルな展開が冷戦構造の崩壊とともに加速化し、国家、民主主義、市場経済といった近代を支えてきた基本枠組みの再編が迫られたことと無縁ではあるまい。おそらく、そこには政治・経済・社会の新たな枠組みを構築する際に、「近代」が暗黙にまた明示的に依拠してきた人間の「合理性」をそのまま引き継いでよいのか、という根本的な問いが、国や学問分野を越えて横たわっている。もちろん、以上は直感的なものであり、もとより、すべての合理的選択論者がこのような根本問題を共有しているわけではないだろう。また仮に共有していても、「合理性」に対する期待は楽観的であったり、悲観的であったりする。そこで本論では、かなり限定した論点に絞る。まず、ここで合理性そのものの問題に立ち入るつもりはない。むしろ注目したいのは科学の目的たる「説明」における合理的選択理論の性能である。そうした性能と可能性は、多くの合理的選択理論が数理モデルに依拠した演繹的な理論スタイルをとっていることと不可分に結びついている。こうした点に留意しつつ、具体的には以下のような限定のもとで論を進めたい。第一に、多彩な合理的選択理論の展開のなかで、とくにモデル展開の側面に絞る（必ずしも数理モデルに限定せずメタ的な議論も含む）。第二に、そのなかでも規範要素の組み入れというすぐれて社会学的な展開側面に絞る。以上で切り口を定め、アメリカ内外や規範に関連の深い領域にも目配りしつつ、概略的な研究レビューを行った後、第三に、アメリカの代表選手をJ・S・コールマンに絞り、やはり規範の問題に限定してその説明のロジックを吟味する(2)。

コールマンは合理的選択理論を世界的にリードしてきた人物であり、前述の *R & S* 誌の創刊に当たっても初代編集委員長を務めた。ここでとりあげるのは彼の集大成といえる遺著(Coleman, 1990)である。コールマンはそこで基本的には新古典派的な市場モデルに依拠しつつ、行為のコントロール権利の交換という観点から、非貨幣的な社会的交換を視野に収め、なおかつ権力、信頼、規範というメディアを導入することで、公共財問題や団体行為者の問題をはじめとして幅広い分析を展開している。したがって、そこから規範の問題だけを切り取って議論するのは矮小に過ぎるかもしれない。しかし、本書で一貫して問われている外部性(externalities)の問題において、規範は一つの重要な論点になっている。また、彼を含めた多くの合理的選択論者がセールス・ポイントとして強調するマイクロ－マクロ・リンクという点でも、規範はその典型的な説明対象であり(Coleman, 1990:244)、なおかつ、まだ議論が熟していない。その意味でも、規範は合理的選択理論の最前線を垣間見るための好材料だと思われる。

二　合理的選択理論と規範

規範の性質

合理的選択理論が規範を考慮していないことについては、しばしば批判されてきた。合理的選択理論は人間行動や社会現象における規範の働きを否定するものではなく、それはむしろモデルの説明力を上げるための戦略的なスタンスである。筆者も、総論的には合理的選択モデルに規範要素を取り込むことについて慎重であるべきだと考えている。少なくとも、そうすることでモデルの説明力が大きく向上するのでなければ（つまり、より単純な合理的選択モデルで説明できる対象に加えて、さらに多くの対象を説明できるようになるのでなければ）、モデルの簡潔性を優先すべきである。逆にいえば、規範を考慮することの理論的価値は、どのような経験事象を説明するためにそれが不可欠なのか、という経験的説明力に照らして判断されなければならない（佐藤、一九九八）。

一方で筆者は、「モデル遊び」にもそれなりの価値を認める。もちろん、まったく現実的文脈を欠いたモデル遊びに社会学的意義はないが、少なくとも、すべてのモデルが、そこから経験的テストに耐えうる演繹的デリベーションを引き出せるだけの十全な形式を整えている必要はない。抽象的な水準で合理的選択モデルに規範要素を組み込み、それがシステムの動きにどのような変化を生み出すかについて分析と予想を蓄積することは、経験的テストとの距離を縮めるためにも、十分に意義のある知的遊びである。しかし、その際でも規範要素の取り込みには慎重であるべきだと思う。正確にいうと、規範は多次元的ないし多水準的な性質をもっているので、それを無限定的に考慮することには慎重であるべきだ、ということである。

この最後の点を明瞭化しつつ研究レビューを行うために、合理的選択理論との接点を意識しながら、規範の性質を以下の四つの命題にまとめておこう。

第一命題：規範はしばしば個人に外在するものとして経験される。

実際に個人が外在的な規範の存在を確認するのは、ある特定の行為の禁止や奨励に関する、他者（個人や司法機関等の団体行為者）による正負のサンクションの実際的行使、ないしその可能性についての認識を通してである。

サンクション行使者が個人の場合は、そのサンクション行使に対する多数の合意、ないし異なる他者による同一サンクションの反復的行使によって、その確認は強められる。

第二命題：規範はしばしば個人に内面化したものとして経験される。

内面化の重要な結果は、個人がある特定の行為を行ったり、差し控えたりすることを当然と思うことである。したがって、規範が完全に内面化された場合、外部的なサンクションによる強要や確認はもはや必要でない。ただし、内面化の程度は一般に可変的である。

第三命題：規範はしばしば個人にとって選択可能なものとして経験される。

規範による特定の行為の禁止や奨励は一般に状況依存的だが、ある状況においてどの規範が適用されるべきかがあいまいな場合がある。また、同一の状況において別々の規範が互いに矛盾する行為を奨励したり、禁止したりすることがある。これらの場合、個人はいずれかの規範を選択しなければならない。その意思決定を左右する要因としては、それぞれの規範へのコミットメントの度合いの違い、下位規範の序列を定義したメタ規範の存在、それぞれの規範にしたがった行為がもたらすであろう結果の違い、等がある。

第四命題：規範はしばしば個人にとって修正可能なものとして経験される。

規範は必ずしも最初から外在的なものとしてあるわけではないし、また常に恒常的で不可侵なものとしてあるわけでもない。基本的には修正や新たな創出が可能である。ただし、その可能性は既存の規範を守ろうとする人びとのサンクション行使力や、その正当性の度合いに条件づけられる。規範は、それが受容されている集団（そのメンバー全員ないし一部）にとって何らかの望ましい社会状態をもたらすことによって正当化される。したがって、集団の内部構造や外部環境の変化によって、そうした望ましさが揺らいだ場合や（客観的－主観的、絶対的－相対的、を問わず）、その望ましさの偏りに抗議する根拠が顕在化した場合には、規範の修正や創出の可能性と正当性が増す。

これらの命題は合理的選択理論との接点を考慮したものなので、規範に関する社会学の重要論点を網羅的に集約しているわけではない。また、規範のなかには各命題のコメントが該当しないものもありうる。ただし、おおまかにいうと、第一命題～第三命題はマクロ（規範）→マイクロ（選好ないし行為）の側面をカバーし、第四命題はマイクロ（行為）→マクロ（規範）の側面をカバーしている。

規範をめぐるモデル展開の動向

ひとまずは上記四つの命題を足がかりにして、規範要素の組み入れ方に着目しながら、これまでのいくつかの合理的選択モデルの展開を整理してみよう。

(A)規範要素を選好（効用）の規定因としてモデルに組み入れる。

選好それ自体が規範や文化に規定されたものだとする合理的選択理論に対する批判は、典型的には選好の文化依存性を説くA・ウィルダフスキー（Wildavsky, 1992）をはじめ、少なくない。この論点に直接的に対応するものとして、上記の第二命題、あるいはまた第一命題の規範の性質に着目したモデル展開がある。例えばH・M・ブレイロックとP・H・ウィルケン（Blalock and Wilken, 1979:とくにChap.7）は主観確率を組み込んだ因果論的期待効用モデルに、コンテクスト効果（平均的水準効果）として規範要素を組み入れている。具体的には地域的セグリゲーションの問題が扱われており、予想されるサンクションを考慮しながら、非マイノリティ・メンバーがマイノリティ居住地域に居住するのが合理的か否かを分析している。ただし、実際には、地域内のマイノリティ比率の高さをサンクションが行使される蓋然性の指標としながら、主観確率と効用を算出するモデルなので、閾値モデルに規範的な解釈を与えながら期待効用モデルと接合した、と見るべきかもしれない(3)。

この他にも、効用関数にサンクションを組み入れるモデルは、ある点で規範を組み込んだ展開といえる。三隅（Misumi, 2000）では、社会構造のコンテクスト効果のもとで、規範サンクションを考慮しつつ、戦略的に対人コミットメントを行うモデルを吟味した。ブレイロックらにくらべると、規範効果の組み込みが直截的だが、その分、単純なモデル解析にもとづいて、集団成員の合理的な異類志向的対人コミットメントを抑制するためにはどれくらいの強さの規範が必要であるか、といった条件分析を可能にしている。このモデルは厳密にいうと行為選択というよりは、選好選択のモデルなので、その意味では次のBの展開とも関連する。

いずれにしても、この形式のモデル展開は「主観効用を最大化する（自分が最適だと信じる選択肢を選ぶ）」という合理的選択理論の基本原理それ自体に修正を迫るものではない。通常は所与とされる効用に対して、社会学的要素を考慮したマクロ→マイクロ的な形成過程の裏づけを与えることが眼目である（佐藤、一九九八：一九〇）。この点についてはJ・エルスター（Elster, 1989a:Chap.3, 1989b）のように、むしろ行為決定を導く要因として規範を位置づける見方もありうるだろう。エルスターは数理モデルとしては展開していないが、おそらくそのためには規範の行為誘導メカニズムを特定する必要がある。あるいは、次のBの展開によってある程度の議論はカバーできるかもしれない。[4]

(B) 規範要素を選好ないし自我の多元性としてモデルに組み入れる。

P・イングランド（England, 1989）はジェンダー論的観点から、分離的自我（経済人モデル）に偏重した合理的選択理論を批判しつつ、公共財問題の解決等における結合的自我モデルの有効性を主張した。より一般的には、対人関係のネットワークが、経済取引に不可欠な信頼や規範の生成において本質的な重要性をもつ、とするM・グラノベッター（Granovetter, 1985）の議論（社会関係への経済取引の埋め込み（embeddedness））が想起される。これらは直接には経済的利害と対人的コミットメントとの関係に焦点をあてているが、上記の第二命題を少し拡張して、どのような利害や欲求により価値をおくかが規範によって内面的に水路づけられると考えるならば、そして状況に応じた価値づけの選択ができるとすれば（第三命題）、選好ないし自我の多元性を仮定するモデルを規範要素の組み入れに関連づけることができる。

例えば、J・D・モントゴメリー（Montgomery, 1998）は利潤を追求する経済人役割と、協力を重視する友人役割という二つの役割を設定し、プレイヤーが一定のルールのもとで両役割間のスイッチングを行う形で、有限繰り返し、囚人のジレンマ・ゲームを拡張した。彼のモデルが優れているのは、単に規範要素を加えたというのではなく、そのメタ的な図式、

状況 ——メタ・ルール——→ 役割 ——ルール——→ 行為

（状況が役割を呼び起こし、その役割に応じて行為が選択される）において、従来の合理的選択モデルを特定化できる点である。つまり、従来の合理的選択モデルは、上の図式の「ルール」を「効用最大化」に特定したモデルとして関係づけられる。そしてまた、本論の文脈でいえば「メタ・ルール」を規範として解釈することも可能であろう。

規範の文脈からはよりはずれるが、P・エーベル（Abell, 1989）もこの形式のモデル展開を試みている。エーベルは、自分自身の活動と他者の手助けの間での活動の時間配分に着目し、利己的効用と利他的効用をそれぞれに定義して（手助けは他者の効用にも反映する）、ボランタリー・アソシエーションが活性化する条件を吟味している。このモデルでも、手助けが他者の効用増をもたらさない場合は、自己の効用最大化（最適時間配分）モデルを特定できる。

これらのモデルは、やや広くみれば経済的な行為規範と対人規範との葛藤を扱っており、社会的厚生の問題だけでなく、規範葛藤の調整プロセスを分析する合理的選択論的モデルとしても示唆に富む。ちなみに、J・コールマン（Coleman, 1990:Chap.19, also see p.721）も、自我を「行為する自我」（acting self）と「客体自我」（object self）に二分割する工夫を導入している。規範の取り入れを企図した工夫ではないが、G・H・ミードの"I"と"Me"概念との類推を想起させて興味深い。

(C) 規範それ自体を合理的選択モデルによって説明する。

囚人のジレンマ・ゲームで互いに協力を選択してパレート最適状態が実現されること、あるいはフリーライダー・モデルにおいて皆が協力を選択して公共財が供給（ないし保全）されることは、しばしば秩序形成（「ホッブス問題」）の文脈で議論されてきた。(5) とくに、「進化論的に安定な戦略」の概念を提出したJ・メイナード＝スミス（Maynard -Smith, 1982）、繰り返し囚人のジレンマ・ゲームにおける「しっぺ返し戦略」の有効性を示したR・アクセルロッド（Axelrod, 1984）、またフォーク定理に刺激されて経済学で急速に展開している繰り返し非協力ゲームにおける均衡概念の精緻化（岩井・伊藤、一九九四参照）等によって、こうした協調的社会状態の論理的な実現可能性について新たな道が開かれた意義は大きい。数理モデルには依拠していないが、社会学ではM・ヘクターらが合理的選択理論の枠組みを柔軟に活用しつつ、歴史的な制度変遷の実証的な説明に精力的に取り組んでいることも特筆に値しよう（Hechter, 1983, 1987）。

これらの議論は、上記の第四命題の性質に着目した規範要素の取り入れに対して、さまざまな示唆をもっている。例えば、これらの協調的社会状態が何によって実現されるか、という論点がある。もちろんそれが規範によって導かれる必然性はないが、少なくともその可能性を指摘することはできる。E・ウルマン＝マーガリット（Ullmann-Margalit, 1977）は、囚人のジレンマ・ゲームの利得構造が、各々のプレイヤーを協力に導くような規範の構築に関する誘因を、すべてのプレイヤーに対して生み出す点を強調している。この点の精緻化を含みつつ、規範の創出条件をより体系的に、そしてある意味で慎重に吟味しているのがコールマン（Coleman, 1990）である。

コールマンについては節を改めて少し詳しく紹介することにして、ひとまずこれで合理的選択理論への規範の取り入れに関する概略的レビューを終えよう。モデルの経験的テストの問題を脇において、改めて留意されるのは、モデル間の関係の問題である。

第一に、新古典派的なミクロ経済学モデルないしワンショットの非協力ゲームとの関係がある。基本的には、展開されたより複雑なモデルはこれらのより単純なモデルを特定化できることが望ましい。この点については意識的に言及してきたが、すべてが明瞭であるわけではない。例えば、ゲーム論において、従来の事前計算による最適戦略と、成功した戦略が生き残るという進化論的最適性との関係、あるいは両モデルを併用したときの均衡の異同がもつ社会学的含意については、必ずしも明瞭ではない（織田、一九九八）。

第二に、展開モデル相互の関係がある。規範は本来的にはマイクロ⟷マクロの多水準図式でとらえられるべき現象である。モデルや分析がその断片のプロセスに限定されることは過渡的にはやむを得ないが、最終的には何らかの統合が望まれる。少なくともモデルが表現しているメカニズムについては、それを明示し、全プロセスにまたがる一貫性ないし体系性に留意すべきだろう。この点においても、現状ではやや明瞭さに欠ける。

以上は規範をめぐるモデル展開だけの問題ではないし、また合理的選択理論だけの問題でもないのだが、いずれにしても個別のモデル展開とともに、こうした点での体系化をはかることが、今後の大きな課題である。次節でコールマンを詳しくとりあげるのも、いま一つの理由としては、このような体系化を意識的に行っていると評価できるからである。

三　コールマンによる規範説明の試み

外部性と規範創出の合理性

規範を説明対象としてとりあげるときのコールマンの基本的な問いは、その創出条件である。つまり、なぜ、いかにして、規範が存在するようになるのか、ということだ。まず規範が権利概念にもとづいて定義される。

■定義：（Coleman, 1990:243）
ある特定の行為に関して規範が存在するのは、当該行為に対する社会的に定義されたコントロールの権利が、当該の行為者ではなく、別の人びとによって保有されている場合である。

さらに、規範から利益を得る行為者（規範の受益者）と、規範が向けられる行為者（ターゲット）とが一致する場合を内向的（conjoint）規範とよび、両者が別の人びとである場合を外向的（disjoint）規範とよぶ。その上で、上記の問いに対して二段階の問題が立てられる。第一は、規範に対する需要が生じる条件、つまり、ある行為のコントロール権利が当該行為者以外の別の人びとによって保有されることについて、合意が成立する条件は何か、ということだ。これに対してコールマンは次のように答える（Coleman, 1990:249-257）。

■規範の創出条件①：ある行為が、一群の行為者に対して共通の外部性をもつこと。
外部性とは、ある事象が、それをコントロールできない行為者に外部的な正または負の結果をもたらすことをいう。外部性はそれを被る行為者の間に、その原因行為に対する利害関心を生み出す。負の外部性ならばその行為をいかに制限するか、正の外部性ならばその行為をいかに奨励するか、という利害関心である。こうした利害関心は、それ自体が規範ではないが、規範を創出する基盤、すなわち、その需要を生み出す。規範の概念やこのあたりの議論は、モデルによって説明する方がわかりやすいだろう。(6)

行為者iの事象（ある行為の権利）jに対するコントロールをc_{ij}、行為者iの事象jに関する利害関心をx_{ji}としよう。ここで$i=1,\cdots,n$, $j=1,\cdots m$, $\sum_{i=1}^{n} c_{ij}=1$, $\sum_{j=1}^{m} x_{ij}=1$, である。事象jのシステムにおける価値（交換レート）をv_jとすると、行為者iが所有する価値総量を、$r_i=\sum_{j=1}^{m} c_{ij}v_j$，と定義できる。各行為者はこの資源制約条件のもとで効用最大化（実際には利害関心の強さに応じた比例配分的な交換）を行う。外部性がなければ、各事象の需要と供給のバランス（通常の市場原理）に応じて交換が進み、それで問題は生じない。しかし、ある事象の行為に負の外部性がある場合は、その行為実行（その権利をコントロールする人の権利遂行）によって他の行為者の獲得価値が事後的に損なわれることになる。当然、外部性を被る行為者たちはその原因行為に対するコントロール権利を得たい（そして抑止したい）と考えるだろう。規範の創出条件①は、このことを述べている。

もちろん、規範の創出にはコストがかかる。それを考慮してなお、外部性を被る行為者たちが規範の創出を望むのは、どのような場合であろうか。外部性は市場の機能を阻害する要因なので、概念的にもまたモデル構成上も、それを直接cやxに反映させるのは適当でない。そこで、コールマンは外部性をもたらす行為がなされる場合（レジームa）となされない場合（レジームb）を考慮し、それぞれに対応して二種類の利害関心行列を準備することで、上記の問題を考察している。

いま外部性をもたらす事象をmとし、それに正の利害関心をもつ行為者（ターゲット）を1としよう。レジームaではターゲット行為者1の各事象に関する利害関心はそのままで、他の行為者（潜在的な規範の受益者）の事象mに関する利害関心は0とする。このときの行為者1の価値総量を$r^a{}_1$とすると、$x_{m1}r^a{}_1$は、行為者1が事象mに対するコントロールを守るために使える価値総量をあらわす。レジームbでは、逆に、行為者1の事象mに関する利害関心を0とし、他の行為者の各事象に関する利害関心はそのままとする。このときの行為者i（$i\neq1$）の価値総量を$r^{b}{}_{i}$とすると、$\sum_{i=2}^{n} x_{mi} r^{b}_{i}$は、外部性を被る行為者たちが事象mのコントロールのためにつぎ込める価値総量をあらわす。したがって、外部性を被る行為者たちが規範創出のコストを考慮しつつ、その合理性があると考えるためには、

$$\sum_{i=2}^{n} x_{mi} r^{b}_{i} > x_{m1} r^{a}_{1} \quad \cdots（1）$$

が成立する必要がある。行為者1は右辺の価値をうち消すに十分なサンクション（ないしそれを少しでも上回る代償）がなければ、事象mに対するコントロール権利を放棄するまい。そのために皆が負担しあって、なおかつ、マイナスにならないだけの価値を外部性を被る行為者たちが保有していなければ規範創出の合理性はないのである。

多水準的説明の論理

以上の数学的議論から推論できるように、外部性を被る行為者の誰もが行使者1と取り引きできる十分な価値を保有していれば、規範の需要は生まれないだろう。その意味で上記の条件①は十分条件ではない。例えば二人囚人のジレンマはそれぞれのプレイヤーの行為が互いに外部性をもつ状況であるが（そして前述したようにウルマン＝マーガリットはそこに規範の創出可能性を見出したが）、コールマンは、囚人のジレンマにおいてもコミュニケーションが可能なら、互恵的な利得の取り引きが可能なので、規範は必要ないとする。そのような個人主義的解決ができないのは、（通常の囚人のジレンマでそう仮定されるように）一切のコミュニケーションができない場合だけだ。そのときには規範の需要が生起するが、それは両行為者に共通して関係をもつ第三者によるサンクションに頼るものになる。この議論は、基本的に条件①が効いてくるのは三人以上の場合であることを示唆しつつ、次

の第二条件を導く。

■規範の創出条件②：ペアワイズの交換では社会的最適状態がもたらされないこと。

囚人のジレンマでは外部性が相互的なので、そこで問題になるのは内向的規範であり、権利の再配分による不平等は生じない。しかし、規範の受益者とターゲットが一致しない場合、外向的規範の創出は受益者にはよくても、ターゲットの状態を悪化させることがあり、その分ターゲットの抵抗は頑強になる。ただし、その際でも外部性を被る行為者たちは、外部性をもたらす行為とは別の事象（ただしターゲットが利害関心をもっているもの）に対するコントロールを使える。このことの重要な含意は、社会的最適状態は現存する権利と資源の分布との関係において、相対的にしか定義できないということだ（数学的には均衡［社会的最適状態］が資源の初期分布に依存する）。ここに、マクロ（資源・権利分布）→ミクロ（効用→権利移転）→マクロ（システム均衡）という、規範に関する多水準縦断的な一つの説明をみてとれる。

さて、第二の問題は規範の需要が満たされる条件、つまり実効性のある規範が実現する条件は何か、ということだ。もはや詳細に述べる余裕はないが、コールマンの答えは概略次のようなものである（Coleman, 1990:269-273）。

■規範の実効性条件①：第三行為者によって影響を受ける二者間に社会関係が存在すること（社会ネットワークが閉包であること）。

■規範の実効性条件②：規範の合理的な保有者によって二次の公共財問題が克服されること。

条件①は、社会関係がなければサンクションは行使できない、という仮定の上での言明である。というよりは、その仮定からほとんど自明的に含意されることなので、むしろその仮定の根拠が問題であろう。一つは、コミュニケーションの可能性は社会関係の有無に制約される、ということだ。したがって規範構築に必要な合同行為（サンクション行使のための合同出資等）のためのコミュニケーションは、社会関係がなければできない。いま一つは、社会関係が本来的に義務と期待をともなうことだ。これは合同行為の成立のしやすさを補強する意味で、付加的な根拠となる。

ところで、サンクション行使は二次の公共財問題であり、その出資をめぐってフリーライダー問題がつきまとう。したがって、規範の受益者たちは合理的に行為しながら、ターゲットにサンクションを行使するコストを適切に分担できなければならない（条件②）。この可能性はやはり資源や権利の分布に影響され、結果的に社会的最適状態を左右する。その意味で、多水準縦断的な規範創出プロセスのもう一つのメルクマールになる。

以上が、規範の創出条件に関するコールマンの議論の骨格である。最後に、改めて三つの点に留意しておきたい。第一に、規範要素を直接モデルに組み込むのではなく、モデル自体は新古典派的な市場モデルとほぼ同型のものに依拠して、規範の説明を試みている点である。合理的選択理論の基本戦略は「行為者が合理的だと仮定した場合に、ある現象をどこまでうまく説明できるか」を問うところにある。彼のアプローチはその意味で、規範を合理的選択理論の説明対象にするときの一つの正統なスタンスを例示している。

第二に、先の紹介では十分に明示できなかったが、モデルの体系性である。新古典派モデルに近いとはいえ、そこには冒頭に記したような重要な拡張がいくつか施されている。しかし、それはアドホックではなく、プロトタイプとの関係が明示される形でなされている。例えば、T・J・ファラロ（Fararo, 1992）は、前節で言及した自我の二分割の工夫を、合理的選択の基本原理を保持しつつ、プロトタイプとしての二項関係モデルから三項関係モデルへ発展させたものとして積極的に評価している。(7)

第三に、第二の評価とも関係するが、マイクロ－マクロの多水準的な分析枠組みの一貫性である。とくに規範創出の問題に関していえば、前節で述べた規範（マクロ）→選好（マイクロ）→規範（マクロ）という直截的な図式とは異なる、権力格差に関連した多水準問題があることを提示していることは興味深い。

筆者はこれらの点でコールマンのモデルを高く評価し、またさらに発展可能性があるものと考えている。ただし、規範の問題に限ってもいくつか疑問は残る。一点だけ触れておくと、そもそもの規範の概念である。厳密にいうと先の定義は、もし規範が存在するならば（観察可能な）社会状態はこうなっているはずだ、ということは明示しているが、結局のところ規範が何なのかはあいまいである。コントロール権利の移転なのか、あるいはそれを可能にする背後の何ものかなのか。いずれにしてもそれは権力の概念に近く、特定の地位や人物に付随するのではなくボランタリーに獲得される点で根本的に異なりはするが、機能的な面では区別がつきにくい。実体論を唱えるつもりはないが、彼のモデルを発展させるときには再考すべき点だと思われる。

四　おわりに――アメリカ社会学の伝統に寄せて

これまで断片的な形ではあるが、アメリカを中心とした合理的選択理論のモデル展開と発展可能性をみてきた。最後に、アメリカ社会学の伝統のなかで、規範に着目する合理的選択理論の課題を若干考察しておきたい。

アメリカ社会学の伝統に引き寄せてみるとき、合理的選択理論に非常に近い距離にあって、一方できわめて遠い位置にある、一つの議論がすぐに想起される。パーソンズの主意主義的行為理論である（Parsons, 1937）。周知のようにパーソンズは単位行為を価値、目的、手段、条件の四つの要素から成り立つと考えた。行為はそれらの関数として生起するが、そこにおいて目的‐手段が合理的選択によって関係づけられる点では、まさしく合理的選択理論の前提と違いはない。しかし「経済人モデル」に代表される従来の合理的選択理論は、価値や規範に制約されない個人を仮定することで、主意主義的行為理論とは決定的に距離をおいてきた。

太郎丸（二〇〇〇）は、近年の合理的選択理論が主意主義的行為理論との距離を狭めつつあることを指摘し、社会学的アイデンティティをめぐる緊張関係が薄れてきていることに注意を喚起している。規範の取り入れはその最たる動きだといえるだろう。ただ、見てきたように、そのためのスタンスの取り方にはいくつかあり、コールマンのように従来型の合理的選択モデルで規範の問題にアプローチすることもできる。むしろ争点となるのは、合理的選択理論で考慮されている規範が、一言でいえば、協力行動の促進（ないし非協力行動の抑止）に関する側面で限定的に扱われている点ではあるまいか。

この点を積極的に評価するならば、そこに関わる価値や規範が、全体の価値システムのなかでどういう位置づけにあるかは不問にしている、ということである。私見では、合理的選択理論がパーソンズに接近するか否かのポイントは、「目的のランダム性」をどう考えるかにある。パーソンズは上位の価値システムによる統合という視点からそれを排除した。それに対して、合理的選択理論は少なくともそこについて何も言わない。言っているとすれば、社会的最適性にかなう規範は価値システムのなかでそれなりの位置を占めるはずだ、という理念であろう。

しかし逆にいえば、合理的選択理論は価値システムにおける規範相互の関係や序列性について無頓着だということでもある。そのために、実は行為場面でそれと対立する規範が存在しているにもかかわらず、それを無視して社会的最適性にかなう規範を「ランダム」に持ち込んでいるだけかもしれない。もとより、上記の理念はどういう社会状態を最適と考えるかに依存する。その考え方自体が価値システムと無関係ではありえない。

このように考えれば、社会学的アイデンティティをめぐる緊張関係は、少し形を変えながら存続している。規範とのスタンスをどうおくかに関わらず、合理的選択理論が描き出しうる理論的ないし現実的問題の解決を考えるときには、おそらくどこかで「目的のランダム性」の議論に関わらざるを得ないだろう。冒頭の議論に立ち戻れば、実は問題なのは「合理性」ではなくて「価値」なのかもしれないのだ。合理的選択理論はこのことについて、もう少し自覚的であるべきだろう。

（1）正確には創刊号（一九八九年）～第十一巻（一九九九年）の論文投稿者について調べた。投稿者数（国別の総数）は二四〇人、学問分野（複数専攻もカウント）の件数は二六七、ただし同一執筆者が複数回投稿している場合は一回分しかカウントしていない。詳細は下表。ヨーロッパの中ではドイツ（九％）、オランダ（五％）、英国（四％）にやや集中している。

（2）この限定のためにコールマンの著書や合理的選択理論の全体像がつかみくいかもしれない。これには以下を参照していただきたい。コールマンの解説としては富永（一九九五）、久慈（一九九七）がわかりやすい。後者は数多い本書の書評案内としても手助けになる。社会学を中心として合理的選択理論の全体像をつかむには、批判的論点を含むレビュー論文として盛山（一九九二）、佐藤（一九九八）、太郎丸（二〇〇〇）、**Hechter and Kanazawa**（**1997**）等、合理的選択理論に対する批判を交えた論争的な論文集として**Cook and Levi**（**1990**）, **Coleman and Fararo**（**1992**）、重要文献を収録した論文集として**Barry and Hardin**（**1982**）, **Abell**（**1991**）等が参考になる。また経済学、政治科学、心理学にまたがる議論としては**Hogarth and Reder**（**1986**）, **Green and Shapiro**（**1994**）, **Friedman**（**1996**）等が参考になろう。わが国における社会学的研究動向としては、盛山・海野（一九九一）、木村（二〇〇〇）の他、数理社会学会機関誌『理論と方法』に多くの関連論文や書評がある。

（3）その意味では、近隣の異人種比率に応じて居住地を決める閾値モデルで地域全体としてのセグリゲーションの生成を説明した、シェリング（Schelling, 1978:Chap.4）の精緻化といえるが、マイクロ－マクロをリンクするメカニズムという点ではむ

国（執筆時の所属機関）			学問分野（複数専攻あり）				
合衆国	ヨーロッパ	それ以外	社会学	経済学	法･政治学	他の文系	理系
68%	26%	6%	36%	30%	17%	9%	8%

しろシェリングの方が明示的である。

（4）このタイプのモデル展開に関連するものとして、合理性の限界を考慮したいくつかのモデルがある（Simon, 1982; Kahneman and Tversky 1979 等をみよ）。これらは直接的には人間の認知能力や情報処理能力の限界に依拠しているので、ここではとりあげないが、モデルの含意としてはそれぞれに規範要素と無関係ではない。なお合理性仮定に対する批判的論点としてはDenzin（1990）, Smelser（1992）等も参照されたい。

（5）これらのモデルにおける協調的社会状態を「秩序」ないし「制度」形成とみなすことに対する根本的な疑問としては盛山（一九九五）を、またそれに対する反論としては佐藤（一九九八）をみよ。

（6）以下の数学的議論については、コールマン（Coleman, 1990:Chap.25, 30: とくに790-792）を参照。本来なら規範の種類に応じた個別的な吟味が必要だが、（1）式の合理性条件は基本的にはそれに関係なく当てはまる。なおこの数理モデルはコールマン（Coleman, 1974, 1977）の直接的な発展であり、これについては社会ネットワーク的観点の接合によるモデル展開の流れもある。Marsden（1981, 1982, 1983）, Braun（1993）, 拙稿（三隅　一九八五、一九九〇：Misumi, 1989）等をみよ。

（7）詳しく言うと、行為者がコントロールと利害関心によって資源と関係づけられる二項関係モデルから、行為者（「行為する自我」）がコントロールによって資源と関係づけられ、資源が利害関心によって「客体自我」と関係づけられ、さらに「客体自我」が感情（コールマンの用語では心理的投資）によって再び行為者と関係づけられる、三項関係モデルへの発展として整理している。

参考文献

Abell, Peter（ed.）, 1991, *Rational Choice Theory*, Edward Edgar Publishers.

———, 1989, "Games in networks: A sociological theory of voluntary associations", *Rationality and Society*, 1（2）:259-282.

Axelrod, Robert, 1984, *The Evolution of Cooperation*, Basic Books. 松田裕之訳『つきあい方の科学』ＨＢＪ出版局、一九八七／ミネルヴァ書房［再版］、一九九八。

Barry, Brian and Russell Hardin（eds.）, 1982, *Rational Man and Irrational Society?*, Sage.

Blalock, Jr., Hubert M. and Paul H. Wilken, 1979, *Intergroup Processes: A Micro-Macro Perspective*, Free Press.

Braun, Norman, 1993, *Socially Embedded Exchange*, Peter Lang.

Coleman, James S., 1973, *The Mathematics of Collective Action*, Aldine.

———, 1990, *Foundations of Social Theory*, Belknap Press of Harvard University Press.

———, 1977, "Social action system", In Klemens Szaniawski（ed.）, *Problems of Formalization in the Social Sciences*, Polskiej Akademii Nauk, pp.11-50.

——— and Thomas J. Fararo (eds.), 1992, *Rational Choice Theory: Advocacy and Critique*, Sage.

Cook, Karen S. and Margaret Levi (eds.), 1990, *The Limits of Rationality*, University of Chicago Press

Denzin, Norman K., 1990, "Reading rational choice theory", *Rationality and Society*, 2 (2) :172-189.

Elster, Jon, 1989a, *The Cement of Society: A Study of Social Order*, Cambridge University Press.

———, 1989b, ***Nuts and Bolts for the Social Sciences***, Cambridge University Press. 海野道郎訳『社会科学の道具箱——合理的選択理論入門』ハーベスト社、一九九七。

England, Paula, 1989, "A feminist critique of rational-choice theories: Implications for sociology", ***American Sociologist***, 20:14-28.

Fararo, Thomas J., 1992, "Rationality and formal theory", *Rationality and Society*, 4 (4) :437-450.

Friedman, Jeffrey (ed.), 1996, *The Rational Choice Controversy: Economic Models of Politics Reconsidered*, Yale University Press.

Granovetter, Mark, 1985, "Economic action and social structure: The problem of embeddedness", *American Journal of Sociology*, 91 (3) :481-510.

Green, Donald P. and Ian Shapiro, 1994, ***Pathologies of Rational Choice Theory: A Critique of Applications in Political Science***, Yale University Press.

Hechter, Michael (ed.), 1983, *The Microfoundations of Macrosociology*, Temple University Press.

———, 1987, *Principles of Group Solidarity*, University of California Press.

——— and Satoshi Kanazawa, 1997, "Sociological rational choice theory", *Annual Review of Sociology*, 23:191-214.

Hogarth, Robin M. and Melvin W. Reder (eds.), 1986, ***Rational Choice: The Contrast between Economics and Psychology***, University of Chicago Press.

岩井克人・伊藤元重(編)、一九九四、『現代の経済理論』東京大学出版会。

Kahneman, Daniel and Amos Tversky, 1979, "Prospect theory: An analysis of decision under risk", *Econometrica*, 61:29-56.

木村邦博(編)、二〇〇〇、『合理的選択理論の社会学的再構成』科研費研究成果報告書。

久慈利武、一九九七、「交換理論から合理的選択理論へ——研究動向のサーベイ」『人文論叢』(三重大学人文学部紀要)一四、七五-八九頁。

Marsden, Peter V., 1981, "Introducing influence processes into system of collective decisions", *American Journal of Sociology*, 86:1203-1235.

———, 1982, "Brokerage behavior in restricted exchange networks", In Peter V. Marsden and Nan Lin (eds.), ***Social Structure and Network Analysis***, Sage, pp.201-218.

———, 1983, "Restricted access in networks and models of power", *American Journal of Sociology*, 88:686-717.

Maynard-Smith, John, 1982, ***Evolution and the Theory of Games***, Cambridge University Press. 寺本 英・梯 正之訳、『進化とゲーム理論』産業

図書、一九八五。

三隅一人、一九八五、「混住化地域の組織形態と『社会的蟻地獄』」原 純輔・海野道郎（編）、『数理社会学の現在』数理社会学研究会、一一一―一二三頁。

――、一九九〇、「交換ネットワークと勢力」平松 闊（編）『社会ネットワーク』福村出版、三三―五一頁。

Misumi, Kazuto, 1989, "Communication structure, trust, and the free rider problem", *Journal of Mathematical Sociology*, 14 (4) :273-282.

――, 2000, "Strategic interpersonal commitment under the structural and normative effects", 木村邦博（編）、『合理的選択理論の社会学的再構成』科研費研究成果報告書、四一―五一頁。

Montgomery, James D., 1998, "Toward a role-theoretic conception of embeddedness", *American Journal of Sociology*, 104 (1) :92-125.

織田輝哉、一九九八、「社会学における進化論的アプローチと合理的選択アプローチ」『理論と方法』一二（二）、一三七―一四八頁。

Parsons, Talcott, 1937 (1968), *The Structure of Social Action*, Free Press. 稲上 毅・厚東洋輔・溝部明男訳『社会的行為の構造 一～五』木鐸社、一九七四―一九八九。

佐藤嘉倫、一九九八、「合理的選択理論批判の論理構造とその問題点」『社会学評論』四九（二）、一八八―二〇五頁。

Schelling, Thomas C., 1978, *Micromotives and Macrobehavior*, W.W. Norton & Company.

盛山和夫、一九九五、『制度論の構図』創文社。

――、一九九二、「合理的選択理論の限界」『理論と方法』七（二）、一―二三頁。

――・海野道郎（編）、一九九一、『秩序問題と社会的ジレンマ』ハーベスト社。

Simon, Herbert A., 1982, *Models of Bounded Rationality Vol.2*, MIT Press.

Smelser, N.J., 1992, "The rational choice perspective: A theoretical assessment", *Rationality and Society*, 4 (4) :381-410.

太郎丸 博、二〇〇〇、「社会学における合理的選択理論の伝統とその可能性」『理論と方法』一五（二）、二八七―二九八頁。

富永健一、一九九五、『行為と社会システムの理論』東京大学出版会。

Ullmann-Margalit, Edna, 1977, *The Emergence of Norms*, Clarendon Press.

Wildavsky, Aaron, 1992, "Indispensable framework or just another ideology?", *Rationality and Society*, 4 (1) :8-23.

人名索引

あ 行

か 行

さ 行

た 行

な 行

は 行

ま 行

や 行

ら 行

わ 行

事項索引

あ 行

か 行

さ 行

た　行

な　行

は　行

ま　行

や　行

ら　行

アメリカ社会学の潮流

二〇〇一年四月一〇日　第一刷発行

編者　船津　衛

発行者　佐竹久男

発行所　株式会社　恒星社厚生閣

組版　恒星社厚生閣文字情報室

東京都新宿区三栄町八番地
電話・東京（三三五九）七三七一（代）
FAX／東京三三五九・七三七五番

印刷／(株)興英印刷・製本／(株)風林社塚越製本

ISBN4-7699-0939-X　C3036